EUROPAVERLAG

Die Kraft der Kriegsenkel

Ingrid Meyer-Legrand

Wie Kriegsenkel heute ihr biografisches Erbe erkennen und nutzen

EUROPAVERLAG

FSC
www.fsc.org
MIX
Papier aus verantwortungsvollen Quellen
FSC® C014889

Berlin · München ·Zürich · Wien
Umschlaggestaltung: Hauptmann & Kompanie Werbeagentur, Zürich, unter Verwendung eines Fotos von © picture-alliance / Presse-Bild-Poss / Pretzl
Layout und Satz: BuchHaus Robert Gigler, München
Druck und Bindung: Pustet, Regensburg
ISBN 978-3-95890-008-0

www.europa-verlag.com

für Jozef und Jozefine

für meine Mutter,
meinen Vater und meinen Stiefvater

für
Hannelore, Gerhild, Bernd, Anke, Ilona, Karin

Inhalt

Vorwort

In ihrem herausragenden Werk *Die Kraft der Kriegsenkel* stellt Ingrid Meyer-Legrand in eindrucksvoller Klarheit das komplexe Spektrum der psychologischen Herausforderungen dar, denen sich die sogenannten Kriegsenkel und -enkelinnen, d.h. die Generation der Menschen, deren Eltern die Kriegskinder des Zweiten Weltkriegs gewesen sind, gegenübersahen und bis heute gegenübersehen. Bis zum Ersten Weltkrieg einen weiten Betrachtungsbogen ziehend, der ein Jahrhundert epochaler Katastrophen und im Gefolge aufgetretener tief greifender gesellschaftlicher Veränderungen umfasst, beschreibt Ingrid Meyer-Legrand – unterstützt durch bewegende Selbstzeugnisse und klinische Beobachtungen – erschütternde, lang anhaltende traumatische Auswirkungen auf familiäre Systeme und führt lebhaft vor Augen, welchen traumatischen, oft chronisch andauernden Belastungen Kriegsenkel ausgesetzt gewesen sind, obgleich sie selbst keine direkten Kriegseinwirkungen erlitten, aber eben in die Nachwehen des dunkelsten, blutigsten, mörderischsten und zerstörerischsten Kapitels deutscher Geschichte hineingeboren wurden, und zugleich in das große Spannungsfeld zwischen diesen Nachwehen und der neu sich formierenden »Multioptionsgesellschaft«.

Sosehr die umfassende Wahrnehmung, die traumapsychologische Behandlung und Bewältigung dieser so zahllosen, viele Menschen bis heute leidvoll betreffenden Kriegsverwüstungen ein Anliegen von Ingrid Meyer-Legrand sind, so ist ihr Buch zugleich auch eine große, leidenschaftliche, an die Kriegsenkel gerichtete Anregung und Ermutigung, transgenerationell übertragene Traumen zu überwinden und zu heilen und in sich selbst, den Kriegsenkeln, verschüttete, verborgene und noch nicht zur Entfaltung gekommene Ressourcen und Kräfte aufzuspüren, zu erkennen und zu aktivieren, um sich den sich ihnen bietenden Chancen und Gestaltungsmöglichkeiten der Gegenwart öffnen zu können.

Ingrid Meyer-Legrands ausführliche Darstellung ihrer psychologischen Arbeit im Endteil ihres Buches gewährt einen faszinierenden Einblick, wie es gelingen kann, mithilfe von Feingefühl, Achtung, Wahrnehmungsfähigkeit, ruhiger Beharrlichkeit und einem Wissen um die psychologischen Prägungen von Kriegsenkeln die sichtbaren, aber auch unsichtbaren, unbewussten und ungelösten Knoten und Netze der Verstrickung an die Vergangenheit vorsichtig zu lösen, um freie Bewegungsspielräume für die eigene Lebensgestaltung zu schaffen und damit auch die Chance, anstelle von Leidmodellen der nächsten Generation lebenszugewandte, konstruktive Leitmodelle anzubieten, einer Generation, die dann in Zukunft vielleicht einmal mit dem Begriff der Friedenskinder bedacht werden wird.

So wünsche ich diesem so wichtigen, wertvollen und inspirierenden Buch, einer wahren Fundgrube, eine große Leserschaft. Möge es vor allem auch für die Kriegsenkel und -enkelinnen ein hilfreicher, Verstehen vermittelnder und die Seele aufmunternder Begleiter sein, ja, zu einem Vademekum für den Aufbruch in ein neues erfülltes, den weiteren Lebensweg bestimmendes und erhellendes Lebensgefühl werden.

Peter Heinl
Autor von *Maikäfer flieg, dein Vater ist im Krieg … Seelische Wunden aus der Kriegskindheit*

»Eine Gesellschaft,
die diese Erinnerung nicht vereinzelt,
sondern als große Erzählung
quasi im kollektiven Bestand hat,
erträgt Veränderungen (...) leichter,
weil die Erfahrung des Neuen
und des Anderen positiv wirkt.«

M. HÜTHER

In diesen Tagen, während ich dieses Buch zu Ende schreibe – im Frühling 2016 –, versucht Europa, eine Antwort zu finden auf eine Anzahl von Flüchtenden, wie wir sie seit dem Zweiten Weltkrieg nicht mehr gesehen haben.

Der Grund, aus dem erneut unzählige Menschen alles, was sie haben, ihr Zuhause, ihre gewohnte Umgebung, ihre Freunde und Verwandten, ihre Arbeit und ihr soziales Netz hinter sich lassen, um in eine ungewisse Zukunft aufzubrechen, heißt wieder einmal Krieg.

Das Wissen, das wir heute über die Auswirkungen von Krieg, Flucht und Vertreibung haben, das ich auch in diesem Buch zusammentrage, sollte es uns ermöglichen, in einen Dialog mit den neuen Geflüchteten zu treten und ihnen Wege zu einer neuen Heimat anzubieten.

Einführung

Wie erzählen wir unsere Geschichte?

Im Zuge einer allgemeinen öffentlichen Aufarbeitung der Schrecken des Nationalsozialismus, der Verfolgung und Ermordung von Millionen von Menschen, des Krieges und der Flucht ist auch das besondere Schicksal der einstigen Kriegs- und Flüchtlingskinder[1] endlich ins öffentliche Bewusstsein gedrungen. Lange Zeit durfte über das Leid dieser Kinder nicht gesprochen werden, denn im Land der Täter durfte es keine Opfer geben. Und doch waren diese Kinder Opfer der verheerenden Politik der Nationalsozialisten, die schließlich zu einem grauenhaften Krieg führte, von dem kaum eine Familie in Europa verschont blieb.

Wie lange lässt sich ein gesellschaftlich verursachtes Leid verdrängen? In der Bundesrepublik hat es fast bis ins Jahr 2000 gedauert. Mit dem Kriegskinder-Kongress[2] gelang es, das bis dahin ins Private abgeschobene Leid in die Öffentlichkeit zu holen.

Schon wenige Jahre später folgten diesen ihre Nachkommen – die Kriegsenkel – und begannen, über ihr Aufwachsen bei ebenjenen (Kriegskinder-)Eltern zu sprechen. Während noch vor ein paar Jahren kaum jemand etwas mit dem Begriff »Kriegsenkel«[3] anzufangen wusste, findet man heute in fast jeder größeren Stadt sogenannte Kriegsenkel-Gruppen, in denen ein reger Austausch über den langen Schatten stattfindet, der sich auch auf ihr Leben erstreckt.

Das ins Private gedrängte Leid der einstigen Kriegs- und Flüchtlingskinder wurde schließlich auch wie ein privates Thema behandelt – Familienangehörige waren dafür zuständig, ihre eigenen Kinder – die Kriegsenkel. Häufig wussten sie nicht, worunter ihre Eltern litten, und konnten sich nicht erklären, woher die bedrückende Schwere kam. Schließlich gab es dazu keine Geschichte. Intuitiv aber nahmen die Kinder wahr, dass ihre häufig schwer traumatisierten Eltern Hilfe brauchten. Nahezu von Beginn ihres Lebens an taten Kriegsenkel alles, um ihre Eltern zu »retten«. Hier beginnt ihre Geschichte. Dieses Aufwachsen mit Menschen, die von Nationalsozialismus, Verfolgung, Krieg und Flucht traumatisiert waren, hat sie geprägt.

Bis zu dieser öffentlichen Debatte haben sich die 1950er- bis 1980er-Jahrgänge verschiedene Phänomene, die für ihr Leben noch heute charakteristisch sind, nicht erklären können. Schließlich waren die Kriegsenkel doch in Frieden und in Zeiten von Wachstum und Wohlstand aufgewachsen. Welchen Zusammenhang sollte es geben zwischen ihrer Thematik, endlich »anzukommen« bei sich, im eigenen Leben oder auch in dieser Gesellschaft, und dem Aufwachsen bei Eltern, die als Kinder von Bombennächten, Vergewaltigungen, Flucht und Vertreibung physisch und psychisch gezeichnet wurden? Vor dieser öffentlichen Debatte gab es keine Geschichte, die einen Zusammenhang zwischen der Geschichte der Eltern und ihrer eigenen Geschichte aufgezeigt hätte. Die »kalte Mutter« und der »ausrastende Vater«, von denen die Kriegsenkel immer erzählen, waren bis dahin ein individuelles Problem und keines, das man in den Kontext der schwierigen Erfahrungen des Aufwachsens der Eltern im Nationalsozialismus, im Krieg und auf der Flucht gestellt hat.

Wie wir die Geschichte der Kriegs- und Flüchtlingskinder erzählen können, ist auch hier die Frage. Nehmen wir den gesellschaftlichen Kontext auf, in dem die Generation herangewachsen ist, dann haben wir Zugang zu ihren Geschichten, und ihr Verhalten entzieht sich uns nicht länger in Form abstrakter Diagnosen, die ihnen »individuelle psychische Störungen« zuschreiben, wie die »Borderline-Mutter« oder die »narzisstische Mutter«.

Finden wir einen Zugang zu ihrer Geschichte und ihren Geschichten, dann erscheint ihr Leben wieder in seiner ganzen Vielfältigkeit, und wir entdecken darin zahlreiche Chancen, die sie wahrgenommen haben, um ihr Leben trotz widriger Umstände zu gestalten. So kommen auch die Kriegsenkel zu einer neuen würdigenden Erzählung, einer, in der die Nachfolgegeneration ihre eigenen Herausforderungen und Chancen und ihr ganz besonderes Erbe erkennen kann.

Die Lebenserzählung der Kriegsenkel kreist oft um das von den Eltern erfahrene Leid und ihr eigenes Bemühen, als Kinder für ihre Eltern da zu sein, und zwar seit Beginn ihres Lebens. Hier hat vielfach eine Rollenumkehr stattgefunden, in der die Kinder zu Eltern ihrer Eltern wurden. Kriegsenkel erleben sich in der Auseinandersetzung mit ihren Kriegskinder-Eltern hin- und hergerissen zwischen andauernden Loyalitätsverpflichtungen und Ablehnung.

Auch in Bezug auf die Kriegsenkel müssen wir uns fragen, wie wir zu einer anderen Erzählung kommen. Es wird zwar zu Recht sehr viel von ihrem Leid gesprochen, das in Verbindung mit jenem ihrer kriegstraumatisierten Eltern steht, aber es dabei zu belassen würde ihrer Kraft, ihren Sehnsüchten und neuen Ideen vom Leben, schlicht ihrer besonderen Rolle in der Geschichte der BRD seit den 1960er-Jahren nicht gerecht werden. Fragen müssen wir auch hier, ob die von dieser Generation geprägte neue Vorstellung vom Leben nicht auch ein Resultat ihres schwierigen Aufwachsens ist. Ergab sich nicht aus dem, was sie in ihren Familien vorgefunden hat, etwas, das neue Impulse gesetzt hat? Nach dem Motto: »There is a crack in everything, that's how the light gets in.«[4]

Diese Zeit ist es, die voller Chancen und neuer Optionen für die Einzelnen war und die von den Kriegsenkeln mitgestaltet wurde. Sie haben den Wertewandel in der Gesellschaft der 1970er- und 1980er-Jahre mit vorangetrieben und neue Lebensmodelle entworfen, die heute ganz selbstverständlich sind.

Was die Kriegsenkel im Zusammenleben mit den kriegstraumatisierten Eltern bereits früh erworben haben, sind die Kompetenzen im Umgang mit ebendiesen an Leib und Seele verletzten Menschen. Sehr viele Kriegsenkel haben aus ihrem Helfen eine Profession gemacht und sich als Sozialarbeiter, Psychologen oder auch als Juristen in den Dienst der Benachteiligten und Marginalisierten der Gesellschaft gestellt. Die soziale Arbeit ist für sehr viele Kriegsenkel ein Feld beruflicher und gesellschaftspolitischer Arbeit. Dazu gehörte von Anfang an auch die Betreuung von Geflüchteten und Migranten. Auch heute finden wir sehr viele Kriegsenkel, die sich im Sinne der Willkommenskultur gegenüber Kriegsflüchtlingen aus der ganzen Welt engagieren. Sie wissen aus erster Hand, was zu tun ist.

Stellen wir immer wieder den gesellschaftlichen Bezug zur eigenen Lebensgeschichte her, können wir feststellen, dass das Klima in der »Multioptionsgesellschaft« seit Ende der 1980er-Jahre sukzessive rauer geworden ist. Kriegsenkel schauen mit ihren neuen Lebensentwürfen, der Vielfalt und Offenheit in der biografischen Gestaltung ihres Lebens auf eine Zeit zurück, die von Wohlstand und Wachstum geprägt war. Spätestens heute aber sehen sie sich einer gesellschaftlichen Situation ausgesetzt, in der viele meinen, schneller rennen zu müssen, um auf dem bereits erreichten ökonomischen Stand zu bleiben. Das Gefühl einer gewissen »Unbehaustheit« macht sich breit und schließt an ein Gefühl an, das die Kriegsenkel kennen: das Gefühl, auf der Flucht zu sein. Deshalb frage ich in den Therapie- und Beratungsgesprächen danach, woran Kriegsenkel sich heute orientieren, wenn doch traditionelle, haltgebende Strukturen und Rituale immer mehr wegbrechen.

Wollen wir zu einer neuen Erzählung kommen und damit auch zu neuen Handlungsmöglichkeiten im Leben, ist es wichtig zu lernen, anders mit »der« Vergangenheit umzugehen. In meiner Praxis habe ich festgestellt, dass sich mithilfe eines Familienstammbaums (Genogramm) oder auch mit dem »My Life Storyboard« schnell neben der »dominanten« Erzählung alternative Geschichten entdecken lassen. So kann die Familie zur Kraftquelle werden, aus der die Kriegsenkel jederzeit für Fragen ihres eigenen Lebens schöpfen können. Wie haben meine Familienangehörigen Krisen überstanden? Für viele Kriegsenkel ist das eine Möglichkeit, sich in dieser individualisierten Welt Orientierung und Halt zu verschaffen. Manche gehen noch einen Schritt weiter. Sie stellen sich in die Reihe ihrer Ahnen und sind stolz auf ihr Mehrgenerationennetzwerk, ohne die Schuld einiger Angehöriger zu bagatellisieren.

Die Familie als Kraftquelle zu betrachten ist allerdings etwas, was den Deutschen mit ihrer »verbrecherischen Geschichte im Rücken«[5] zu Recht schwerfällt. Viele Kriegsenkel schämen sich angesichts der Verwicklung ihrer Familie in den Nationalsozialismus oder die SS, die sich an der Verfolgung und Ermordung von Menschen beteiligt haben. Die Schuld der Großeltern, aber auch die der Mütter oder Väter – wenngleich diese noch sehr jung waren – lastet auf ihnen und hindert sie, sich beispielsweise beruflich in die erste Reihe zu stellen. Andererseits sind es häufig diese Schuldgefühle, die Kriegsenkel über die Maßen zu Höchstleistungen antreiben. Dass der »Opa« in die Naziverbrechen involviert war, ist andererseits oft eine sehr starke Motivation, sich auch gesellschaftlich zu engagieren und auf diese Weise Wiedergutmachung zu leisten.

Die Kriegsenkel sind oftmals die Ersten aus der Familie, die sich mit diesem düsteren Kapitel befassen. Sie haben aus dieser Geschichte gelernt und in den 1970er- und 1980er-Jahren radikal eine Politik der ersten Person betrieben. Diese Politik hatte mit dem Kadavergehorsam vorangegangener Generationen nichts mehr gemein. Die Kriegsenkel haben sich stetig selbst befragt, ehe sie sich engagiert haben: »Was hat das mit mir zu tun?« Das heißt auch, dass die Geschichte der Kriegsenkel noch eine andere Erzählung und damit ein anderes Potenzial in sich birgt als das ihres schwierigen Aufwachsens in ihren Familien. Diese Geschichte handelt von der Zeit, in der sie begonnen haben, die Gesellschaft mitzugestalten und neue Lebensentwürfe zu entwickeln. Hier beginnt die eigene Story der Kriegsenkel, die ich mithilfe von *My Life Storyboard* in den Beratungsprozessen sichtbar zu machen versuche. Auf Basis dieser Methode frage ich, wer alles beteiligt war an ihrem Weg, welche gesellschaftlichen Optionen sie für sich genutzt oder welche Hürden sie genommen haben, welche Denkfiguren am gesellschaftlichen Horizont ihnen bei der Ausformulierung ihres Lebensentwurfs behilflich waren. Dieses aus der Arbeit mit Kriegsenkeln von mir entwickelte – narrativ-ästhetische – Verfahren setzt neue Erzählungen frei. Denn es kommt darauf an, wie wir unsere Geschichte erzählen, damit etwas Neues entstehen kann.

Den Fokus bilden die aktuellen Fragen, mit denen die Einzelnen in meine Praxis kommen. Unter diesem Fokus schauen wir uns sowohl die Familiengeschichte an als auch jene, die die Kriegsenkel selbst mitgestaltet haben.

Bei der Arbeit mit My Life Storyboard sind immer wieder alle gespannt, was die Geschichten der Familie oder auch aus der Schule oder die Geschichten, die Einzelne mit ihrer Community (Generation, Jahrgang etc.) erlebt haben, zur Lösung der aktuellen individuellen Fragen beitragen können. Viele sind verwundert darüber, wie früh sie begonnen haben, ihre heutigen Kompetenzen zu entwickeln. Andere wiederum erkennen einen roten Faden in ihrem Leben und manche die eigenen Gewissheiten, die sie in der Folge neu reflektieren können. Vielfach breitet sich eine Zufriedenheit mit sich selbst und der eigenen Geschichte aus. Sie wissen ein Stück weit mehr, wie sie geworden sind, wer sie sind und über welches Potenzial sie verfügen.

Es ist wertvoll, den Zusammenhang zwischen dem schwierigen Aufwachsen ihrer Eltern im Faschismus, in Kriegs- und

Fluchtzeiten und ihren eigenen Chancen und Hindernissen in einer Gesellschaft voller Möglichkeiten herzustellen. So kann das besondere Erbe der Kriegsenkel sichtbar gemacht und für die Gestaltung der Gegenwart und der Zukunft positiv genutzt werden.

Meine eigene Geschichte

Meine eigene Geschichte beginnt mit der großen Wanderung meiner Urgroßeltern und den anschließenden vielen Fluchten meines Großvaters. Die Vorfahren meiner Mutter sind im 18. Jahrhundert von Hamburg nach Russland ausgewandert. Ein Jahrhundert später wurde diese Familie zu Zeiten der Russischen Revolution von den Bolschewiki nach Sibirien verbannt – wie viele der sogenannten Deutschrussen. Sie galten als »konterrevolutionär«, weil sie deutsch und zu einem gewissen Wohlstand gekommen waren. Die Eltern meines Großvaters hatten ein Fuhrwerkunternehmen. Das hat sie für die Revolutionäre Lenins suspekt gemacht. In der Verbannung verhungerten die Eltern meines Großvaters – meine Urgroßeltern. Schließlich flüchtete mein Großvater mit seinen Schwestern nach Polen. Auf dieser Flucht ist eine seiner Schwestern »verloren gegangen«. Aber bald schon floh er auch aus Polen, denn er sollte zum Militärdienst eingezogen werden. Im Deutschen Reich siedelte er sich neu in der Nähe von Stettin an. 1945 war er schließlich mit seiner eigenen Familie auf der Flucht: von Stettin in Richtung Hamburg. Dort ließ er sich mit seiner Familie nieder. Für ihn hat sich hier der Kreis geschlossen, da seine eigenen Vorfahren von Hamburg aus dem Ruf Katharinas der Großen gefolgt waren.

Für mich hatte dieser Großvater etwas Fremdes an sich, so als gehörte er nicht hierher. Als einen gebrochenen Mann aber habe ich ihn nie empfunden. Seine Fluchtgeschichten haben mir bereits sehr früh imponiert. Schließlich hatte er schon einmal eine andere Welt gesehen. Manchmal spielte er auf seiner Geige.

Meine Mutter war 13 Jahre alt, als sie mit ihren Verwandten – die Eltern blieben noch ein paar Wochen länger – aus Stettin geflüchtet ist. Von ihr habe ich vor fast 30 Jahren bereits viel über ihre Kriegs- und Flüchtlingszeit erfahren. Das Einzige, was sie damals mitnahm, als es plötzlich hieß: »Wir flüchten«, war ein englisches Wörterbuch. Sie hat es gebraucht, um mit den Amerikanern zu sprechen. Auf der Flucht hat sie gedolmetscht und nahm damit eine bedeutende Rolle in ihrer Familie ein. Dieses Dictionary haben wir Kinder später noch benutzt, und wer Englisch sprechen konnte, galt auch in unserer Familie viel.

Mein Vater, aufgewachsen in der Nähe von Hamburg, war mutig genug, eine – wie es damals hieß – »Flüchtlingsziege« zu heiraten. Damit wurde er selbst ebenso zu einem Fremden in dem kleinen Dorf, in dem er bis dahin lebte. Im Laufe der Zeit ist unsere Familie sehr groß geworden. Es schien fast so, als ob sich meine Eltern mit uns Kindern eine neue Heimat schaffen wollten. In dem Dorf lebten wir gewissermaßen wie auf einer Insel. Wir waren immer die Zugezogenen, die anderen, die Fremden. Da meine Mutter als Geflüchtete sehr demütigende Erfahrungen mit Bauern gemacht hat, wurden sämtliche Bauern – also unser gesamtes nachbarschaftliches Umfeld – mehr oder weniger argwöhnisch betrachtet. »Die dummen Bauern«, hieß es immer. Oder: »Iss nicht wie ein Bauer!« Und andersherum: »Wir sind etwas Besseres!« Wir waren die Einzigen aus dem Dorf, die auf eine höhere Schule gingen. Das hat mich zwar stolz gemacht, mich aber die Fremde noch mehr spüren lassen. Zu Hause habe ich mich in dem Dorf nicht gefühlt. Es gab auch keine Onkel, Tanten, Cousins, Omas oder Opas, zu denen wir eine enge Bindung gehabt hätten. Das hatte auch Vorteile: Niemand hat uns reingeredet, kein Opa hat gesagt: »Macht das mal so, wie unsere Familie das schon seit Jahrhunderten gemacht hat.« Einen Schutz durch Verwandte gab es allerdings auch nicht. Ein Zuhause habe ich erst in der Stadt gefunden – bei den anderen Zugezogenen und Fremden und Einzigartigen.

Auch die Familie meines Stiefvaters, des Mannes, den meine Mutter nach dem Tod meines Vaters geheiratet hat, war vom Krieg betroffen. Viele seiner Angehörigen – sein Vater zum Beispiel, der sich als Bankdirektor geweigert hatte, die Hakenkreuzfahne aufzuhängen, und auch sein Onkel – hatten in der Nazizeit ein Berufsverbot auferlegt bekommen. Der Onkel, der im Besitz eines großen sozialdemokratischen Zeitungskonsortiums war, wurde darüber hinaus enteignet. Mein Stiefvater wurde noch als 17-Jähriger kurz vor Ende des Krieges eingezogen. Aber er kam zum Glück nicht mehr zum Einsatz. Er erzählte mir, wie er über Tage und Wochen zu Fuß nach Hause gelaufen sei, wo er das Elternhaus völlig zerstört und ausgebombt wiederfand.

Aber einen Nazi hatten auch wir in unserer großen Familie: Mein Onkel, der Halbbruder meiner Mutter, war in der SS gewesen. Er war 19 Jahre alt, als er von Stettin nach Berlin ging, und zählte zur typischen Klientel der Nazis: Er galt als haltlos, ohne Arbeit und entwurzelt. Seine Mutter – die auch die Mutter meiner Mutter war – ist früh gestorben, und in der neuen Familie war er nicht willkommen. Was er in der NS-Zeit angerichtet hat, haben wir nie erfahren. Ich habe ihn nur einmal gesehen.

Ich selbst wohne seit über 25 Jahren in Berlin und bin damit auf halbem Wege zurück in den Osten, dort, wohin es auch einmal meine Vorfahren gezogen hat. Freiwillig und ohne auf der Flucht zu sein, möchte ich betonen. Aber stimmt das? Vielleicht fühlte ich mich, bevor ich mich auf den Weg gemacht habe, auch getrieben und rastlos, so wie es viele Kriegsenkel erleben. Bis dahin lebte ich lange in einem gewissen Provisorium und konnte mich nicht recht entscheiden, mich endgültig irgendwo niederzulassen. Eine Freundin meinte einmal, als ich wieder auf gepackten Koffern saß: »Hier sieht's aus wie auf der Flucht.« Vielleicht bin ich aber gar nicht vor etwas geflohen, sondern habe mich vielmehr von der Sehnsucht nach dem »richtigen« Ort leiten lassen, dorthin zu gehen, wo ich heute lebe.

Die Geschichte der Familie meines Mannes, eines Belgiers, beginnt in Frankreich. Auch seine Familie ist von zahlreichen Wanderungen geprägt. Seine Vorfahren kamen als Schneider mit der napoleonischen Armee Anfang des 19. Jahrhunderts über Dinant im wallonischen Teil Belgiens nach Flandern und sind dort bis heute geblieben. Sie haben – die Galauniformen – für die Angehörigen der napoleonischen Armee geschneidert.

Ein Großonkel meines Mannes ist von den Nationalsozialisten in ein KZ deportiert worden. Er hat es überlebt, aber er war danach ein gebrochener Mann und hatte einen Sonderstatus in der Familie inne. Man erlaubte ihm, alles zu tun, was immer er wollte, so merkwürdig es auch gewesen sein mochte. Ein anderer Onkel meines Mannes war Zwangsarbeiter in Deutschland und verliebte sich in die Tochter des Bauernhofs, auf dem er arbeiten musste. Für ihn war die Zwangsarbeit mit seiner ersten großen Jugendliebe verbunden. Er hat mich in dieser Familie – als Deutsche! – besonders willkommen geheißen.

Während der deutschen Besatzung des Dorfs, in dem die Familie meines Mannes lebte und das über ein Kraftwerk verfügte, wollte mein Schwiegervater – damals kaum 20 Jahre alt – die Deutschen mit einer Handgranate attackieren. Er konnte zum Glück noch daran gehindert werden, sonst hätte wohl das ganze Dorf büßen müssen.

Mein Mann hat sich zunächst auf die Spuren seiner Vorfahren begeben und lebte, nachdem er sein Kunststudium in Antwerpen beendet hatte, mehrere Jahre in Paris, ehe er nach Berlin kam.

»Flucht«, »Migration« oder besser »ein immer wieder neues Aufbrechen« waren auch zwischen uns lange Zeit ein Gesprächsthema. Immer wieder überlegten wir, wo wir leben wollten und ob wir nicht lieber nach Belgien ziehen sollten. Erst etwas Drittes hat uns dazu veranlasst, uns tatsächlich niederzulassen, nämlich die sich ankündigende nächste Generation – unser gemeinsames Kind, das in Berlin geboren wurde. Das ließ schließlich eine ganz neue Geschichte entstehen.

Die Kinder der Kriegsenkel können heute auf einen ganz besonderen kulturellen Reichtum in ihrem Leben zurückgreifen, einen Reichtum, der auf den Erfahrungen der Generationen vor ihnen und in der ernsthaften Reflexion und Auseinandersetzung mit ihnen und ihrer Geschichte begründet ist. Auf diesem Weg kann die Geschichte nicht länger nur als Last, sondern auch als reiche Quelle aufgefasst werden. Unsere Kinder haben inzwischen gelernt, »sich statt einer Zwangsheimat aus Glaube, Treue, Tradition und Milieu neue Wahlheimaten zu suchen oder auch zu gestalten: in einer Weltanschauung ihrer Wahl, in wechselnden Partnerschaften ihrer Wahl und in dauerhaften Freundschaften über alle Grenzen hinweg«.[6]

Die Schlüsselfiguren unserer Geschichte und wir selbst haben nicht nur Leid und eine verbrecherische Geschichte im biografischen Gepäck, sondern Erfahrungen und daraus erworbene Kompetenzen im Umgang mit großen gesellschaftlichen Umwälzungen, die sie und wir am eigenen Leib erlebt und bewältigt haben. Daraus können wir lernen, aufgeschlossen für und wachsam in Bezug auf (politische) Veränderungen zu sein.

Es macht einen Unterschied, ob man sich vorstellt, Teil einer großen Wander- und Flüchtlingsbewegung zu sein, oder »immer noch auf der Flucht« ist. »Wir sind die neuen Nomaden«, haben die Flüchtlingseltern einer Kriegsenkelin über sich gesagt. Diese Haltung ermöglicht es, auf die Suche zu gehen und zu ergründen, wie die Generation es vor uns gemeistert hat und woher sie die Zuversicht nahm, dass es ihnen gelingen würde, sich einen Platz in der jeweiligen Gesellschaft zu verschaffen. Mit ebendieser Haltung können sich die Kriegsenkel auch fragen, ob sie nicht gerade dafür prädestiniert sind, die eigenen Wünsche zu erkennen und umzusetzen, weil ihr mentales Rüstzeug sie dazu befähigt, Veränderungen anders zu erleben und Herausforderungen besser zu meistern.

Die Kriegsenkel – entwurzelt, rastlos und getrieben

Dazu waren die Kriegsenkel lange Zeit nicht in der Lage, denn niemand konnte sich so recht erklären, warum viele aus den Jahrgängen von ca. 1950 bis etwa 1980 immer wieder ihre Beziehungen beenden oder ihre Arbeitsstellen wechseln, um rastlos ständig neu anzufangen. Oder warum viele aus diesen Jahrgängen genauso immer wieder anhalten und auf der Bremse stehen. In Therapie und Beratung war man ebenso ratlos angesichts des Phänomens, dass viele aus diesen Jahrgängen mit ihrem Leben hadern und sich fragen, wie sie endlich ihren Platz finden können. Nur wenige professionelle Helferinnen und Helfer konnten sich erklären, warum viele aus diesen Jahrgängen das Gefühl hatten, immer noch auf der Flucht zu sein ... so viele Jahre nach dem Faschismus, dem Krieg und der Flucht.

Auch ich als Therapeutin und Coach konnte lange Zeit nicht verstehen, womit das zu tun haben könnte. Viele, die in meine Praxis kamen, zeigten sich zutiefst verunsichert; sie zweifelten häufig an sich selbst und meinten, keine Existenzberechtigung zu haben. Bis heute fühlen sich viele Kriegsenkel entwurzelt, viele rastlos und getrieben. Sie leiden entweder unter völligem Stillstand oder arbeiten bis zum Umfallen. Oftmals können sie bemerkenswerte Karrieren vorweisen und sind beruflich anerkannt und erfolgreich. Trotzdem klagen sie über eine Leere und darüber,

dass sich dennoch keine Zufriedenheit einstellt. Viele fragen sich: Bin ich es überhaupt wert, Erfolg zu haben? Bin ich es wert, in einer Beziehung zu leben oder eine Familie zu haben? Darf ich erfolgreicher sein als mein Vater oder meine Mutter, denen dazu die Möglichkeit fehlte, die mit schlimmen Erlebnissen während des Krieges und auf der Flucht konfrontiert waren?
Erst als die Kriegskinder, also die Eltern der Kriegsenkel, mit ihrem Leid in die Öffentlichkeit gingen – siehe der Kriegskinder-Kongress in Frankfurt/Main 2005 mit so herausragenden Experten wie Peter Heinl u. a. –, war es den Kriegsenkeln ein paar Jahre später möglich, ihre eigene Thematik als kollektives Thema in einem gesellschaftlichen Diskurs zu entwickeln. Und so haben sich die in der Mehrzahl Mitte der 1960er-Jahre Geborenen im Zuge dessen als Kriegsenkel neu erfunden.

Und dennoch möchte ich noch einmal genauer fragen: Wie kommt man aber 70 Jahre nach Kriegsende dazu, sich in den Kontext des Zweiten Weltkriegs zu stellen, wo doch die Kriegsenkel in Friedenszeiten und viele in einem relativen Wohlstand und dem unbeirrbaren Glauben an die Zukunft aufgewachsen sind? »Sie suchten sich und fanden ihre Eltern im Krieg«, heißt es in dem Buch *Nebelkinder*[7]. Auf der Suche nach sich selbst – also von heute ausgehend – haben die Kriegsenkel einen Zusammenhang entdeckt, der ihnen Erklärungen an die Hand gibt, warum sie geworden sind, wer sie heute sind, und zu wem sie in Zukunft werden können. Diese Fragen sind es auch, die Kriegsenkel in meine Praxis und zu mir als Therapeutin und Coach führen. Sie wollen wissen, warum sie immer wieder schnell aufbrechen müssen und anscheinend keine Zeit dafür haben, den Dingen ihren Lauf zu lassen. Ganz so, als seien sie immer noch auf der Flucht – wie einst ihre (Kriegskinder-)Eltern. Daraus hat sich bei vielen die Sehnsucht entwickelt, endlich anzukommen in privaten und beruflichen Beziehungen, im Leben und in der Gesellschaft und endlich Wurzeln zu schlagen, eine Spur zu hinterlassen und sichtbar zu werden.

Von dieser Sehnsucht ausgehend, schauen die Kriegsenkel ganz neu auf ihr eigenes schwieriges Aufwachsen mit Kriegskinder-Eltern, denn eine Kriegsenkel-Biografie beginnt mit dem Leid dieser Kriegskinder.

Eine typische Kriegsenkel-Biografie ist in einem oft unerkannten Ausmaß vom schwierigen Aufwachsen der Eltern und von deren leidvollen Erfahrungen während der NS- und Kriegszeit geprägt. Aber allein daraus lässt sich das Phänomen des »Immer-wieder-neu-Anfangens« und des »Auf-der-Bremse-Stehens« nicht erklären. Das biografische Gepäck der Kriegsenkel beinhaltet auch die Erfahrungen mit den Herausforderungen der offenen Gesellschaft beziehungsweise der »Vielfaltsgesellschaft«[8]. Welchen Einfluss können der schnelle Wandel und die zahlreichen und zugleich unübersichtlichen Möglichkeiten dieser Gesellschaft darauf haben, dass sie nicht ankommen können und immer wieder aufbrechen müssen?

Um zu wissen, was die Kriegsenkel in ihrem biografischen Rucksack sowohl an leidvollen Erfahrungen als auch an Sehnsüchten nach neuen Lebensmodellen und an Kompetenzen mit sich führen, lohnt es sich, in einem ersten Schritt das Leben ihrer Eltern als Kriegskinder und in einem zweiten Schritt ihr eigenes Heranwachsen in einer Gesellschaft mit zahlreichen, oftmals unübersichtlichen Optionen und Angeboten zu betrachten.

Aufgewachsen bei den Kriegs- und Flüchtlingskindern des Zweiten Weltkriegs

Um die Kriegsenkel zu verstehen, müssen wir uns anschauen, wer die Kriegs- und Flüchtlingskinder waren und in welcher Weise sie die Kriegsenkel-Generation geprägt haben. Zur Einstimmung auf die Thematik stelle ich einen Brief von einer Frau voran, die in der Nachkriegszeit geboren ist. Sie selbst ist weder Kriegskind noch Kriegsenkelin, aber das Beispiel ihrer Familie macht die ganze Wucht des Krieges deutlich. Schauen wir uns dieses ganz besondere Erbe einmal genauer an.

Ein Brief eines Nachkriegskindes, Dezember 2015

Liebe Ingrid,
Du hast mit diesem Thema meinen Lebensnerv berührt. Nach jahrzehntelanger Beschäftigung mit diesen Geschehnissen spüre ich allerdings seit Kurzem, dass ich nicht mehr weit davon entfernt bin, dieses Thema loslassen zu können. Ich kann es immer mehr ohne Schmerzen in mein Leben integrieren.

Seit meiner Jugend bin ich auf der Suche nach Antworten zu genau diesem Thema. Das Leben meiner Eltern war von der Nazizeit geprägt, meine Schwester ein im Krieg geborenes Kind, mein Bruder wurde bald nach der Heimkehr aus der Kriegsgefangenschaft geboren, und als er nach einigen Lebensmonaten starb, nahm sein Tod auch die aufkeimende Hoffnung auf Zukunft mit sich. Später wurde ich als Nachkriegskind in die Wiederaufbauzeit geboren. Somit fanden sich in meiner Familie unterschiedliche Probleme, die jeder Angehörige für sich allein und alle miteinander lebten, aber nicht lösen konnten.

Mein Vater kam traumatisiert, verwundet und unterernährt – wahrscheinlich auch schuldig am Ermorden von Frauen und Kindern der deutschen Feinde – aus der englischen Kriegsgefangenschaft in Italien in sein nach Ausbombung nicht mehr vorhandenes Zuhause in Bonn. Das Trauma wurde im Wiederaufbau verdrängt – aber nachts schlich es sich wohl in viele Schlafzimmer. Auch mein Vater hatte – wie andere aus dem Krieg heimgekehrte Soldaten – nachts hörbare Albträume. Tagsüber hat er unser Überleben gesichert. Er hat die Familie anfangs mit Sozialleistungen über Wasser gehalten, die es aber nur dann gab, wenn man wöchentlich eine bestimmte Stundenzahl beim Aufräumen des Schutts der zerstörten Altstadt half, auch dann, wenn der Körper erschöpft war von Krieg und Gefangenschaft.

Beim Zusammensein mit Freunden, die sich oft und gerne bei uns einfanden, wurde über Kriegserlebnisse und Kämpfe gesprochen, aber nicht über ihre Gefühle. Es waren neu geschlossene Freundschaften, denn bis auf zwei überlebende Freunde aus Vorkriegs- und Kriegszeiten waren die anderen im Krieg gefallen. Ich war – heute denke ich, Gott sei Dank – still zuhörend dabei, denn mit dem Gehörten, verbunden mit dem aufkommenden Wissen über Holocaust und Krieg, konnte ich mir mit den Jahren einiges zusammensetzen und auch erklären. Zahlreiche Fragen blieben. Die Diskrepanz zwischen diesem Wissen, seinen Orden und Auszeichnungen, seiner Zugehörigkeit zur Ordnungspolizei in Polen und Serbien und zur Waffen-SS, der SS-Division »Reichsführer SS« in Korsika, Italien und Ungarn und seiner gelebten Sensibilität konnte ich aber nie auflösen oder gar verstehen. Ich hatte einen liebevollen Vater, einen, den ich jedem Kind nur wünschen kann. Die Zwiespältigkeit war aber für mich irgendwann da, wes-

halb eine große Verwunderung, eine Irritation geblieben ist. Noch heute sehe ich mir stets mit Herzklopfen neue Dokus oder Fotos sehr genau an, die seine Einsatzorte betreffen, in der Anspannung, ihn möglicherweise darauf zu erkennen, und atme auf, wenn es nicht so ist.

Meine Mutter litt an ihrer kriegsbedingten Traumatisierung und zeigte mir distanzierte Zuwendung – meiner Schwester aber aufgrund gemeinsamer Kriegserlebnisse Verbundenheit. Ich denke, dass ich für sie ein Ersatzkind war für meinen gestorbenen Bruder, denn ich würde heute auf ihren Wunsch sogar seinen Namen tragen, wenn ich ein Junge wäre. Für meinen Vater war ich das Wunschkind, das er hat aufwachsen sehen – meine Schwester war bereits eingeschult, als er aus der Kriegsgefangenschaft heimkehrte. Aber nach meinem Gefühl waren wir sicher keine Ausnahme mit dieser komplizierten Familienkonstruktion.

Mein Vater ist nach dem Krieg trotz gutem Angebot nicht in seinen geliebten Beruf als Polizist zurückgekehrt, sondern hat gleich ein Handwerk erlernt, mit der Begründung, nie wieder eine Uniform tragen zu wollen, und er lehnte jegliche Einladungen zu Kameradschaftstreffen ab, war sogar Mitbegründer der SPD in unserem Stadtteil. Er hatte offensichtlich seine Lektion gelernt – und heute bin ich erleichtert, dass er durch seinen frühen Tod nicht mehr das Opfer meiner jugendlichen und damals sicherlich inquisitorischen Fragen werden konnte, die von unserer Generation so gestellt wurden, dass in ihnen bereits die Verurteilung lag. Andererseits hätte gerade er mir erklärt und geantwortet. Jedenfalls gibt mir sein Tod die Möglichkeit, dies so glauben zu können. Doch wie hätte er detailliert über Taten reden sollen, die er sich wahrscheinlich selbst nie zu tun zugetraut hatte und die er doch ausführte, auch wenn er diese nun offenbar verurteilte und persönliche Konsequenzen zog.

Bei meiner Mutter war allein schon die Erwähnung einer deutschen Schuld unmöglich, denn sie fühlte sich als Opfer und nicht als Täterin. Sie schwieg und hatte angeblich nichts gesehen und gehört, was in Hitlerdeutschland geschah. Sie entzog sich jeglicher Befragung auch meiner Kinder, die von der Schule einmal die Hausaufgabe bekommen haben, mit den Großeltern über diese Zeit zu reden. Ihre Schwester führte dem von den Nazis eingesetzten Bonner Bürgermeister den Haushalt – und als ich ihr dies als Beweis vorhielt, dass es nicht möglich gewesen ist, gar nichts zu wissen, sagte sie: »Meine Schwester und ich sind uns einig, wir wissen nichts.« Dabei stand ihr Elternhaus in Nachbarschaft zur Synagoge, die in der Reichskristallnacht zerstört wurde. Sie wiederholte erklärend den Satz ihres Pfarrers, dass »die Juden unseren Herrgott gekreuzigt hätten«.

Meine Mutter litt darunter, dass ihre Generation später in der öffentlichen Meinung allein schon durch das Aufwachsen in der NS-Diktatur bereits als Täter gesehen wurde – obwohl sie selbst doch ausgebombt worden war und somit alles verloren hatte und zeitlebens den verbrannten Briefen, Fotos und Erinnerungen nachtrauerte. Das Rheinland war gegen Kriegsende Ziel von Bombardierungen, die später als Probe für die Bombardierung Dresdens in die Geschichte eingingen. Deshalb evakuierte man die Bevölkerung in den ländlichen Osten – an einem Wochentag gingen Züge nach Thüringen, an einem anderen nach Brandenburg. Meine Mutter und meine Schwester bestiegen zusammen mit meiner Tante, deren Sohn und meiner Großmutter in Bonn den Zug nach Brandenburg. Dort wurden sie als »Bombenweiber« empfangen. Sie wurden deshalb so genannt, weil sie aus dem Bombenkrieg im Rheinland kamen. Ihnen wurde bestenfalls ein Platz im Stroh zugewiesen, und nur unwillig gab man ihnen etwas zu essen. Sie wurden von dort bis Frankfurt/Oder »getrieben« und vom Russen »überrollt«, so nannten sie dies später. Was das für die Frauen bedeutete, ahnte man damals. Heute hat man darüber Gewissheit. Lange habe ich meiner Mutter gegenüber daraus keinen Hehl gemacht, dass ich diese Schilderung für etwas übertrieben hielt. Aber dann berichteten im Rheinland alte Frauen Ähnliches von ihrer Evakuierung ins Brandenburgische. Auf der

Flucht von der Oder zurück nach Bonn »feierte« meine Schwester auf dem Schoß meiner Mutter sitzend im Schnee unter einem Baum vor den Toren Dresdens im Kreis der anderen Verwandten ihren vierten Geburtstag. Sie hat die helle Bombennacht nie vergessen. Ich habe schon früh die besondere Beziehung von meiner Mutter zu meiner Schwester verstanden und akzeptiert – sie hatte ihre Kindheit in Bunkern im Arm meiner Mutter verbracht. Nach ihrer Einschulung, kurz nach Kriegsende, wurde sie von kriegsversehrten, traumatisierten oder unverbesserlichen (Nazi-)Lehrern mehr schlecht als recht unterrichtet. Diese Kinder sind die gänzlich unschuldigen Opfer und hatten auch nach dem Krieg nicht dieselben Chancen wie die später Geborenen. Ich habe meine Schwester bewundert und geliebt, sie hat mich beschützt und gab mir, was meine Mutter nicht mehr zeigen konnte. Die Trauer um ihren frühen Tod schmerzt heute wie damals.

Die Evakuierung der Rheinländer ist medial wenig thematisiert worden, vielleicht, weil es Frauen und Kinder betraf und die Sorge um die Soldaten Vorrang hatte. Wahrscheinlich auch, weil dieser Teil der Kriegsgeschichte Brandenburgs hinter dem Eisernen Vorhang verborgen lag und später unwichtig wurde für die westliche Politik. So erlebte auch meine Familie auf der Flucht zurück von Brandenburg nach Bonn Tiefflieger und Verlust, zwar nicht der Heimat, aber des Zuhauses, das zwischenzeitlich in Schutt und Asche gebombt worden war. Meine Mutter war zeitlebens in ihren Ängsten gefangen: vor Gewitter, vor Fremden, vor der russischen Sprache und vor dem Leben.

Ja, das waren die Geschichten meiner Kindheit. Ich hörte sie wie heute Gutenachtgeschichten. Draußen waren die Trümmergrundstücke gegenwärtig, Kriegsversehrte auf den Straßen, die mit ihren Bauchläden von Tür zu Tür gingen und Waren anboten. Dann kamen die ersten Gerüchte um die Verbrechen der Nazis auf, aus denen dann Gewissheit wurde. In den Geschichten der Eltern waren sie selbst stets die Opfer – in den Nachrichten dann die Täter. Es war schwer, all das in meine jugendliche Seele einzu-

ordnen. Denn im Gegensatz zu heute, wo das Wissen um die Kriegsschuld offenliegt, wurden wir sukzessive durch den beginnenden Auschwitz-Prozess damit konfrontiert. Ich erinnere mich an das erste Foto von ermordeten Juden, das uns eine jüdische Lehrerin zeigte. Eine Verbindung zu meiner Gegenwart, zu meiner Familie gelang mir erst einmal nicht. Dann kamen die Aussiedler-, Vertriebenen- und Flüchtlingskinder aus dem Osten in unsere Schulklassen und in unser eigenes instabiles Leben. Ich begann früh, zu lesen und alles zu sammeln, was ich über die – erst später Holocaust genannten – Verbrechen finden konnte. Im Zuge der Wehrmachtsausstellung gab es dann weitere Informationsveranstaltungen und Diskussionen, die wieder eine Änderung der Blickrichtung mit sich brachten, denn bis dahin waren alle Kriegsverbrechen einzig der Waffen-SS zugeschrieben worden. Dieses lebenslange Reflektieren hat mich geprägt, mein Bewusstsein für Unrecht geweckt, das dann in eine politische Überzeugung einging und in ein soziales Denken, das sich manchmal in Richtung Helfersyndrom neigte und bis heute überlebt hat als »Sich-verantwortlich-Fühlen« für vieles, was gar nicht in meiner Verantwortung liegt.

Meine Mutter hätte eine Therapie benötigt, die es aber im Nachkriegsdeutschland nicht gab. Uns allen hätte es geholfen. Später interessierte sich niemand für die Gründe ihrer »Angststörung«, wie ihr Leiden plötzlich genannt wurde, sie wurde einfach medikamentös behandelt. Für meine Mutter war es nur eine Linderung körperlicher Symptome, aber nicht für mich. Ich war zeitlebens überfordert, da ich mitfühlend auf den Gefühlszustand meiner Mutter reagiert habe. Denn zu all dem Leid im Krieg kam der Verlust meines drei Monate alten Bruders, gestorben am plötzlichen Kindstod, und der Verlust meiner 17-jährigen Schwester, die an einer Embolie nach einer Operation gestorben ist, und wenige Jahre später der plötzliche Tod meines Vaters an einem seit Kriegszeiten wandernden Splitter, der eine Gefäßverstopfung auslöste. Mit 15 Jahren war ich mit meiner Mutter allein, die ich bis dahin nur unwirklich neben der Liebe meines Vaters und meiner Schwester wahrgenommen hatte. Meine Mutter und ich trennten uns erst bei ihrem Tod vor einigen Jahren – ich pflegte sie zu Hause bis zuletzt.

Das Leid hat auch in unserer Familie bereits mit dem Ersten Weltkrieg begonnen. Unsere WK-II-Soldaten-Eltern gehörten zu einer Kriegskinder-Generation, traumatisiert vom Ersten Weltkrieg, wenn auch wegen der unterschiedlichen Kriegsführung nicht so direkt betroffen wie die Kinder des Zweiten Weltkriegs. Und doch: Meine Mutter hat ihren Vater – also meinen Großvater – erst nach seiner Entlassung aus der Kriegsgefangenschaft des Ersten Weltkriegs kennengelernt, was sich dann später bei meiner Schwester und unserem Vater wiederholte. Und mein Großvater väterlicherseits, dessen Bruder sowie der Patenonkel meines Vaters fielen in Verdun, als mein Vater ein halbes Jahr alt war. Er ist nicht nur ohne Vater und väterlichen Beschützer aufgewachsen, der Familie fehlte auch der einzige Ernährer. Schon diese Kinder erlebten den Verlust von Familienangehörigen, die Weltwirtschaftskrise und den Hunger und schließlich die Verirrungen in die Nazi-Ideologie. Dann kam auch schon der Zweite Weltkrieg und damit weitere Traumatisierungen durch das Kriegsgeschehen und wieder Verlust von nahestehenden Menschen, Verlust der vertrauten Umgebung und das Wissen, um Ideale, um die Kindheit oder um das Leben betrogen und zum Täter geworden zu sein. Daneben gab es die Gruppe der Uneinsichtigen, die das nicht erkennen wollte oder konnte. All dieses Leid wurde dann erneut an uns Kinder weitergegeben … und wir mussten uns durchwühlen zu der Erkenntnis, dass diejenigen, die wir als Opfer erlebt haben, auch Täter waren, oder umgekehrt, die Täter auch Opfer waren. Das muss man erst einmal verarbeiten. In den 1960er-Jahren hört dann der traumatisierte und verwundete Heimgekehrte, der im Krieg seinen verletzten Kameraden zum Lazarett getragen und Freunde begraben hat, der allerdings auch an Verbrechen schuldig geworden war, von seinem halbwüchsigen Kind: Väter sind Täter …

Aber wie sollten die Eltern über das Geschehene sprechen, über Taten, die zu tun sie sich selbst nicht zugetraut, die sie aber doch getan hatten? Haben sie sich vielleicht gefragt oder geschämt, wie wir als Heranwachsende auf Geständnisse reagieren würden, und deshalb geschwiegen? Aber hätten wir überhaupt ein Geständnis gewollt und über die auch von ihnen verübten Grausamkeiten reden wollen? Wären wir Heranwachsende damit nicht vollständig überfordert gewesen? Ein Eingeständnis der Eltern von aktiver oder passiver Schuld oder von Schuldig-geworden-Sein durch Schweigen, das hätte uns damals schon geholfen. Aber das erreicht man nicht mit Anklagen wie »Was habt ihr getan?«. Die Kinder als Vertreter der Anklage und Richter über die Taten des Vaters, nicht vorstellbar.

Ich bin zu dem Schluss gekommen, dass Kinder ihren Eltern nicht vergeben können, was sie getan haben, woran sie schuldig wurden. Vergeben können nur die Opfer. Haben die Täter gesühnt, endet Sühne irgendwann, endet Schuld irgendwann? In meiner Religion heißt es, dass jeder für seine Taten selbst verantwortlich ist, und das gab mir endlich die Ruhe, nach der ich mich sehnte.

Bis dahin fühlte ich mich überverantwortlich in Wiedergutmachung, habe seit der Jugend in Hilfsorganisationen mitgewirkt und schon mit 15 Jahren gewusst, dass ich Kinder adoptieren würde.

Erst in Sarajevo ist mir bewusst geworden, dass meine persönliche Geschichte Triebfeder war, mich während des Bosnienkrieges bei Hilfsorganisationen zu melden und zu helfen, später dann nach Kriegsende vor Ort in Bosnien. Mein Vater war während des Krieges in dieser Region – und ich fühlte mich gut, dort meinen persönlichen Anteil an der Wiedergutmachung zu geben. Ich denke, es ist kein Zufall, dass ich nun auf der »Opferseite« lebe, nämlich bei denen, die durch die Serben in Konzentrations- und Vergewaltigungslagern litten und dieselben Kriegsgräuel erlebten, die auch unsere Elterngeneration einst verübte – auch verübte an denen, die dann in Bosnien zu Tätern wurden. So kenne ich die Täter- und die Opferseite. Die Anklagen des deutschen Täterkinds – und die Traumatisierung des bosnischen Opfers. Bosnien hat mich Wesentliches gelehrt.

Sehr herzliche Grüße von Nura Ursula.

An diesem Brief lässt sich beispielhaft ablesen, dass Kriegsenkel sich einreihen in eine Kette von Ereignissen, die weit in die vorhergehende Generation reicht. Daher lohnt es sich, das Zeitfenster noch ein bisschen mehr zu öffnen und zu fragen, welchen Ereignissen und Herausforderungen die vorangegangenen Generationen, also die Eltern und auch die Großeltern der Kriegs- und Flüchtlingskinder-Generation, ausgesetzt waren.

Die Kriegskinder des Zweiten Weltkriegs sind die Nachkommen der Kriegskinder des Ersten Weltkriegs

Sicherlich weiß jeder, wann seine Eltern geboren sind. Aber was verbindet man mit ihren Geburtsdaten – der Zeit von 1928 bis 1946. Das sind die Jahrgänge der Kriegs- und Flüchtlingskinder. Welcher zeitgeschichtliche Horizont scheint bei ihnen auf? Führen wir uns diese Jahreszahlen vor Augen, dann wissen wir, dass die Welt schon lange kein heimeliger Ort mehr war und dass er es eine sehr lange Zeit auch für viele nicht mehr und für einige sogar nie mehr sein würde.

Die Kriegskinder des Zweiten Weltkrieges sind wiederum von Eltern großgezogen worden, die im Zeitraum von ca. 1890 bis ungefähr 1910 geboren wurden. Was viele Kriegsenkel in unseren Gesprächen immer wieder mit Erstaunen feststellen, ist, dass es sich hierbei um die Generation handelt, die entweder als junge Erwachsene oder als Kinder den Ersten Weltkrieg von 1914 bis 1918 erlebt haben und viele von ihnen später als Erwachsene auch noch den Zweiten Weltkrieg. Sie sind erstaunt, dass die

Kriegskinder des Ersten Weltkriegs die späteren Eltern der Kriegskinder des Zweiten Weltkriegs wurden. Und dass auch sie ähnliche Erfahrungen gemacht haben wie die Kriegsenkel. Dort begann etwas, das Kriegsenkel heute noch beschäftigt.

Zur Veranschaulichung der gesellschaftlichen Situation, in der die Großeltern der Kriegsenkel aufgewachsen sind, seien hier ein paar Eckdaten genannt.

Der Erste Weltkrieg, die Hungerkrise und die Inflation

Das sind die drei existenziellen Brüche, die Deutschland bis zur Weltwirtschaftskrise erlebt hat. Genauer: der Erste Weltkrieg und die Niederlage mit Millionen Toten und Verwundeten. Für Deutschland werden ca. 2,4 Millionen Kriegstote – ca. 19 Prozent der insgesamt 13 Millionen Soldaten – und ca. 4,3 Millionen Kriegsverletzte angenommen.[9] Die Hungerkrise des Winters 1918/19 mit etwa 200 000 Toten, worunter sich sehr viele Kinder befanden, und schließlich die Inflation von 1923 mit der Vernichtung der Sparvermögen, vor allem der Mittelschicht. So ist nachvollziehbar, dass der nächste darauf folgende Schock, die Weltwirtschaftskrise mit ihrem Massenelend, die Gesellschaft an die Grenzen ihrer psychischen Belastbarkeit führte. Hinzu kam das »Demütigungssyndrom«[10], das sich in der Generation der Frontkämpfer durch die moralischen Bestimmungen des Versailler Vertrags ausbreitete. Auf dem Höhepunkt der Krise 1932 war ca. ein Drittel der Empfänger der Arbeitslosenversicherung unter 30 Jahre alt. Bei der »Krisenfürsorge«, heute der Sozialhilfe oder Hartz IV vergleichbar, war es genauso. Wer noch bei seiner Familie lebte, hatte gar keinen Anspruch auf die schon 1929 vollkommen überforderte Arbeitslosenhilfe der Weimarer Republik, die nur für 800 000 Bedürftige konzipiert war. Die Vergabe der unzureichenden Mittel war zudem an entwürdigende Bedarfsprüfungen gekoppelt. Wehler stellt fest: »Die tiefe Erbitterung über dieses degradierende Verfahren potenzierte millionenfach (...) Wut und Frust.« Das Deutsche Reich hatte 1932 eine Arbeitslosenquote von unvorstellbaren 43 Prozent. Die reale Zahl der Beschäftigungslosen reichte fast an die acht Millionen. Damit war das Potenzial des Hasses in den 1930er-Jahren unermesslich.[11] Wie wenige andere Ursachen trug das sozialpolitische Versagen in der ausgeprägten Notsituation dazu bei, das Gesellschaftssystem der Republik zu delegitimieren. Es führte auch dazu, dass nicht zuletzt die frustrierte Jugend 1930 die Kohorten der Republikfeinde füllte, und zwar auf der rechten wie auf der linken Seite.[12]

Man sollte meinen, dass diese Ereignisse, die nahezu 100 Jahre zurückliegen, heute keine Auswirkungen auf die Kriegsenkel mehr haben. Das Gegenteil ist jedoch der Fall: Das Erleben der Weltwirtschaftskrise mit der Geldentwertung, der die Einzelnen sich ohnmächtig ausgesetzt sahen, hat sich häufig bis zur Generation der Kriegsenkel in entsprechenden Überzeugungen festgesetzt und weitervererbt. Sie schlagen sich mit Glaubens- und Leitsätzen herum, die an die Erfahrungen ihrer Vorfahren anknüpfen. Es gilt immer, vorsichtig zu sein und kleine Brötchen zu backen. Nach dem Motto: Wer den Pfennig nicht ehrt, ist des Talers nicht wert.

Mutter- und vaterlose Kinder des Ersten Weltkriegs

Das Leid und Elend der Kriegskinder des Ersten Weltkriegs verdeutlichen noch andere Zahlen. In ganz Europa schätzt man die Zahl der Kinder, die infolge des Ersten Weltkriegs verwaist waren – also beide Elternteile verloren hatten –, auf ca. sechs Millionen.[13] »Fast ein Drittel aller Männer, die zwischen 1933 und 1945 geboren wurden, wuchsen kriegsbedingt ohne Vater auf.«[14] »Hinzu kommen Hunderttausende, besonders Frauen und Kinder, die an Hunger und Krankheiten starben, als ›indirekte Opfer des Krieges‹.«[15]

Wie groß das Elend war, sehen wir auch in dem aufrüttelnden Bilderzyklus von Käthe Kollwitz *Deutschlands Kinder hungern* und an den Zille-Bildern über das »Milljöh«, in denen das Elend der Arbeiterfamilien in Berlin dargestellt ist.

Die Gesellschaft jener Zeit zwischen 1918 und 1933, der Zeit der Weimarer Republik also, wird daher auch als »Kriegsopfergesellschaft« bezeichnet. Direkt oder indirekt war die überwiegende Mehrheit der Bevölkerung mit den sowohl physischen als auch psychischen Auswirkungen des Krieges unmittelbar und dauerhaft konfrontiert.[16] Welches unermessliche Leid diese Kriegskinder-Generation, also die späteren Eltern der Kriegskinder des Zweiten Weltkriegs, ertragen hat, lässt sich nahezu an jedem Genogramm nachvollziehen. Diese existenzielle Not bleibt anhaltend im kollektiven Gedächtnis.

An der Familiengeschichte von Sarah, einer Kriegsenkelin, wird dies deutlich:

»Eine Überzeugung, glaube ich, hat viel mit dem Mangel zu tun und ist bis heute Thema bei manchen aus unserer Familie: Es ist immer zu wenig da.«

In ihrer Familie ist insbesondere die väterliche Seite von den hier erwähnten zeitgeschichtlichen Ereignissen betroffen: Die Familie hatte kriegs- und krankheitsbedingt den Verlust von vielen geliebten Menschen zu verkraften und *zusätzlich* noch den Verlust ihrer materiellen Existenz – zuletzt durch die Flucht nach dem Zweiten Weltkrieg. Dreimal verloren sie Erspartes: durch den Ersten Weltkrieg, dann 1929 durch den Börsenkrach und schließlich 1945 durch die Flucht. Allein wegen dieser Verluste hat die Familie – wie viele in dieser Zeit – mehrere große existenzielle Krisen durchlebt. Aber es kamen noch Verluste ganz anderer Art hinzu. Die Großmutter verlor mit 14 Jahren den Vater und im Ersten Weltkrieg ihren Bruder sowie ihren ersten Verlobten, im Zweiten Weltkrieg schließlich noch ihren ältesten Sohn. In diesem Zusammenhang ist es sodann nicht verwunderlich, wenn wir Einschätzungen über Großmütter aus jener Zeit hören, die nicht besonders herzlich anmuten:

»Sie war eher herb, erzählt meine Mutter, aber gerecht.« (Sarah)

Erst zur Enkelin konnte sie wieder herzlich sein:

»Ich erinnere mich nur, wie gerne ich auf ihrem Schoß saß und sie mir ein Lied vorsang, das ich liebte: ›In einem kleinen Apfel …‹«

Schließlich starb sie 1965 an Krebs, wozu die (Kriegs-)Enkelin meint:

»Auch das ist kein Wunder: Bruder, Verlobter, ältester Sohn in Kriegen verloren und dann noch die Tochter als Baby. Und schließlich die Flucht.«

Das sind Beispiele, die beredt darüber Auskunft geben, in welcher Weise die Großeltern vieler Kriegsenkel als Kinder vom Ersten Weltkrieg und dessen Folgen betroffen waren. Oft sind sie durch den Ersten Weltkrieg vater- und mutterlos und aufgrund der Weltwirtschaftskrise häufig in großer Armut aufgewachsen. Diese gesellschaftlichen und familiären Verhältnisse haben die Eltern der Kriegskinder zu Beginn ihres Lebens vorgefunden, und von ihnen wurden sie geprägt. Auch dieses Erbe finden wir in der Kriegsenkel-Generation wieder.

Ein weiteres Beispiel zeigt, unter welchen Bedingungen die Kinder dieser ersten Kriegskinder-Generation groß geworden sind:

»Die Eltern meines Vaters, meine Großeltern, waren in dieser Zeit so arm, dass sie später ihre Kinder kaum ernähren konnten, obwohl sie Bauern waren. Sie haben meinen Vater als Neunjährigen zu einem Bauern gegeben, wo er sich das tägliche Brot verdienen musste. Zum Schlafen kam er wieder heim. Dass er trotzdem so liebevoll zu uns Kindern war in Anbetracht dieser Erfahrungen, das hat mich immer wieder erstaunt.« (Vera)

Und noch ein Beispiel, das aufzeigt, dass bereits in der Generation der Mütter und Väter der Kriegsenkel viele ohne Vater oder Mutter aufgewachsen sind, nämlich Hannas Mutter.

Die Pragmatische – Hannas Mutter

Wie viele Kriegsenkel hat auch Hanna ein Leben lang die Unterstützung und Anerkennung ihrer Mutter vermisst. In unseren Gesprächen beklagte sie sich über deren Kaltherzigkeit. Sie, die mittlerweile Ende 40 war, fragte sich, ob sie nicht doch noch in irgendeiner Form die Zuneigung ihrer Mutter gewinnen könne. Hanna wollte endlich von ihr »gesehen« und »anerkannt« werden. Das wäre die nötige Rückenstärkung, die sie in ihrer derzeitigen Lebenssituation, in der sich wieder einmal alles auf den Kopf stellte, hätte gebrauchen können. In der Genogramm-Arbeit wurde schnell sichtbar, dass auch ihre Mutter schon früh gefordert gewesen war. Die Mutter ihrer Mutter – also Hannas Großmutter – starb, als ihre Mutter 12 Jahre alt war, an TBC – einer Krankheit, die auch in den Armenvierteln von Berlin grassierte. Während Hannas Großvater seiner Arbeit nachging, hatte ihre Mutter schon als Zwölfjährige für ihn und ihre kleineren Geschwister zu sorgen.

»Meine damals zwölfjährige Mutter«, so Hanna, *»kam vermutlich dabei zu kurz.«*

Später als Erwachsene und Mutter sei sie immer der »praktische Typ« gewesen. Unter dem Gesichtswinkel habe sie alles betrachtet; sie habe immer gearbeitet und nie Zeit an ihre Kinder »verschwendet«, wovon Hanna eines war.

Die beklagte Kaltherzigkeit von Hannas Mutter reicht weit zurück und lässt das zweifelhafte Ideal der »eisernen Zeit« aufscheinen, in der der »eiserne Wille« vor den persönlichen Bedürfnissen herrschte, in der es Angst, Schmerz und Zaghaftigkeit nicht geben durfte. Vielmehr galt es, stark zu sein, koste es, was es wolle. Nach dem Motto »Hurra, wir leben noch« wurde über die eigene Verletztheit hinweggegangen.[17]

»Abwesende bzw. traumatisierte Väter, die ständige Angst, dass der Vater nicht wiederkehrt, bzw. die Gewissheit, ihn verloren zu haben, überforderte und emotionslos wirkende Mütter, das mangelnde Zutrauen der Gesellschaft in die Erziehungsfähigkeiten der ›übriggebliebenen‹ Mütter und nagender Hunger (mit Sicherheit nicht nur physisch, sondern auch psychisch) hinterlassen Spuren auf den kleinen Seelen der Kinder.«[18]

Wie wir an diesem Beispiel sehen können, wurden die Eltern der Kriegsenkel häufig selbst schon als Kinder maßlos überfordert und mussten in Rollen bestehen, in denen sie nicht nur für sich selbst verantwortlich waren, sondern auch für den verbliebenen Elternteil und für ihre Geschwister. Auch sie waren schon in ganz besonderer Weise sowohl von den gesellschaftlichen Verhältnissen als auch von den privaten beziehungsweise familiären Umständen – den Auswirkungen des Ersten Weltkriegs, der Weltwirtschaftskrise und der daraus folgenden Armut, dem Verlust von Angehörigen – herausgefordert worden. Die Eltern der Kriegsenkel waren oftmals schon sehr früh Eltern für ihre eigenen Eltern, etwas, das sich in der Kriegsenkel-Generation wiederholte.

Obgleich das 20. Jahrhundert zum Jahrhundert des Kindes werden sollte beziehungsweise als solches deklariert wurde – und tatsächlich hat auch hier die Reformbewegung ihren Ausgang genommen –, haben gerade die Kinder die schlimmsten Verbrechen dieses Jahrhunderts erlebt und unter ihnen gelitten.

Dazu zählten der Nationalsozialismus, die Verfolgung Andersdenkender, der Krieg, die Flucht und Vertreibung, entfacht von den Nationalsozialisten und deren massenhaften Unterstützern, wozu auch ihre eigenen Eltern als Mittäter und Mitläufer gehörten. In sehr vielen Familien gab es zumindest zu Beginn der

NS-Zeit große Sympathien mit dem Nationalsozialismus. Ein Umdenken erfolgte erst nach den ersten schlimmen Erfahrungen. So erzählte ein Kriegsenkel von seinem Großvater, dass dieser anfangs auch ein Nationalsozialist war. Erst als sein ältester Sohn gleich in den ersten Wochen des Krieges getötet wurde, führte das zu einem Wandel seiner Ansichten.

Hinzu kommt, dass ein Teil der Kriegskinder von Eltern erzogen worden ist, die in Auschwitz oder anderen Massenvernichtungslagern gearbeitet haben, die Menschen erschossen und vergewaltigt und die ihre Kinder aufgefordert haben, es ihnen gleichzutun.

Wir müssen uns fragen, was es für die Nachfolgegeneration bedeutet, Mütter und Väter gehabt zu haben, die sich freiwillig in KZs um Arbeitsstellen beworben haben oder – wie Hartmut Radebold schreibt – »die zuerst bei der Waffen-SS aktiv waren und schließlich mit dem ›aktiven Dienst im Konzentrationslager belohnt‹ wurden«.[19] Ihre Nachkommen ringen häufig mit großer Scham und unendlichen Schuldgefühlen, die sie bis heute in ihrem eigenen Leben nicht ankommen lassen.

Viele Eltern der Kriegskinder waren in unterschiedlichster Form Teil des NS-Systems, legitimierten es und integrierten ihre Kinder bedenkenlos, wenn nicht sogar enthusiastisch in dieses System.

Oskar Gröning – ein Kriegskind

Die Geschichte von Oskar Gröning, dem »Buchhalter von Auschwitz«, der Anfang April 2015 als 94-Jähriger vor Gericht gestellt wurde, ist so ein Beispiel.

Er hatte als gelernter Bankkaufmann das Geld, das man den todgeweihten Juden abgenommen hatte, zu zählen und nach Berlin zu schicken. Sein Vater, ein vom Ersten Weltkrieg versehrter Mann, wurde Mitglied im »Stahlhelm«, der paramilitärischen

Schutztruppe der Deutschnationalen Volkspartei. Seinem Sohn Oskar Gröning erlaubte er als Zwölfjährigem (!), in der Jugendorganisation des Stahlhelms mitzumarschieren. Uniform, Fahne, Disziplin, Gehorsam – das waren die höchsten Werte im Hause Gröning. Als Hitlers Armee im September 1939 in Polen einmarschiert, ist Oskar Gröning begeistert. »Da konnten wir mal die Polacken verhauen« – so redet er noch im Januar 2015, als er als alter Mann vor Gericht steht. »Die Waffen-SS! Die zackigste Truppe! Wir wollten dazugehören!« Im September 1942 wird er mit einigen Kameraden nach Berlin beordert. In Anwesenheit einer Riege hoher SS-Führer wird ihm und seinen Kameraden eröffnet, dass sie für eine Tätigkeit gebraucht würden, »die sicher nicht angenehm ist, aber die gemacht werden muss, um den Endsieg zu erreichen«.[20] Am nächsten Tag fährt er nach Auschwitz und erfährt, was dort geschieht. Oskar Gröning nimmt daran keinen Anstoß. Im Strafprozess sprach der Angeklagte 2015 über sich und seine Taten folgendermaßen: »Vielleicht war es die Gewohnheit, Tatsachen so zu akzeptieren, wie sie auftraten. Vielleicht war es aber auch die Bequemlichkeit des Gehorsams, zu dem wir erzogen waren und der Widersprüche nicht zuließ. Dieser uns anerzogene Gehorsam verhinderte, die tagtäglichen Ungeheuerlichkeiten als solche zu registrieren und dagegen zu rebellieren. Es ist nach heutigen Maßstäben nicht zu fassen.«

Was hier immer noch ausgeklammert bleibt, ist, dass »Menschen unter allen Umständen eine Verantwortung für ihr Handeln« tragen.[21] Hannah Arendt hat schon früh darauf aufmerksam gemacht, dass die Banalität des Bösen an jenem Punkt beginnt, wo das System übernimmt und Menschen nicht länger selbst denken, sondern nur ausführen. So fangen Prozesse an, die autonom und ohne jegliche Form von Menschlichkeit funktionieren.

Dieses Beispiel von Oskar Gröning steht stellvertretend für alle anderen, die als Folge des Zusammenspiels der Erfahrungen der Mütter und Väter im Ersten Weltkrieg und den Naziorganisationen (Waffen-SS) die Katastrophe vorbereitet haben: die Verfolgung und Vernichtung von Juden, Sinti und Roma, Homosexuellen, Menschen mit Behinderung, (politisch) Andersdenkenden etc. und den Krieg.

So hat die Kriegskinder-Generation nicht nur die schlimmsten Verbrechen erlebt, ein Teil dieser Generation war bereits in jungen Jahren aktiv daran beteiligt. Damit war ihr junges Leben von Beginn an mit einer schweren Hypothek belastet. Ein unerbittlicher Drill, dumpfer Gehorsam und das Dazugehören-Wollen sind Parameter, von denen die nationalsozialistische Erziehung geprägt war. Das nationalsozialistische Erziehungsideal bestand darin, Menschen heranzuziehen, vor denen sich die Welt fürchten sollte. Die Geschichte von Oskar Gröning zeigt uns, wie die Realisierung dieses Ideals ausgesehen hat und aufgegangen ist.

Das nationalsozialistische Erziehungsideal

Um die Kriegskinder des Zweiten Weltkriegs und das Erbe, das sie an die Kriegsenkel weitergegeben haben, noch besser zu verstehen, sollten wir uns die nationalsozialistische Erziehung und ihre Auswirkungen noch einmal vor Augen führen. Das Kriegskind Elisabeth – Jahrgang 1931 – hat damit ihre Erfahrungen gemacht.

Das oberste Erziehungsziel galt der Hingabe an den Führer. Dafür wurde die Rolle der Mutter zu einer gesellschaftlichen Aufgabe umdefiniert. Die Rolle der Frau im Faschismus bestand darin, dem »Führer« Kinder zu schenken. Kinder zu bekommen hatte damit einen gesellschaftlichen Stellenwert und ein gesellschaftliches Ziel: den Krieg. Die Mütter erhielten also einerseits eine Aufwertung, andererseits aber wurden sie abgewertet.

Elisabeth – vom Regen in die Traufe

Für Elisabeth war der BDM (Bund Deutscher Mädel) ein wichtiger Ort, zu dem sie immer dann flüchtete, wenn sie wieder einmal von ihrem Vater geschlagen worden war. Von ihm wurde sie regelrecht misshandelt. Für jede kleine Verfehlung setzte es Prügel mit einem Lederriemen, der extra für sie griffbereit an der Eingangstür hing. Ihre Eltern waren keine Nazis, sondern gläubige

Christen, aber das hat sie nicht daran gehindert, sich in schlimmster Weise an ihrem Kind zu vergehen. Aus Protest gegenüber ihren Eltern ist Elisabeth daher gern zu den Treffen des BDM gegangen. »Dagegen konnten sie nichts sagen.« Dennoch gestaltete sich der Aufenthalt auch hier für sie äußerst ambivalent: Dieses »ewige Marschieren und Strammstehen« ging arg an die Kräfte dieses zarten, sensiblen Mädchens. Auch in anderen öffentlichen Einrichtungen der Nazis, die allesamt von dem Gedanken der Zucht und Ordnung durchdrungen waren und in denen alles Schwache eliminiert wurde, hat sie schmerzhafte Erfahrungen gemacht. Beispielsweise wurde sie während einer Kinderlandverschickung, auf der diese zierliche Person eigentlich aufgepäppelt werden sollte, ebenso schwer misshandelt. Schon geringste Abweichungen von der Norm wurden gnadenlos mit Schlägen und Demütigungen vor der Gruppe geahndet. So sah das Ideal der Erziehung der Nazis aus.

Kinder gehörten dem Führer und nicht den Familien

Wie wir unter anderem an diesem Beispiel sehen können, trieb die Erziehung der Nazis einen Keil zwischen Familie und Gesellschaft. Kinder gehörten dem Führer und nicht den Familien. Möglich wurde damit auch, dass Kinder und Jugendliche gegen ihre eigenen Familien eingesetzt und instrumentalisiert werden konnten. Viele Kriegskinder, die eine offene Rechnung mit ihren Eltern hatten, stellten daher häufig schon im jungen Alter für die eigene Familie eine ernsthafte Bedrohung dar; sie bekamen damit eine ungeahnte Macht über ihre Familien und auch über all diejenigen, die von den Nazis verfolgt wurden. Auf diese Weise ging das Erziehungsziel der Nationalsozialisten auf: Man wollte Menschen heranwachsen sehen, die gewalttätig, herrisch, grausam waren und bei denen alles Schwache und Zärtliche ausgemerzt war. Allerdings sollten nicht nur Gefühle der Schwäche eliminiert werden, sondern jegliches Gefühl. Für Staat und Partei wurden Menschen gebraucht, die gehorchten und Befehle erfüllten. Das Mittel der Wahl waren Demütigungen und harte Arbeit.

Ein kleiner Ausschnitt aus einem Erlebnisbericht eines Stadtkindes – Frau K. L. aus Regensburg, die 1944 zur »körperlichen Ertüchtigung« aufs Land geschickt wurde, um dort hart zu arbeiten – mag verdeutlichen, dass kaum ein (gesellschaftlicher) Bereich von dieser menschenverachtenden Haltung verschont blieb.

Wir standen den Dorfleuten gegenüber, die uns wie auf einem Viehmarkt nach Nutzwert beurteilten. Da ich ziemlich klein war, fand sich erst spät jemand bereit, mich aufzunehmen. Von Anfang an wurde ich zur Arbeit angehalten. Beim Stallausmisten und bei der Feldarbeit leistete ich nicht genug und wurde als »Stadtkind« ausgelacht. Ich sollte stattdessen das Haus putzen. Ich kam zwar aus einem Arbeiterhaushalt, aber dort hatte mir noch niemand solche Arbeit als Pflicht angewiesen. Es gab nur ein Plumpsklo im Schweinestall, keinerlei Hygiene, und niemand kümmerte sich um meine Kleider oder Wäsche. Meine Mutter konnte mich nur selten besuchen, weil sie aufgrund einer Denunziation – sie hatte einen Witz erzählt – dienstverpflichtet war. Bei einem Besuch nach etwa drei Monaten stellte sie entsetzt fest, dass ich Läuse hatte und dass sich eine Wunde, die unversorgt geblieben war, entzündet hatte. Es herrschte auch keine gute Stimmung im Dorf, man spürte das gegenseitige Misstrauen. Ich stand aber hilflos vor dieser Erfahrung von totaler Fremdheit. (…) Schon uns Kindern war es klar, dass wir stark zu sein hatten. Genau deshalb war es mir auch unmöglich, über die Zumutungen meiner »Gastfamilie« gegenüber irgendjemandem etwas anzudeuten. Ich fühlte mich schuldig, ohne zu wissen, wieso. Ich habe Jahre gebraucht, um diese Grunderfahrung von Hilfslosigkeit erklären und damit überwinden zu können, eine Kriegserfahrung, die weit über das Kriegsende hinaus wirkte.[22]

Die Kriegskinder erlebten den Nationalsozialismus in einer Lebensphase, in der sie am stärksten zu beeinflussen waren. In einer Lebensphase, in der man versucht, sich die Welt in all ihren Aspekten anzueignen, und vieles infrage stellt, erlebten sie Hilflosigkeit und Verunsicherung und die daraus folgende Desorientierung. Wie kann Persönlichkeitsentwicklung in einem System stattfinden, in dem man zum Beispiel nicht neugierig fragen darf, in dem jemand durch eine harmlose Frage in akute Lebensgefahr versetzt werden konnte?

Ich erinnere mich in diesem Zusammenhang gern an eine kleine Szene, die Vicco von Bülow, bekannt als Loriot, in einem Interview schilderte, die ich hier frei nacherzähle.

Als Vicco von Bülow eines Morgens auf dem Weg zur Schule war und an einem Geschäft vorbeikam, sah er, wie sich ein paar Jungen daranmachten, die Schaufensterscheiben einzuwerfen und die Fassaden mit Judenhassparolen zu beschmieren. Ganz erschrocken sah er sich um und fragte einen herannahenden Passanten, so wie ein Kind spontan reagiert, wenn es etwas Unrechtes sieht: »Dürfen die das?« Unauffällig, aber mit sehr viel Nachdruck, wurde er von diesem Passanten schnell an dem Ereignis vorbeigeschoben und von ihm leise, aber wiederum sehr eindringlich, darauf hingewiesen, dass er so etwas nie wieder laut fragen dürfe, andernfalls könne er dadurch in große Probleme geraten. Er erzählte, wie erschüttert er gewesen sei, weil er die Welt einfach nicht mehr verstanden habe.

»Die deutsche Mutter und ihr erstes Kind« (J. Haarer)

In der nationalsozialistischen Erziehung ging es gerade nicht darum, dass jemand durch eigenes Nachdenken die Welt zu verstehen versuchte. Diese Erziehung setzte auf totale Anpassung, Gehorsam und auf Selbstaufgabe. Solcher Art zugerichtete Menschen lassen sich leichter steuern als jene, die sich ihrer selbst und ihrer Gefühle bewusst sind. *Die deutsche Mutter und ihr erstes Kind*[23], ein weit über die NS-Zeit hinaus populärer Erziehungsratgeber, bildete die Grundlage für die systematische Zerstörung der kindlichen Gefühle. Im Mittelpunkt einer Mutter-Kind-Beziehung standen nicht die elementaren Bedürfnisse des Kindes, sondern der Gehorsam. Und so geriet die Gestaltung der Mutter-Kind-Beziehung von Beginn an zu einem einzigen Machtkampf. Schreien und Weinen eines Kindes – elementare Willensäußerungen – sollten ignoriert werden. In einer viel zitierten Passage schreibt J. Haarer, wie mit einem unruhigen, weinerlichen Kind zu verfahren sei:

Dann, liebe Mutter, werde hart! Fange nur ja nicht an, das Kind aus dem Bett herauszunehmen, es zu tragen, zu wiegen, zu fahren oder es auf dem Schoß zu halten, es gar zu stillen. Das Kind begreift unheimlich rasch … und der kleine, aber unerbittliche Haustyrann ist fertig.[24]

Dieses Buch liest sich wie eine Betriebsanleitung für eine Maschine: »Babys sollen nach festem Plan gefüttert und gewogen werden und zu bestimmten Zeiten eine ›Ausfahrt‹ machen.«[25]

Babys wurden gerade einmal zur Körperpflege aufgenommen und in der übrigen Zeit alleingelassen. Heute wissen wir, dass diese Art der »Erziehung« die Entwicklung eines Kindes nicht nur nicht fördert oder behindert, sondern sie regelrecht zerstört. Mangelnde liebevolle Zuwendung, fehlendes Selbstwirksamkeitserleben und Erfahrungen von Ohnmacht wirken sich verheerend auf das Kind aus. Vorgeschlagen wird hier eine Erziehung, die als grobe seelische Vernachlässigung bezeichnet werden kann.

Welche Folgen schwere seelische Vernachlässigungen haben können, wurde unlängst bekannt durch die Studie über die jahrelang vernachlässigten Kinder in den Heimen und Krankenhäusern von Siret (Rumänien). Hierin wurde der Frage nachgegangen, wie wichtig die soziale Bindung für die Entwicklung des Gehirns ist.

Man hat herausgefunden, dass sich bei mangelnder Zuwendung die Gehirnaktivität deutlich reduziert, so als ob jemand im Gehirn das Licht ausgeknipst hatte.[26] Oft hielten die Auswirkungen noch jahrelang an. Die Kinder waren dann scheu, und ihr Immunsystem war nur schwach entwickelt. Dennoch lässt diese Studie Hoffnung aufkommen, denn einerseits steht zwar fest, dass der Mangel an Zuwendung Spuren in Gehirn, Körper und Psyche hinterlässt, aber andererseits kann dieser später auch wieder – allerdings oft nicht vollständig – ausgeglichen werden, vorausgesetzt, es lässt sich ein vertrauensvolles Verhältnis zu nahen Bezugspersonen aufbauen.

Nach dieser Studie dürfte die nationalsozialistische Erziehung ebenso weitreichende Folgen haben, sofern die emotionale Zuwendung auch in späteren Lebensphasen ausblieb und dieser Mangel nicht durch fürsorgliche Menschen ausgeglichen wurde.

Eigene Gefühle sind bedrohlich!

Vor diesem Hintergrund ist es nachvollziehbar, dass viele Kriegskinder sich bis heute nicht vorstellen können, eigene Gefühle zu haben. Einst haben sie gelernt, besser keine eigenen Bedürfnisse zuzulassen und ihre Gefühle als etwas Fremdes zu begreifen; sie haben ihr Eigenes als etwas so Bedrohliches erlebt, das ihre Eltern in einem Maße gegen sie aufbringen konnte, dass sie ihre eigene Existenz gefährdet sahen. Sie haben daraus nur die Schlussfolgerung ziehen können, dass nicht das Verhalten der Eltern grausam, sondern dass ihr eigenes falsch war. Dass sie selbst falsch waren. Mit anderen Worten: »Wenn meine Eltern schlecht sind, dann ist es meine Schuld.«[27] Das Eigene wird auf diesem Wege zum Gegner, und diesen gilt es sowohl in sich selbst als auch in anderen zu bekämpfen und zu vernichten. Kinder übernehmen in diesem Prozess die kaltherzige, unempathische Haltung der Eltern und richten sie gegen sich selbst. Das Kind beginnt, sich seiner selbst zu schämen. Bereits derart verunsichert, hilflos und so manches Mal innerlich regelrecht zerrüttet, hatten viele Kriegskinder die schlimmsten Ereignisse noch vor sich: den Zweiten Weltkrieg, die Flucht und Vertreibung.

Krieg, Flucht und Vertreibung

Vielen Kriegskindern wurden Nächte in Luftschutzkellern zugemutet, Bombenterror und der Verlust ihrer Häuser und Wohnungen. Sie erlebten, dass die Nationalsozialisten den Tod ihrer eigenen Kinder in Kauf nahmen – indem sie sie entweder diesen Erlebnissen aussetzten oder sie gar als 15-, 16-, 17-jährige Jungen noch in den letzten Tagen des Krieges an die Front schickten, wo sie als Kanonenfutter verheizt wurden. Heute verwenden wir dafür die Begriffe der Schüler- oder Kindersoldaten, damals hießen sie Flakhelfer. Für dieses Inferno waren größtenteils ihre eigenen Angehörigen verantwortlich – ihre Großeltern und Eltern.

Überdies waren sie als Kinder und Kleinkinder mit ihren Müttern über Wochen und Monate bis zur Erschöpfung auf der Flucht und dabei äußerst brutalen Erfahrungen ausgesetzt. Sie haben Erschießungen mit ansehen müssen, Leichen, die am Wegesrand lagen. Ihre Mütter waren – genau wie sie selbst – Vergewaltigungen und anderen Gewalttätigkeiten ausgeliefert. Schutzlos waren sie wochenlang in bitterer Kälte unterwegs und mussten wiederholt oder andauernd Hunger leiden.

Für die Flüchtlingskinder kam noch die prägende Erfahrung hinzu, Fremde im eigenen Land zu sein. Sie spürten schnell, dass sie oftmals nicht willkommen waren. Viele lernten das Gegenteil kennen, nämlich, dass sie offen angefeindet wurden. Allein so eine Erfahrung reicht allgemein schon aus, eine lebenslange tiefe Verunsicherung davonzutragen. Diejenigen, die ihre vertraute Umgebung und damit ihre vertrauten Nachbarn und Freunde verlassen mussten, standen vor einer ganz besonderen Herausforderung: In einer für sie fremden und sie oftmals anfeindenden Umgebung waren sie vollkommen auf sich gestellt und mussten neu anfangen. Oft führten diese Erfahrungen zu einem Verhalten extremer Anpassung.

Der Krieg ist noch nicht zu Ende

Für viele der einstigen Kriegskinder ging und geht der Krieg weiter, oftmals bis heute, wenn sie auch mittlerweile hochbetagt sind. Die gegenwärtigen Erfahrungen von Hilflosigkeit, Abhängigkeit, Ohnmacht oder Willkür, beispielsweise in Zusammenhang mit Pflegebedürftigkeit oder prekären Lebensverhältnissen im Alter, lassen die Erinnerungen an ihre traumatischen Erlebnisse immer wieder neu aufbrechen und die Tage und Nächte erneut zum Albtraum werden.

Experten gehen davon aus, dass etwa ein Drittel der heute über 70 Jahre alten und noch älteren Bevölkerung mehrfachen ausgeprägten und lang anhaltenden und ein weiteres Drittel zumindest zeitweiligen traumatisierenden Ereignissen ausgesetzt war. Für ein weiteres Drittel trifft dies offenbar nicht zu.[28]

Für die schwer an Körper und Seele verletzten traumatisierten Kriegs- und Flüchtlingskinder gab es oft keinerlei Hilfe. Ihr Leid wurde nicht gesehen. Alles andere schien immer schlimmer und wichtiger zu sein. Ihr Wunsch und ihr Bedürfnis nach Trost und Verständnis blieben daher vielfach ungestillt. Dabei weiß man heute, dass eine liebevolle Zuwendung und das Vermitteln von Geborgenheit, Schutz und Sicherheit bereits die Wirkung der traumatischen Ereignisse hätten abmildern können, denn es sind nicht allein die schlimmen Ereignisse, die zur Traumatisierung führen. Bei der Verarbeitung solcher Erfahrungen spielt eine große Rolle, wie jemand nach dem Ereignis versorgt und aufgefangen wird. Aber sind sie von empathischen Menschen angehört, verstanden und getröstet worden? Kaum, denn ihr Leid hatte im Vergleich zu dem, was um sie herum passierte, keine Relevanz. Schließlich ging es in erster Linie um das reine Überleben. Und daran hatten sie mitzuwirken, sie hatten zu funktionieren. Als loyale Töchter und Söhne ihrer Eltern funktionierten sie auch. Sie steckten ihren Schmerz weg und übernahmen die Aufgaben, die ihnen ihre Eltern oft notgedrungen zumuteten, egal, wie jung sie waren. Es waren Aufgaben, von deren gelungener oder auch misslungener Handhabung noch so manch einer im hohen Alter zu berichten weiß. Einem zehnjährigen Jungen beispielsweise überließ eine Familie auf der Flucht zeitweilig einen Koffer mit wertvollen Dokumenten der Familie. Dieser Koffer wurde dem Jungen in einem unachtsamen Moment gestohlen. Noch heute steht dem mittlerweile 80-Jährigen der Schreck ins Gesicht geschrieben, wenn er von diesem Ereignis erzählt.

Andere Kriegskinder verarbeiteten die fehlende Fürsorge auf ganz eigene Weise. Erich, der Inhaber einer mittelgroßen Firma, der meine Beratung aufgesucht hatte, weil er für sich klären wollte, warum er sein Unternehmen alle paar Jahre in eine Krise manövrierte, schien sich die fehlende Fürsorge der Eltern in diesen Jahren auf eine einzigartige Weise nachträglich zu holen. Alle sechs, sieben Jahre führte Erich seine Firma in eine massive Existenzkrise. Das Interessante daran war, dass ihm jedes Mal seine Mitarbeiter halfen, die Firma zu retten. Sie gingen zeitweilig so weit, dass sie für Monate auf ihren Lohn verzichteten. Dies hat Erich immer wieder von Neuem erlebt. Die Gründe dafür blieben ihm lange verborgen. Mithilfe eines Genogramms wurde schnell sichtbar, dass seine Eltern bereits schwer vom Krieg gezeichnet waren, als sie sich auf die Flucht begaben. Die Folge davon war, dass er als Ältester, wohlgemerkt als Siebenjähriger (!), während der

Flucht vollkommen allein für seine jüngeren Geschwister zuständig war. Daraus resultierte, dass Erich selbst nie oder äußerst selten in den Genuss von Fürsorge kam. Zuwendung und Geborgenheit vermisste er schmerzlich.

Vor diesem Hintergrund war es für ihn im Erwachsenenalter in gewisser Weise durchaus sinnvoll, immer wieder Krisen herbeizuführen, denn auf diese Weise kam er in den Genuss der bis dahin lange vermissten Fürsorge und Aufmerksamkeit. In einem Akt der Selbstfürsorge hat er dafür gesorgt, dass Menschen sich um ihn versammelt und sich um ihn gekümmert haben – so wie er sich damals um seine Geschwister gekümmert hatte. Nachdem wir sein aktuelles Handeln, das für ihn zweifellos mit einem hohen Preis verbunden war, mit den bis dahin offenen Bedürfnissen in Verbindung gebracht hatten, konnte Erich zukünftig ganz anders handeln. Er sah sich nicht mehr veranlasst, immer wieder seine eigene Existenz in Gefahr zu bringen, um seine Wünsche nach Fürsorge zu erfüllen. Er brauchte nicht länger Krisensituationen zu provozieren, um Fürsorge zu bekommen. Er brauchte keinen Umweg mehr, sondern konnte sein Bedürfnis danach, umsorgt zu werden, nunmehr direkt und ganz konkret und am richtigen Ort artikulieren.

Oft überforderte man die Kriegskinder während des Krieges und der Flucht aus reiner Not, schließlich mussten alle mit anpacken. Andererseits überforderte man sie auch aus Unwissenheit, wie Peter Heinl als Pionier der Kriegskinder-Thematik bereits 1994 schrieb. In dieser Zeit ging man nämlich davon aus, dass Kinder nichts von ihrer Umwelt mitbekämen, weil sie sich kein eigenes Bild von ihrer Umwelt machen könnten. Daher waren viele froh, dass ihre Kinder noch »so klein« waren und deshalb »nicht viel vom Krieg mitbekommen« haben. Mittlerweile weiß man jedoch, dass dies ein schwerer Irrtum und genau das Gegenteil der Fall ist. Je früher – nämlich unter zehn Jahren – und je länger jemand andauernd mit einer Erfahrung konfrontiert wird, die sein psychisches Fassungsvermögen übersteigt – so die Definition von Trauma –, desto wahrscheinlicher sind komplexe Traumafolgestörungen, wie zum Beispiel massives Erleben von Hilflosigkeit, Angst, Panik, Depression und/oder ständiges Wiedererleben des traumatischen Ereignisses. All das äußert sich häufig in einer starken Beeinträchtigung in sozialen und beruflichen Bereichen.

Kriegs- und Fluchterfahrungen – für viele Kriegskinder ein Trauma

Die Kriegs- und Fluchterfahrungen von Kindern, die in dieser Zeit extremer Hilflosigkeit und Ohnmacht ausgesetzt waren, gehören eindeutig zu den Ereignissen, die ein Trauma verursachen können. Für Kinder sind andere, viel »harmlosere« Ereignisse und Situationen als Krieg und Flucht oftmals schon traumatisch. Allein das Verlorengehen im Kaufhaus kann von einem Kind als traumatisch erlebt werden, ebenso ein Sturz vom Fahrrad. So können wir nur erahnen, was die verheerenden Erfahrungen der Kriegskinder während des Feuersturms in Hamburg oder Dresden oder allein das plötzliche Aufbrechen zur Flucht angerichtet haben mögen.

Die Kriegs- und Flüchtlingskinder sind mit traumatischen Erlebnissen in einem Alter konfrontiert worden, in dem sie noch keine stabile Persönlichkeit entwickelt hatten. Damit fehlte ihnen eine wichtige Komponente, diese Katastrophen heil zu überstehen. Eine »stabile Persönlichkeit« sowie »stabile soziale Beziehungen« und »sichere Bindungserfahrungen in der Kindheit« sind Faktoren der psychischen Widerstandsfähigkeit – auch Resilienz genannt – eines jeden, die vor den Folgen eines belastenden, traumatisierenden Ereignisses schützen. Sind diese Faktoren gegeben, ist die Wahrscheinlichkeit groß, dass Ereignisse dieser Art relativ heil überstanden werden können.[29]

Aber gab es für die Kriegskinder überhaupt zuverlässige Bindungspersonen, also Personen, die ihnen Sicherheit, Schutz und Geborgenheit gegeben haben? Oder offenbarte gerade die Erziehung, die sie »genossen« haben, einen großen Mangel an liebevollen (Bindungs-)Personen? Konnten sie überhaupt »sichere Bindungserfahrungen« machen in Anbetracht der gnadenlosen Erziehung im Nationalsozialismus, die auf Befehl und Gehorsam und auf die Eliminierung der eigenen Persönlichkeit setzte? Vielleicht ist es vielen Familien gelungen, ihren Kindern gute Bindungserfahrungen zu ermöglichen – trotz der verheerenden Erziehungsideale im Nationalsozialismus.

»Frühe Verluste und Instabilität, aber auch emotional nicht ausreichend zugängliche Bezugspersonen können zu großem Stress und Traumatisierungen führen«, schreibt der Bindungsforscher Karl Heinz Brisch. Das wirke sich dauerhaft aus und werde unbewusst von einer Generation an die nächste weitergegeben. Brisch selbst hat es auch erlebt: Er hat einerseits die Geborgenheit durch die Eltern und Großeltern und das Aufwachsen in einem kleinen Dorf erfahren, in dem er 1955 geboren wurde. Andererseits hatten die Großeltern und seine Mutter den Verlust der Geschwister der Mutter im Zweiten Weltkrieg zu verkraften, von dem sie traumatisiert waren. Das hat Brisch wie viele Kriegsenkel als Kind mitbekommen. Geholfen habe ihm, diese Ereignisse zu reflektieren: »Sonst wäre ich ein ängstlicher Mensch geworden. So aber wurde ich nur vorsichtig.«[30]

Zusammenfassend möchte ich sagen, dass wir es bei den Kriegskindern mit einer Generation zu tun haben, die von der NS-Erziehung zugerichtet, dann von der NS-Ideologie in Beschlag genommen worden war und die nach der größten Katastrophe des 20. Jahrhunderts vor einem Scherbenhaufen und einem extrem schwierigen Neubeginn stand. Die Kriegs- und Flüchtlingskinder waren mit einer Welt konfrontiert, die vollständig aus den Fugen geraten war und in der es keine zuverlässigen Setzungen mehr gab. Sie mussten zusehen, wo sie blieben, und alles neu erfinden. Und dies alles in einem für sie sehr prägenden Alter, oft ohne Väter und Mütter oder ohne stabilisierende Familienstruktur. Dazu in Kontexten – wie Kinderlandverschickung, Jugendverbände –, die keinerlei Interesse an liebevollen und intensiven Bindungen zu ihnen hatten, in denen der stützende und behütende Familienverband systembedingt fehlte.

Für die Kinder als solche hat man sich nicht interessiert. Für ihre Befindlichkeiten gab es keinen Platz, auch am Ende des Krieges nicht.

Die Stunde null – die Stunde der Familienzusammenführung

Nach dem Krieg – zur sogenannten Stunde null – waren nicht nur die äußeren Strukturen, die sozialen und emotionalen Netze zusammengebrochen, jede und jeder Einzelne war am Ende, desillusioniert, verzweifelt und orientierungslos. Für die Kriegskinder war es die Stunde der Familienzusammenführung, und diese stellte eine ganz besondere Herausforderung für alle Beteiligten dar. Schauen wir uns daher die Situation zwischen Männern und Frauen zu diesem Zeitpunkt noch einmal genauer an, denn noch heute lassen sich Spuren dieser Auseinandersetzung in den Beziehungen der Kriegsenkel erkennen.

»Besiegt, zerlumpt, entkräftet«[31] und konfrontiert mit dem Vorwurf, für eine verflucht miese Sache gekämpft, gelitten und sich schuldig gemacht zu haben, kehrten die Männer aus dem Krieg heim. Sie waren gezeichnet von den brutalen Erlebnissen im Krieg und in der Gefangenschaft und fanden bei ihrer Rückkehr eine nicht nur veränderte, sondern häufig eine völlig zerstörte Heimat vor.[32] Dort war nichts mehr so, wie sie es verlassen hatten. Die äußeren Strukturen korrespondierten mit den persönlichen Verletzungen an Leib und Seele. Das, was diese Zeit prägte, waren physisch und psychisch verletzte Männer und Frauen, die sich nicht wiedererkannten, weil sie an verschiedenen »Fronten« gekämpft hatten. Sie waren sich fremd geworden und standen einander sprachlos gegenüber.

Worüber hätten sie auch sprechen können, wenn doch alles Zündstoff in sich barg in Anbetracht dessen, wie zermürbt und gebrochen sie waren? Würde der andere es verstehen, würde es die Beziehung aushalten, das Erlebte zu teilen, da der andere doch schon mit den eigenen Geschichten so belastet war? Das Heimkommen war für viele ein Albtraum, für Männer und Frauen gleichermaßen und für die Kinder ebenso.

Die Männer waren zum Teil schwer traumatisierte, vom Krieg gezeichnete Ehemänner und Familienväter, die nur noch eines wollten: der völligen Erschöpfung, dem Elend, der Todesangst und dem Hunger entkommen und endlich nach Hause finden, zu den Angehörigen, die zur Projektionsfläche ihrer Sehnsucht geworden waren, die ihnen geholfen hatten, all die Jahre an der Front zu überstehen und durchzuhalten. Die Liebste, die Familie … stilisiert zu einem harmonischen Paradies, das alle Verwerfungen jener Zeit heil überstanden haben sollte. Oftmals gab es diesen Platz nicht, gab es kein Zuhause mehr. Heimkehr bedeutete, dass Lebensverhältnisse und Beziehungen zerstört waren.[33] Heimzukommen war für viele ein Trauma.[34] Und manche blieben tatsächlich *Draußen vor der Tür*, wie der Schriftsteller Wolfgang Borchert es am Beispiel eines Kriegsheimkehrers beschrieben hat oder wie der Schriftsteller Oskar Roehler in seinem Buch *Herkunft* die Ankunft seines Großvaters nach dem Krieg schildert. Es waren die Frauen, die sie nicht ins Haus ließen!

Für die Kriegskinder hatte sich in der Zwischenzeit etwas Entscheidendes verändert, das dann wiederum die Kriegsenkel beeinflussen sollte: einerseits die durch die Herausforderungen der Zeit stark gewordenen Frauen und andererseits die Männer, die als die Verursacher und Verlierer des Krieges galten. Die Frauen waren es, die in den letzten Jahren den »Laden« an der »Heimatfront« geschmissen hatten. Frauen hatten »ihren Mann gestanden«, sie waren arbeiten gegangen und entsprachen am Ende des Krieges einfach nicht mehr dem Bild der treusorgenden Ehe- und Hausfrau. Situationsbedingt hatten sie sich ziemlich weit vom NS-Mutteridealbild entfernt. Und so trafen besiegte und gedemütigte Männer, »die den Krieg verloren und im Kampf ›versagt‹, die Schuld der ganzen Welt auf sich geladen hatten ... auf ihre Ehefrauen, Mütter, Schwestern und Freundinnen, deren Erlebnisse nicht weniger ergreifend und oft schrecklich waren«.[35]

Zu den schlimmsten Erlebnissen, die Frauen erlitten hatten, gehörten die von Flucht und Vertreibung. Die Männer erlebten zwar den Rückzug, aber nicht die Flucht und Vertreibung. Im Frühjahr 1945 waren es an die 12 bis 14 Millionen Flüchtlinge und davon 6 Millionen Frauen, die sich »ohne jede Hoffnung gen Westen (schleppten), die wenigen Habseligkeiten in einem Rucksack, in Holzkoffern oder auf einem wackeligen Handkarren verstaut. Viele Trecks werden auf ihrer Flucht von der Roten Armee eingeholt.«[36] Es kam zu zahllosen Vergewaltigungen und darüber hinaus wurden »Tausende als ›Reparationsverschleppte‹ in die Sowjetunion gebracht«.[37]

Die Frauen – und eben ganz besonders die Flüchtlingsfrauen – waren es, die für sich und ihre Angehörigen eine neue Existenzgrundlage schafften und das mühselige Zusammenleben erträglich gestalten und aushalten mussten. Für die geflüchteten Frauen war dies noch ungleich schwerer, denn sie waren nicht nur Fremde im eigenen Land und unerwünscht, wie bereits beschrieben, sie wurden auch noch stark angefeindet. Flüchtlinge wurden mit Unkraut verglichen, weil sie ebenso wenig auszurotten waren wie dieses. Aus dem folgenden Beispiel bekommt man eine Ahnung, wie damals mit den Geflüchteten umgegangen wurde:

»Bei den Bauern mussten wir immer hart arbeiten. Auch als ich schwanger war. Bis kurz vor der Geburt von H. habe ich geschuftet. Zu essen gab man uns die Abfälle. Einmal wurden wir

von der Bäuerin gefragt, ob wir die Kartoffelschalen noch essen wollten, wenn nicht, würde sie sie an die Schweine verfüttern.« (Elisabeth)

Aber ungeachtet all dieser Schwierigkeiten und enormen Strapazen wurde von den Frauen, als die Männer wiederkamen, selbstverständlich erwartet, dass sie auch die Familienzusammenführung managten.[38] Hier prallten Welten aufeinander. Auf der einen Seite die Erfahrungswelt der Männer und ihre politischen Orientierungs- und Handlungsmuster, die in den letzten Jahren aus einer autoritären Befehl-und-Gehorchen-Struktur bestanden hatten und natürlich dem Krieg. Diese Handlungsmuster hatten jedoch in der Nachkriegszeit absolut keinen Wert mehr. Auf der anderen Seite standen die stark gewordenen Frauen, die im Gegensatz zu den Männern verpflichtet gewesen waren, selbstständig zu denken und zu handeln. Die Männer reagierten auf diese starken Frauen mit Unverständnis, aggressivem Auftreten oder Schweigen. Sie wollten die alte Ordnung wiederhaben, die für sie eine Art Sicherheit, ein Rettungsanker in der Verzweiflung gewesen war: die alte Ordnung mit den alten Privilegien, die sie als Familienoberhaupt einst genossen und die ihnen die Entscheidungsbefugnis gesichert hatte. Die Organisation des Alltags war darin nicht vorgekommen. »Die Frauen dagegen erhofften sich mit der Rückkehr ihrer Männer vor allem Unterstützung und Hilfe im krisenhaften, chaotischen Alltag«[39] und selbstverständlich auch Anerkennung und Respekt für das, was sie geleistet hatten.

Hauptsächlich entlang dieser beschriebenen Linie entwickelten sich die Konflikte zwischen den Eltern der Kriegskinder. Diese »apathischen«, »unselbstständigen« oder »nörgelnden« Männer hatten für die Frauen nichts Entlastendes. Im Gegenteil! Häufig bedeuteten diese Männer für sie eine zusätzliche Belastung. Frauen hingegen gaben ein Bild von »weiblicher Stabilität und Zähigkeit«[40] ab. »Die Krise des Mannes« wurde diskutiert, nicht die

Krise der Ehe oder Familie. So beschreibt es damals der bis in die 1950er-Jahre hinein bekannte Buchautor und Journalist Walther von Hollander, der auch in beliebten Frauenzeitschriften veröffentlichte und ebenso im Radio zu hören war: »Ich kenne Frauen, die sich völlig damit abgefunden haben, dass sie die Ernährer der Familie sein werden. Das geht auch einigermaßen, solange der Mann gutartig ist und solange die Liebe hält.«[41] Aber, so fährt er fort, es sei schwer, »ein Wrack mit sich zu ziehen durch die erregten Wogen dieser Zeit«, und ganz unerträglich sei es für die Frauen, »wenn der hilflose Mann mit den Allüren und den Gewohnheiten eines tyrannischen Hausvaters auftritt«.[42] Er war der Meinung, dass die Frauen sich längst hätten scheiden lassen, wenn sie nicht annähmen, dass die Männer ohne ihre Unterstützung untergehen würden. Aber was bleibt, wenn die Frauen den Mann nur noch als Ballast empfinden und die Kinder anfangen, den »ewig nörgelnden Vater zu hassen«?[43]

Dieser mitleidlose Blick eines Mannes – des eben erwähnten Journalisten von Hollander – auf die Situation der Männer nach dem Krieg ist hart, aber diese Einstellung hält sich über Generationen in vielen Familien bis heute. Die Verachtung gegenüber ihren Männern, die sich im Haus verkrochen und sich von der Außenwelt abschotteten, während die Frauen die Existenz der Familie absicherten, kenne ich aus meiner Praxis als Klage der Kinder gegenüber ihren Vätern: »Wie kann man sich ein Leben lang ins Bett legen?«

So meinen viele Frauen – angefangen von der Großmutter über die eigene Mutter bis hin zur Kinder- und Enkelgeneration –, alles allein schaffen zu müssen. »Auf Männer ist kein Verlass!«, höre ich immer wieder, wenn es heute darum geht, Belastungen mit dem Partner zu teilen. Oder auch: »Ein Vorbild für meine Berufstätigkeit war immer meine Mutter. Mein Vater hatte sich aus der Welt verabschiedet und lag im Bett.« (Petra)

Ein Neuanfang in der Gestaltung der Geschlechterbeziehung am Ende des Krieges, von dem immer gern die Rede war, hat de facto nicht stattgefunden. Versucht wurde, an dem anzuknüpfen, was vor der großen Katastrophe gewesen war. Das aber konnte nur misslingen, denn die Welt hatte sich für immer grundlegend verändert. Die Scheidungszahlen sprechen da eine deutliche Sprache: In den Westzonen wurden 1946 ca. 48 000 Ehen geschieden und 1947 bereits ca. 76 000 – also fast 30 000 mehr innerhalb eines Jahres –, und die große Heimkehrerwelle erwartete die Familien ja erst 1948[44]. Anders als im Dritten Reich war es nun für die Frauen ohne große Selbstgefährdung möglich, sich scheiden zu lassen. So manche Frau, die sich während des Dritten Reichs hatte scheiden lassen, war nämlich der Euthanasie zum Opfer gefallen. Solche Geschiedenen wurden als »nicht ehefähig« eingestuft und nicht selten umgebracht. »Es gab Ärzte, die als sensibel galten und doch völlig bedenkenlos Menschen töteten. Es kamen Frauen nach der dritten Scheidung in die Anstalt, weil sie als nicht ehefähig eingestuft wurden – und dann ins Gas.«[45]

»Der Onkel da ist dein Vater«

Um zu verstehen, was die Kriegsenkel auch heute noch in der Frage bewegt, wie sie ihre Beziehungen optimal gestalten, ist es interessant, einmal zu beleuchten, wie die Kriegs- und Flüchtlingskinder dem damals heimkehrenden Vater begegneten. Tatsächlich gehörte die Begegnung mit dem Vater zu den einschneidenden Erlebnissen dieser Kinder in den ersten Jahren nach dem Krieg. So hieß es zuweilen in Bezug auf die heimkehrenden Soldaten-Väter: »Der Onkel da ist dein Vater.« Viele Kinder, insbesondere die, die in den letzten Jahren des Krieges gezeugt wurden, als die Männer kurz auf Heimaturlaub gewesen waren – ausgeworfen wie Hoffnungsanker –, kannten ihre Väter gar nicht oder konnten sie nicht wiedererkennen. Es stand nicht nur ganz plötzlich ein fremder

Mann vor ihnen, er sah dazu noch zerlumpt und heruntergekommen aus wie ein Bettler oder Hausierer, von denen es damals zahlreiche gab.[46]

Und doch drehte sich fortan alles um ihn. Viele erlebten ihn als Eindringling und Störenfried, der die bis dahin enge und exklusive Beziehung zwischen Mutter und den Kindern aufbrach und sich plötzlich auch noch an der Erziehung beteiligen wollte.[47] Häufig verbündeten sich Mütter und Kinder gegen die Väter, die tyrannisch und patriarchalisch auftraten. Die Männer gaben damit wiederum eine gute Projektionsfläche ab: Dort die schlechten Männer, an denen sich alles Negative festmachen ließ, und hier die hilflosen Opfer – die Frauen, Mütter und Kinder, die sich zugleich als die besseren Menschen fühlen konnten.[48]

Die Väter waren an allem schuld: Die »Kinder gaben ihm häufig (auch) die Schuld, wenn ihre Mutter sich von ihm ›alles gefallen‹ und sich schlecht behandeln ließ, oder auch dann, wenn sie nicht verhinderte, dass er die Kinder nach seinen Vorstellungen erziehen wollte«.[49] All das wurde den Vätern in die Schuhe geschoben, denn die Beziehung zur Mutter setzte man besser nicht aufs Spiel, sie sicherte ja in diesen unsicheren Zeiten das Überleben. Loyal sein hieß es also schon bei den Kriegskindern. Während der Abwesenheit der Väter hatte sich oftmals eine so enge Beziehung zwischen den Müttern und ihren Kindern entwickelt, dass man regelrecht von Ersatzpartnerschaften sprechen kann. Ersatzpartner oder die beste Freundin der Mutter zu sein überfordert Kinder jedoch maßlos. Vielfach ist es für diese Menschen schwierig, in ihrem späteren Leben intensive Beziehungen einzugehen. Beziehungen werden dann mit Überforderung und Anstrengung assoziiert, weil sie selbst mit ihren Wünschen und basalen Bedürfnissen im Kindesalter darin nicht vorkamen. Sie mussten in diesen Beziehungen schon früh für die Eltern da sein – ein Phänomen, das im Zusammenleben zwischen den (Kriegskinder-) Eltern und deren Nachkommen erneut auftauchte.

Für viele ist die hier geschilderte Auseinandersetzung zwischen den Eltern zur Zerreißprobe geworden. Kinder waren zwischen Vater und Mutter hin- und hergerissen und wurden aufgefordert, die Position von Vater *oder* Mutter einzunehmen und sich entsprechend zu verhalten. Sie gerieten in diesem Prozess immer wieder zwischen die Fronten und versuchten, sich zu retten, indem sie sich als Vermittelnde anboten; geglückt ist es ihnen jedoch häufig nicht. Aus Loyalität zu den Eltern haben sie nicht nur ihre eigenen Grundbedürfnisse zurückgestellt, sondern sich auch noch entweder gegen den Vater oder die Mutter entschieden. Häufig ging es so weit, dass sie nicht nur Vaters oder Mutters Nähe aufgeben mussten, sondern zusätzlich eine Hälfte der Verwandtschaft. In vielen Familien zeigte sich dieses Phänomen in der Weise, dass entweder die mütterliche oder die väterliche Seite die jeweils »bessere Familie« oder auch »den dümmeren« oder »den klügeren Teil« darstellte. So galt der geflüchtete Familienzweig, der in der Folge häufig arm, wurzellos und vermeintlich ohne Tradition dastand, im Dorf für »immer und ewig« als die »Zugezogenen« ... oder umgekehrt: Weil der andere Teil der Familie nie geflüchtet, immer ansässig und nie die Welt gesehen hatte, war dieser »falsch«, »hinterwäldlerisch« oder »rückständig«. In manchen Familien wurde damals der Kampf so hart geführt, dass die Kinder sich entsprechend zu positionieren hatten, sonst drohte ihnen der Ausschluss aus der Familie.

In den 1950er-Jahren waren dann auch ein Teil der Kriegs- und Flüchtlingskinder so weit, eigene Beziehungen einzugehen und eine eigene Familie zu gründen. Bis dahin hatten sich die Wogen geglättet: Das Land begann, sich zu erholen; es erlebte ein Wirtschaftswunder und die Wiedereinrichtung der traditionellen Familie mit dem Mann als eindeutigem Familienoberhaupt. Von den Frauen wurde gefordert, dass sie ihren Platz in der Arbeitswelt für die Männer räumten und zu Heim und Herd zurückkehrten. Der Mann, dessen Frau nicht arbeiten gehen musste, hatte es geschafft. Hier war der Wohlstand angekommen! Wer als Mutter trotz allem arbeiten ging oder schlicht arbeiten gehen musste – und das waren nicht gerade wenige –, wurde als Rabenmutter diskriminiert, die ihre Kinder zu Mitleid erregenden Schlüsselkindern verkommen ließ. Das Erlebnis des Zusammenbruchs jeglicher Ordnung ließ die Familie und den Familienzusammenhalt zum Stabilitätsanker schlechthin werden. »Tatsächlich dürfte die Hochschätzung der Familie, die wir aus den Fünfzigerjahren kennen, in der unmittelbaren Nachkriegszeit als einerseits wirklich erfahrener Schutz, aber auch als imaginativer Ausweg aus der Unsicherheit ihren Ursprung haben.«[50]

Beide Facetten – der einerseits schwierige, zerrüttete und andererseits völlig idealisierte Teil des Zusammenlebens von Mann, Frau und Kind – sind bis heute in den Beziehungen der Kriegsenkel sichtbar. Das Idealbild vom Zusammenleben in der Familie überschattet als etwas allein Heilbringendes bis heute so manches andere Modell des Zusammenlebens. Mittlerweile sollten wir allerdings wissen, dass es Kindern auch gut geht, wenn sie bei alleinerziehenden Müttern oder Vätern, in bunten Patchworkfamilien oder in Regenbogenfamilien in Liebe und Fürsorge aufwachsen. Hier gehen Kriegsenkel schon längst andere Wege, aber das traditionelle Bild vom Zusammenleben hängt häufig noch wie ein Schatten über ihren neuen Lebensmodellen. Daran messen sie nach wie vor das Gelingen ihrer eigenen Lebensentwürfe. Oft meinen sie, keine Beziehung führen zu können oder regelrecht beziehungsunfähig zu sein, nur weil ihr Modell unkonventioneller ist als das der traditionellen Familie.

»Alle Männer sind Nieten«

Das, was die Kriegskinder mit ihren Eltern erlebt haben, finden wir in der Kriegsenkel-Generation wieder. Auch diese hat oft mit einer »guten« und einer »schlechten« Seite in ihren Herkunftsfamilien zu tun, zwischen denen sich die Einzelnen entscheiden müssen. Das ist für viele Kriegsenkel mit großen Schuldgefühlen verbunden, weil ihre Loyalitätsgefühle zu beiden Elternteilen massiv infrage gestellt werden.

»Wie konnte ich denn zu meinem Vater Kontakt haben, wenn der doch die Mutter ›im Stich‹ gelassen hat und Mutter selbst im Alter immer noch wütend auf ihn ist?« (Agnes)

Ähnlich wie in den Familien der Kriegskinder wird zumeist die väterliche Seite mehr oder minder offen verachtet. »Alle Männer sind Nieten«, so brachte es eine Workshopteilnehmerin für sich auf den Punkt. Dieser Satz stand ohne jeden Zusammenhang zu ihrer Alltagsrealität, die sie harmonisch mit einem liebevollen Ehemann und ihrem Sohn bis heute teilt. Dieser Glaubenssatz wurde nach dem Krieg geboren, als die heimkehrenden Männer nicht als »ehrbare Helden«, sondern als totale Versager wahrgenommen wurden, als die Männer immer mehr ins gesellschaftliche Hintertreffen gerieten und man sogar von einer »vaterlosen Gesellschaft« sprach.[51] Seit dieser Zeit hängt der Haussegen schief, und seitdem treffen wir auf die Überzeugung: Auf Männer kann man sich nicht verlassen. Sie wurde von der Großmutter über die eigenen Eltern bis hin zu den Kriegsenkeln weitergereicht. Der Ratschlag der Frauen an die jeweils nächst jüngere Generation lautet unisono: »Macht euch nicht abhängig von einem Mann!« Dieser Hintergrund war für viele Frauen aus der Kriegsenkel-Generation ein entscheidendes Motiv, Lebensmodelle anzustreben, in denen ihre berufliche Selbstständigkeit im Vordergrund stand. Das elterliche Beziehungsmodell machte nicht gerade Lust auf ein Miteinander auf Augenhöhe. Viele Kriegsenkel vermögen aufgrund der bis heute anhaltenden Schwierigkeiten in diesen Beziehungen kaum nachzuvollziehen, was ihre Eltern einst zusammengebracht hat, und machen sich selbst dafür verantwortlich: Sie machen sich verantwortlich für das eheliche Desaster ihrer Eltern, denn ihretwegen hatten diese vermeintlich heiraten müssen.

»Und dann war meine Mutter plötzlich schwanger mit mir ... und musste ihn heiraten.« (Agnes)

Nach jener Logik tragen die Kinder auch daran Schuld, dass die Mutter keinen Beruf ergreifen konnte. Diese Schuldgefühle sind ein guter Nährboden für die Triangulierungsversuche von Seiten der Eltern, bei denen versucht wird, die Kinder auf die jeweils eigene Seite zu ziehen: *»Dich habe ich viel lieber als deine Mama.«* Oder auch dafür, die Kinder gänzlich für die eigenen Interessen zu funktionalisieren: *»In unserem Urlaub wurden mein Bruder und ich zwischen den Eltern aufgeteilt. Mein Bruder schlief bei meiner Mutter und ich bei meinem Vater.« (Agnes)*

Ein ganz besonderes Beispiel ist das von Vera, die berichtete, dass sie gewissermaßen froh war, wenn ihr Vater sie geschlagen hatte. Dann hatte sie endlich gute Gründe, ihren in der Familie wenig geschätzten Vater abzulehnen. So entkam sie der inneren Zerrissenheit, sich zwischen Vater und Mutter entscheiden zu müssen.

Selbstredend hatte und hat das ramponierte Ansehen der Soldaten-Väter auch Auswirkungen auf die Jungen beziehungsweise auf die Männer. Noch heute können viele Männer sich beruflich und privat nicht richtig positionieren, kein Selbstverständnis beziehungsweise keine Identität entwickeln, weil ihr Geschlecht mit den Gräueln der NS-Zeit, des Krieges und auch mit den Vergewaltigern der Mütter und Großmütter assoziiert wird.

Sie übernehmen stellvertretend für ihre Vorfahren die Schuld: »Mein Vater war in der SS, und ich habe Schuldgefühle.« Diese Schuldgefühle sind es, die sie weder privat noch beruflich ankommen lassen. Ihr Entsetzen und ihre Scham über die Taten ihrer Familienangehörigen sind oftmals so groß – und zwar gilt das für Frauen und Männer gleichermaßen –, dass sie sich total erschöpfen in Aktivitäten, die zur Wiedergutmachung dieser Schuld beitragen sollen. »Schuld beruht auf dem Prinzip des Ausgleichs.«[52]

Und um diesen Ausgleich sind die Kriegsenkel bis heute bemüht, allerdings sind die Konten zwischen Männern und Frauen noch lange nicht ausgeglichen.

Auch die Erfahrungen mit Gewalt und sexualisierter Gewalt der Großmütter und Mütter der Kriegsenkel haben einen verheerenden Einfluss auf das Selbstbild ihrer männlichen Nachkommen. Noch in den 1970er-Jahren sorgte ein Graffito in Berlin für Furore: Alle Männer sind Vergewaltiger. So hieß es da. Wenn ich mich richtig erinnere, war es in einer Frauenzeitung der links-feministischen Szene mit dem Namen »Courage« abgebildet.

Viele Frauen waren während des Krieges, auf der Flucht und nach dem Krieg Freiwild für sämtliche alliierten Soldaten, weswegen sie ihren Söhnen oftmals das Gefühl vermittelt haben, das falsche Geschlecht zu besitzen. Wer als Frau eine Vergewaltigung erlebt hat, wird es unter Umständen auch schwerer haben, einen Jungen großzuziehen. Davon sprechen zumindest einige, die meine Praxis aufsuchen, immer wieder voller Verzweiflung. Sie erzählen davon, dass sie es ihren Müttern nie haben recht machen können. Ein Besucher einer meiner Vorträge berichtete in der anschließenden Diskussion, dass er sogar mehrmals seine sexuelle Orientierung gewechselt habe, um dem Hass seiner Mutter auf Männer wegen einer Vergewaltigung zu entkommen. Genützt habe es ihm nichts, stellte er resigniert fest. Wen wundert es, dass Kriegsenkel Bindungen und Beziehungen generell als schwierig erleben?

Vorsicht, Beziehung!

Denn noch etwas gibt es, das es für sie schwer macht, Beziehungen einzugehen: Für sie bedeutete es, von klein auf Leistung zu zeigen: die beste Freundin der Mutter zu sein, zuzuhören und zu trösten, auf den Vater zu verzichten oder zwischen Vater und Mutter zu vermitteln und so weiter. Beziehungen waren schon im Kindesalter mit Anstrengungen verbunden. Daher passen sie heute eher auf, dass aus kleinen Alltagsbegegnungen keine echten Beziehungen werden. Sie betreiben »Dead Dating« – so nennen Amerikaner den Kommunikationsprozess, in dem alles sofort mit einer Gegenleistung quittiert wird. Man will quitt sein, das heißt, Geben und Nehmen wird nicht nur umgehend ausgeglichen, man gibt auch häufig mehr, als man nimmt, damit Schuld erst gar nicht aufkommt. Kümmert sich die Nachbarin einmal um die Blumen, muss das mit einem aufwendigen Geschenk quittiert werden. Erst dann ist man vermeintlich aus der »Schuld« oder gerät erst gar nicht in sie hinein. Man will keine offenen Rechnungen zurücklassen, keine Schulden machen. Das würde ja heißen, dass man sich in irgendeiner Weise an diese Person binden würde. Und – wie viele Kriegsenkel aus ihren Familien wissen – Schuld ist ein starkes Bindemittel. Kriegsenkel wollen sich schützen und sagen lieber »nein danke« zu Bindungen und Beziehungen. Doch als Lösung empfinden sie es nicht, eher als Dilemma.

Das Recht auf Mutter *und* Vater – Rollenklarheit herstellen!

Ein Weg aus diesem Dilemma führt über die Entwicklung einer neuen Perspektive auf die Eltern-Kind-Beziehung. Gemeint ist damit, den Einzelnen deutlich zu machen, dass sie als Söhne oder Töchter das Recht auf beide Elternteile haben und dass sie das Recht haben, als Kinder und nicht als Mediatoren, Therapeuten etc. behandelt zu werden. Indem ich immer wieder hinterfrage, aus welcher Perspektive der oder die Einzelne gerade spricht – als Beistand der Mutter, als Verteidiger des Vaters, um einige weitere der zahlreichen Rollen zu nennen –, wird ihnen mehr und mehr bewusst, was es heißt, Mutter und Vater in der Rolle der Tochter oder des Sohnes zu begegnen.

Sehr viele Kriegsenkel erleben sich häufig erstmalig in dieser Position und bekommen oftmals sofort andere Handlungsmöglichkeiten: Plötzlich müssen sie nicht immerzu etwas leisten, um zur Familie zu gehören. Im Gegenteil. Sie dürfen nun Hilfe und Unterstützung von den Eltern erwarten.

Sowie die Einzelnen ihre Rolle in der Familie als Kind einnehmen, kommt es zumeist auch in anderen Bereichen ihres Lebens zu einer Rollenklarheit, zum Beispiel im Freundeskreis oder auf der Arbeit. Tritt Rollenklarheit gegenüber Freunden ein, dann können die Einzelnen sich gleichberechtigt ihnen gegenüber verhalten, ohne sich verpflichtet zu fühlen, in einem fort zuzuhören, ohne selbst zu Wort zu kommen. Haben sie Klarheit darüber, in welcher Rolle sie sich gerade befinden, zeigt das auch Auswirkungen auf ihr Berufsleben. Die Einzelnen verlieren zunehmend die Angst, sich abzugrenzen, und fühlen sich nicht mehr ständig für den »ganzen Laden«, sondern ihrer fest umrissenen Aufgabenbeschreibung und mehr und mehr sich selbst gegenüber verantwortlich. Sie lernen, »Nein« zu sagen, ohne fürchten zu müssen, ausgeschlossen zu werden oder nichts wert zu sein.

Ein Beispiel aus meiner Praxis ist Maria. Sie schickte mir einen Brief, in dem sie ihre Erfahrungen mit ihrer neuen Rolle gegenüber ihrer Mutter beschrieben hat.

»Rede nicht so über diesen Mann. Nicht mit mir. Du redest über meinen Vater.«

Vor zwei Jahren hätte ich diesen Text nicht schreiben können. Oder es wäre ein Text über meine Mutter geworden, über das, was mir als Kind an Mütterlichkeit gefehlt hat und bis heute fehlt. Es wäre vielleicht auch ein Text über die Enttäuschung geworden, ein Text über Männer, die ich immer als zu schwach empfunden habe. Die letztlich immer meinem Vater ähneln, der inzwischen im Sterben liegt und für den ich, als einziges seiner Kinder mit einem festen Einkommen, das Altersheim bezahlen muss.

Die Ehe meiner Eltern hat nicht funktioniert. Die Wohnung meiner Kindheit war bunt und unkonventionell. Ich hätte gern ein anderes Elternhaus gehabt. Eines mit Schrankwand und Teppichen, mit einer Mutter, die Apfelkuchen bäckt und tröstet. Mit einem Vater, der fürsorglich kontrolliert. Weil er, als die Ehe auseinanderging, noch weniger da war als vorher, habe ich verlernt, ihn als Vater zu sehen. Meine Mutter war kalt, mein Vater überfordert. In der Geschichte meiner Eltern ging das für mich so:

Mein Vater war ein ängstlicher Mann. Weil er so viel Angst hatte, war es für ihn besser, nicht genau hinzusehen. Wenn er doch etwas sah, wie den Ärger meiner Mutter, legte er sich auf den Boden. Niemand durfte ihn ansprechen. Das war Migräne. Die Migräne machte, dass er in keinem Büro arbeiten konnte. Er hatte es versucht, in einem Großraumbüro voller Kollegen, die besser sein wollten als er. Das waren sie vielleicht nicht, aber sie waren schneller und sahen hin, wenn es darauf ankam. Das wollte mein Vater nicht. Er wollte nicht sein wie alle, seine Lösungen waren immer anders als erwartet. So zog er im Winter einen Rodelschlitten vor das Lebensmittelgeschäft und den Einkauf mit rostigen Schlittenspuren nach Hause. Ich schämte mich. Ich hätte gern einen Vater gehabt, der Auto fährt und der Mutter an der Haustür einen Kuss gibt. Mein Vater sang stattdessen und machte Bratäpfel. Meine Mutter hätte gern einen Mann gehabt, der Geld verdient und Kollegen einlädt. Der plaudert und lacht und Sparkonten anlegt. Meine Schwestern waren zufrieden. Sie waren klein und freuten sich darüber, dass der Vater ihnen Häuser aus Schränken baute. Meine Mutter sagte, so geht das nicht weiter. Ihr eigener Vater war kein ängstlicher Mann. Er hatte den Krieg überstanden und seiner Familie ein Haus gebaut, ein Neuanfang aus dem Nichts. Eine Buchenhecke wuchs um dieses Haus, und meine Mutter versuchte, die Welt dahinter zu vermuten. Mein Vater hatte keine Hecke gepflanzt. Er hatte eine gesucht.

Was mir vom ängstlichen Vater blieb, war die Verachtung im Blick meiner Mutter, wenn sie von ihm sprach. Ich selbst konnte lange nicht von ihm sprechen, ohne selbst diese Verachtung für ihn zu spüren. Was mir aber auch vom Vater blieb, waren seine Ideen. Die Pointen, über die außer ihm niemand lachte. Ich verliebte mich in Männer, die seinen Blick zu haben schienen, in Künstler, Männer ohne Geld und Einfluss. Ich liebte und verachtete sie und konnte mir nicht vorstellen, beide Gefühle voneinander zu trennen.

Meine Familiengeschichte hatte ich schon viele Male erzählt. Aber erst mit dem Genogramm verstand ich den Sinn der Buchenhecke. Die Angst meiner Mutter im Leben hinter dieser Hecke hatte ich nie gesehen. Auf dem Blatt entstand ein Geflecht aus Namen und Daten, Kästchen und Verbindungen. Männer und Frauen. Kinder. Tote. Orte, die heute in anderen Ländern liegen. Berufe, die einen Blick auf die Welt erfordern und etwas Eigenes daraus machen. Mein Wunsch war es gewesen, hinsehen zu lernen. Zu staunen. Ich verstand plötzlich, dass ich, indem ich mich der Verachtung meiner Mutter anschloss, nicht nur meinen Vater, sondern auch mich selbst verachtete. Ich hätte ihn verteidigen können. Ich hätte meiner Mutter sagen können, dass sie nicht so abfällig über den Mann reden soll, mit dem sie verheiratet war. Der seine Familie nicht ernähren konnte. Oder wollte. Was aus ihrer Sicht dasselbe war. Jetzt lernte ich den Satz zu formulieren: »Rede nicht so über diesen Mann. Nicht mit mir. Du redest über meinen Vater.«

Seit diesem Satz ist viel passiert. Meine Eltern haben jetzt eine Geschichte, die eng mit dem Krieg und der Zeit danach verbunden ist, und ich bin ihr Kind. Mit meiner Mutter hatte ich über sechs Jahre lang keinen Kontakt. Mein Vater erkennt mich nicht mehr. Mit meiner Mutter liege ich jetzt morgens in ihrem Bett. Wir sehen gemeinsam aus dem Fenster, und ich halte ihre Hand. Sie ist glücklich, dass ich ihre Tochter bin. Und ich fühle eine Zärtlichkeit für sie, die ich früher nie hatte. Der Blick meines Vaters geht jetzt nirgendwohin. Ich erzähle von ihm und bin stolz auf seine Weigerung, sich den Herausforderungen der Welt zu stellen. Ich erzähle seine Pointen und lache mit ihm.

Ich habe die Geschichte der Buchenhecke erzählt, direkt nach der Arbeit mit dem Genogramm. Mein Kriegsenkel-Sein ist mir bewusst, und ich erkenne darin mehr als meine Suche nach einem Ort, an dem ich bleiben kann. Die Angst vor der Welt habe ich erlernt. Es ist die Angst meiner Mutter. Aber sie ist eine Fähigkeit, sie schärft den Blick. Ich habe die Geschichte der Buchenhecke aufgeschrieben.

Und auch in meinem Job ist seitdem einiges anders. Die Vorgeschichte: Auch ohne entsprechende Qualifikation hat man mich zur Pressesprecherin gemacht. Überzeugt hat meine Fähigkeit, in kürzester Zeit Meinung und Haltung miteinander zu verbinden. Ich begreife schnell, was von mir verlangt wird. Ich kann der Erwartung entsprechen und sehe dabei immer noch wie ich selbst aus. Ich bin keine Sprechmaschine, sondern vertrete eine Meinung mit großer Authentizität. Aber das ist anstrengend, und es hat mich an den Rand totaler Erschöpfung geführt. Die zu vertretende Meinung fühlte sich an wie meine, war es aber nicht. Mit dem Gefühl, eine Tochter zu sein, sowohl die meiner Mutter als auch die meines Vaters, habe ich meine Haltung gefunden. Ich respektiere die von mir zu vertretende Meinung. Ich verstehe noch immer sofort, was von mir verlangt wird. Ich prüfe nun aber, ob ich das von mir Verlangte leisten kann. Ich sage »Nein«, wenn es nötig ist. Ich erlaubte mir, mich entscheiden zu dürfen. Darüber freue ich mich jeden Tag. Ich kann für mich einstehen. Ich werde respektiert. Souveränität muss ich nicht mehr spielen. (Maria)

Die schwierige Gefühlserbschaft

Wie wir bereits sehen konnten, sind die verschiedenen, zum Teil traumatischen Erfahrungen von den Großeltern über die Eltern an die Kriegsenkel weitergereicht worden. Ihre Eltern haben als Kinder eines der schlimmsten Verbrechen des 20. Jahrhunderts überlebt und waren häufig für den Rest ihres Lebens physisch und psychisch schwer geschädigt und traumatisiert. Stellvertretend für viele sei hier eine Äußerung des Schriftstellers Ralf Rothmann über seinen Vater zitiert: »Mein Vater verkörperte eine verlorene Generation des vorigen Jahrhunderts. Mit 18 noch in den Krieg gegangen, auf allen vieren herausgekrochen, an Körper und Seele verletzt.«[53] Und die Worte eines 16-jährigen Frontkriegsteilnehmers bringen es auf den Punkt: »Hinter uns der Wahnsinn, vor uns das Nichts.«[54]

Die nationalsozialistische Erziehung, die Verfolgung durch die Nazis, der Krieg, die Flucht und Vertreibung haben viele der Kriegskinder regelrecht psychisch deformiert, sodass sie fortan alles in ihrem Alltag überwach und in ständiger Alarmbereitschaft verfolgten und lange in einem kontinuierlichen psychischen Kriegszustand lebten – oftmals »ein rastloses Verweilen in unendlicher Gegenwart«.[55]

Mit den Auswirkungen auf die Seele dieser einstigen Kinder und Heranwachsenden haben ihre Nachkommen bis heute zu tun. Die Kriegsenkel selbst haben weder den Nationalsozialismus noch den Krieg und die Flucht erlebt. Sie haben aber mit Menschen zu tun gehabt, die von Krieg und Flucht gezeichnet und die teilweise schwer traumatisiert waren. In dieser Weise ging der Krieg in vielen Familien weiter. Oftmals bis heute.

Anders als heute, da man sich in Anbetracht der Menschen, die aus den Kriegsgebieten in unser Land kommen, Gedanken darüber macht, wie insbesondere den Kindern schnell ein geeigneter Schutz angeboten werden kann, gab es für die Kriegskinder des Zweiten Weltkriegs keinerlei Möglichkeit, über ihre Erfahrungen zu sprechen und Mitgefühl für das Erlebte, geschweige denn eine angemessene, vielleicht sogar therapeutische Hilfe zu bekommen. So blieben ihre Gefühle auch weiterhin tief im Verborgenen. Kriegsenkel haben daher ihre Eltern oftmals als »innerlich besetzt«[56] wahrgenommen, »ohne dass zu erfahren gewesen wäre, wovon, die mit (...) überraschender Härte, mit Abhängigkeiten und inneren Zusammenschlüssen agierten, die man hätte ›verzweifelt‹ nennen können, wenn es eine Geschichte dazu gegeben hätte«[57].

Indem sie ihre Gefühle weiterhin unter Verschluss hielten – zum großen Teil notgedrungen –, spürten sie vielleicht nicht mehr ihren Schmerz. Zugleich aber hatten sie häufig eben auch nur eingeschränkte Möglichkeiten, die Bedürfnisse und Gefühle ihrer eigenen Kinder wahrzunehmen. Kinder brauchen lebendige Eltern. Manche haben ihre Eltern als so fremd und unnahbar erlebt, dass sie jahrelang Zweifel daran hatten, überhaupt die Kinder dieser Eltern zu sein. Sie erlebten sie als »emotional abgestumpft«, »leer« und »um sich selbst kreisend«.[58]

Ihre Erfahrungen mit »Situationen des Terrors, der Wut, der Trauer« wurden eben nicht erinnernd und erzählend verarbeitet, sondern oftmals wurden einfach nur die entsprechenden Gefühle wiedererlebt und ausagiert. So beklagen viele Kriegsenkel die »gemeine«, »unberechenbare«, »neidische« Mutter, die sich wie ein »ungezogenes Kind« verhielt, oder den »ausrastenden Vater«, der im wahrsten Sinne des Wortes mit eiserner Hand über sie und über die ganze Familie geherrscht hat.

Die Kriegsenkelin Katharinna wächst mit einer Mutter auf, die »schlimme Sachen« gesehen hat

Im Februar 1945 flüchtete meine Großmutter mit ihren beiden verbliebenen Kindern aus Schlesien vor der näher rückenden russischen Armee. Ihr ältester Sohn war gefallen. Mein Großvater galt als vermisst. Es war ein eisiger Winter, als die kleine Gruppe sich einem Treck anschloss. Es war wenige Tage vor ihrem 10. Geburtstag, als meine Mutter ihr geliebtes Klavier und alles, was sie mochte, kannte und was ihr vertraut war, für immer verlassen musste.

»Deine Mutter hat schlimme Sachen gesehen«, sagte mein Vater einmal zu mir, als ich selbst ungefähr zwölf Jahre alt war.

Meine Mutter selbst sprach während meiner Kindheit, außer dass sie ihren Vater nur wenig erlebt hätte, kaum darüber, was sie erfahren oder gesehen hatte. Aber ich erlebte die Auswirkungen einer traumatisierten Mutter, die als Kind Bombenangriffe, Schüsse, Hunger, Flucht erlebt und ihren Bruder, ihr Zuhause, einfach alles verloren hatte.

Vor allem mit der beginnenden Trotzphase gerieten wir aneinander. Eines Tages, es ist Sommer, muss ich sie mal wieder verärgert haben, sie schnappt sich die Fliegenklatsche und schwingt sie drohend in meine Richtung. Ich sause zum Couchtisch, der zum Glück recht lang ist. Sie versucht, mich einzuholen. Doch ich flitze, so schnell ich kann, weiter um den Tisch, sie auch. Das Dumme ist nur, dass ich dabei immer mehr lachen muss und sie immer wütender wird. Schließlich packt sie mich und bringt mich zur Beruhigung, wie sie es nennt, in den Keller. Das ist ein übler Ort für mich, sie schließt mich im Heizungskeller ein.

Ich setze mich auf einen kleinen Hocker. Die Heizung bollert laut. Es ist dämmerig im Raum. Es riecht muffig, durch die Kellerfenster fällt wenig Licht. Ich kneife die Augen zusammen, gewöhne mich an das Dämmerlicht. Ich spüre, wie wütend ich bin. Wie lange sitze ich im Keller? Ich weiß es nicht. Mir fallen die Marmeladengläser auf. Ich gehe langsam zu dem hohen Regal, stelle mich auf die Zehenspitzen und öffne ganz vorsichtig einige Gläser. Das wird sie ärgern.

Mein Vater fährt mit dem Auto vor, gleich wird sie mich hier rausholen, wie immer, wenn er nach Hause kommt. Ich laufe zu dem kleinen Hocker und setze mich. Ich höre, wie meine Mutter die Treppe heruntergelaufen kommt und den Schlüssel herumdreht.

Meine Mutter ist oft eifersüchtig. Dann spricht sie nicht mit mir. Ich habe alles, was sie nicht mehr hatte. Einen Vater, der mit mir Faxen macht, der seiner kleinen Tochter Geschenke mitbringt. Sie verschenkt später meine Stofftiersammlung, ohne mich zu fragen.

Problematisch sind die Ängste meiner Mutter. Gewitter oder Feuerwerk, und sie bekommt Panik. In meiner Kindheit muss für sie alles seine Ordnung haben. Sie hat einen Putzzwang, stelle ich eines Tages fest, als ich mich nicht auf das Sofa setzen darf, weil sie es gerade sauber gemacht hat.

Ich interessiere mich mit zwölf Jahren für Psychologie und lese viel. Als kleines Mädchen flüchte ich zu meiner Großmutter, der Mutter meiner Mutter. Sie ist ein humorvoller, warmherziger Mensch. Sooft es geht, übernachte ich bei ihr. Meine Eltern arbeiten viel, und meine Großmutter freut sich, wenn ich da bin. Auch meine andere Großmutter besuche ich so oft wie möglich. Meiner Mutter begegne ich zuerst mit Trotz, später mit Wut und mit harten Worten. Mein Vater leidet unter unseren Auseinandersetzungen, doch bekommt er sie oft nicht mit. Zu ihm habe ich eine enge emotionale Bindung.

Meine Cousinen sind Verbündete. Sie waren doch auch durch den ähnlichen Erziehungsstil meiner Tanten des Öfteren Keller-

kinder. Tagsüber verbringe ich viel Zeit in der Natur und mit meinen Tieren. Ich wachse mit Hunden auf und beobachte gern Vögel, Frösche und Schnecken.

Als ich älter werde, entstehen Freundschaften, und ich bin oft bei Freundinnen zu Hause. Früh ziehe ich in eine andere, weit entfernte Stadt.«

Was wir an dieser leidvollen Geschichte sehen können, ist einmal, dass die Kriegskinder-Mütter tatsächlich oftmals nur die Möglichkeit hatten, ihre eigene seelische Verletzung auszuagieren, weil sie keine entsprechende Unterstützung erhielten. Zugleich können wir daraus aber auch ablesen, wie klug und kreativ die Kriegsenkelin sich verhalten hat. Auf diese besondere Kraft vieler Kriegsenkel werde ich später noch intensiver eingehen. Eines sei aber schon an dieser Stelle erwähnt: Sie schreibt mir in einer E-Mail auch, dass sie sehr viel aus ihrem besonderen Aufwachsen gelernt hat. Heute kann sie sagen: »Eines ist mir klar geworden, ohne meine Mutter wäre ich nicht die, die ich geworden bin, nämlich eine sehr kreative, selbstständige, berufstätige Frau und eine liebevolle Mutter.«

Während die einen ihr Verletztsein blind ausagierten, schwiegen die anderen oder erzählten stereotyp vom Bombenhagel und von den Gefahren auf der Flucht, als ob es sich beim Zweiten Weltkrieg um einen Abenteuerfilm handelte, wo hier der Feind überlistet und dort die Hilfe von Kameraden erfahren wurde, oder wo man Kilometer um Kilometer nach Hause gelaufen ist. Die Erzählungen der Kriegskinder glichen Bildbeschreibungen von immer gleichen, eingefrorenen Szenen, in denen die immer gleiche Mutter als die immer gleiche Sechsjährige mit der immer gleichen Puppe auf dem Arm aus dem immer gleichen brennenden Haus hinausläuft und für immer ihr geliebtes Zuhause verliert.[59]

Für viele Eltern der Kriegsenkel war diese Art zu erzählen eine Möglichkeit, mit ihren Erlebnissen fertigzuwerden, sie zu verarbeiten. Die andere Möglichkeit, mit diesem schlimmen Teil der Geschichte umzugehen, war die, zu schweigen.

Beides war ein Dilemma: sowohl das stereotype Erzählen als auch das Schweigen darüber. Aber kann man das den Eltern vorwerfen? Oftmals haben die Eltern sich selbst und ihre Kinder damit schützen wollen. Darüber zu sprechen war eben auch nicht ohne Risiko. Wenn man nämlich über seine traumatischen Erfahrungen spricht, riskiert man eine Retraumatisierung oder die Traumatisierung der eigenen Kinder.

In einigen Familien ist völlig ungefiltert erzählt worden. Diejenigen, die ihren Eltern zugehört haben, berichten dann von Überlebenskämpfen, denen ihre Eltern als Kinder ausgesetzt waren. Sie erzählen stockend und unter Tränen davon, wie zum Beispiel der Vater als Vierjähriger über den Hof gerannt ist und sich vor den Bomben in einem kleinen Verschlag verstecken musste und seine Mutter ihn nicht beschützen konnte, weil sie in diesem entscheidenden Augenblick selbst den Verstand verloren hat. Kriegsenkel, die Geschichten dieser Art gehört haben, waren häufig selbst erst fünf oder sechs Jahre alt, also ebenfalls noch Kinder, die schnell und tief greifend zu beeindrucken waren. Viele haben einen massiven Schock – oder wie die Fachwelt sagt, eine sekundäre Traumatisierung – beim Anhören dieser dramatischen Geschichten erlitten.

Die schmerzlichen Erfahrungen der Kriegskinder mit Todesangst, Schutzlosigkeit, Unberechenbarkeit, Hunger und Mangel waren in vielen Familien ständige Begleiter – auf allen Ebenen, offen oder verdeckt. Sie hockten mit am Mittagstisch: »Wenn ihr wüsstet, was Hunger ist, dann würdet ihr den Teller leer essen.« Oder sie wurden zu Geburtstagen eingeladen: »Wie gut ihr es doch habt. Wir hatten das alles nicht.« Oder sie standen zu Weihnachten unterm Tannenbaum: »Ach, hätte doch euer Onkel das alles noch miterleben können. Aber er musste schon mit 18 Jahren gehen …« Das blieb nicht ohne Auswirkungen und sorgte für massive Schuldgefühle bei den Kriegsenkeln.

Ohnehin schien das Thema »Schuld« in den 1950er-Jahren allgegenwärtig zu sein – auch ein Resultat des konsequenten Beschweigens der Verbrechen des deutschen Faschismus? So berichten mir immer wieder Kriegsenkel, dass sie sich in ihren Familien ständig für irgendetwas zu entschuldigen hatten: »An irgendwas war ich immer schuld. Permanent war man in meiner Familie auf der Suche nach einem Schuldigen«, beschreibt ein Kriegsenkel die familiäre Atmosphäre. War man unbewusst doch mit der Schuldfrage beschäftigt, sodass dieses Thema im Privaten auf derart seltsame Weise zum Ausdruck kam? Viele Familien hatten tatsächlich mit der deutschen Schuld zu tun. Und das haben die Kriegsenkel schon als kleine Kinder miterlebt, nämlich immer dann, wenn einer der geliebten Opas wegen Kriegsverbrechen verhaftet wurde.

Gerade weil Kinder Konflikte in der Familie aus einer ganz eigenen Perspektive erleben, können sie schon früh im Zuge solcher Aktionen wie Verhaftungen, Anschuldigungen, Gerichtsverfahren etc. naher Familienangehöriger Schuldgefühle entwickeln. Sie bekommen mit, dass in der Familie eine besondere Atmosphäre herrscht, die ihnen vermittelt, dass gerade etwas verdammt schiefläuft. Wenn Kinder versuchen, sich diese bedrückende Schwere in der Familie zu erklären, dann machen sie sich häufig selbst dafür verantwortlich. Sie meinen, sie seien böse, verwirrt, komisch oder sie hätten Schuld an der Situation, und zeigen sich besonders brav und gefällig oder auch rebellisch. Das ist für sie in dem Moment sinnvoll, denn indem sie sich so verhalten, glauben sie, die Situation verändern zu können. Sie meinen, auf diese Weise einen Weg aus einer Situation heraus zu finden, in der sie sich ohnmächtig fühlten.

»Mein Großvater war ein Kriegsverbrecher, und ich fühle mich schuldig«

In meiner Praxis erforsche ich daher gemeinsam mit den längst erwachsen gewordenen Kriegsenkeln den damaligen Zeitpunkt, an dem sie begonnen haben, sich schuldig zu fühlen. Oftmals liegt diesem Gefühl ein Mitleiden mit dem jeweiligen Angehörigen zugrunde, der sich schuldig gemacht hat und damit konfrontiert worden ist. Es gilt daher zu fragen, was die Einzelnen selbst in dieser Situation gebraucht hätten, als sie erstmals damit konfrontiert waren. Das Einfühlen in einen zu bemitleidenden Großvater kann schließlich zu dem Impuls führen, ihm helfen zu wollen, aber es doch nicht zu können. Das schafft Schuldgefühle. In der Weiterführung dieses Helfenwollens beobachten wir dann häufig, dass die Kriegsenkel stellvertretend für ihre Eltern – oder noch häufiger für ihre Großväter und Väter – Wiedergutmachung auf den verschiedensten Ebenen leisten.

Die Frage, die sich für mich als Therapeutin in diesem Prozess stellt, lautet: Was hätte dieses Kind damals gebraucht, als es diesem vermeintlich hilflosen Großvater gegenüberstand? Hier gilt es auch, nach Lösungen zu suchen, damit das Bemühen der Einzelnen um Wiedergutmachung der Verbrechen nicht von Schuldgefühlen belastet ist.

Im späteren Erwachsenenleben rühren diffuse Schuldgefühle häufig allein aus der Tatsache her, deutsch zu sein. Diese Schuldgefühle können manchmal so belastend sein, dass Einzelne sie in der Weise abwehren, dass sie sich Holocaust-Leugnern anschließen. Indem sie sagen, dass es dieses Verbrechen gar nicht gegeben habe, finden sie endlich Ruhe vor ihren Schuldgefühlen und können wieder aufrecht gehen. Auch das habe ich bereits in meiner Praxis erlebt.

Häufiger kommt es aber vor, dass sich die Nachkommen der Tätergeneration und der Kriegskinder-Generation für die Angehörigen der Überlebenden des Holocaust engagieren oder in der

Arbeit mit Geflüchteten oder Migranten tätig sind. Viele machen diese Arbeit aus freien Stücken, weil sie sich für eine bessere Gesellschaft einsetzen, in der die Menschenrechte für alle gelten. Andere wiederum fühlen sich eher von ihren Schuldgefühlen getrieben, weshalb sie weit über ihre Kräfte hinaus in diesen Bereichen tätig sind. Sie verzweifeln oftmals daran, sich nicht von den Anforderungen anderer abgrenzen zu können. Ihr Entsetzen, ihre Scham und ihre Schuldgefühle gegenüber den Taten ihrer Familienangehörigen sind jedoch zu groß, um eine andere Möglichkeit zu sehen, als sich darin total zu erschöpfen.

Da sich die Großeltern- und die Elterngeneration dieser Verantwortung vielfach nicht gestellt haben, hat es keinerlei Verarbeitung oder versöhnliche Einbettung in die Familiengeschichte gegeben. So konnten die Schuldgefühle im Unbewussten der Familie und der Gesellschaft weiter existieren, um auf diesem Wege als Aufträge stellvertretend bei den Nachkommen zu landen.

Kriegsenkel sind sehr empfänglich für Anliegen dieser Art. Denn ihrem Bemühen liegt vielfach zugrunde, Versöhnung zwischen den Generationen schaffen zu wollen – im Gegensatz zu den 68ern, also teilweise ihren Eltern, die einen Bruch zwischen den Generationen herbeigeführt haben: »Trau keinem über 30!« Deshalb zeigen die Kriegsenkel sich auch hier loyal mit ihren Herkunftsfamilien und greifen die oftmals offengebliebenen Aufträge wieder auf.

Dieses individuelle Engagement einzelner Kriegsenkel hätte eine vertiefende Debatte über die Flakhelfer-Generation gutgetan, wie sie anlässlich des Bekanntwerdens der Mitgliedschaft in der Waffen-SS von Günter Grass und anderen Prominenten kurz aufgeflammt ist, denn sie sind die Väter der Kriegsenkel. In der öffentlichen Diskussion hat man sich stattdessen etwas ratlos gefragt, was es denn noch für einen Sinn ergeben würde, erneut damit anzufangen. Schließlich könne man nur feststellen, dass es einfacher gewesen wäre, wenn wir vor 20 Jahren gesagt hätten: »Ja, wir waren Parteigenossen, es war dumm.«[60] Aber so einfach war und ist es eben nicht, denn das große Schweigen, das Verleugnen, in der NSDAP oder in der SS gewesen zu sein, zeigt doch bis heute eine enorme Wirkung auf die Kriegsenkel.

Was wäre, wenn die Flakhelfer, die Mitglieder der Hitlerjugend oder die des Bundes Deutscher Mädel über ihr Hingerissensein von der Politik und Propaganda des Dritten Reichs, von ihrer Verführbarkeit, vom Mitmachen, Töten, Vergewaltigen, von ihren schrecklichen Kriegserlebnissen, von Verwundung und Verletzlichkeit, von Schuld und Scham gesprochen hätten?

Sie hätten endlich die Chance gehabt, sich mit ihrem eigenen Erleben und ihrer Schuld auseinanderzusetzen. Dass sie in einem Alter von 16, 17, 18, 19 Jahren bereits getötet haben und dass sie an Kriegsverbrechen beteiligt waren. Hätten sie schneller über sich gesprochen, dann wäre uns Nachkommen einiges erspart geblieben: Die Unerbittlichkeit von vielen aus dieser (Kriegskinder-) Generation zum Beispiel. Dieses Rechthaberische. Dieses Moralapostelhafte. Diese Kälte in vielen Familien, diese vielen prügelnden Väter und Mütter.

Der Gewinn daraus wäre gewesen, schneller in eine Kultur der Auseinandersetzung und des Verhandelns zu gelangen. Sie hätten Vorbilder sein können, wie man mit fatalen, lebensgeschichtlichen und politischen Fehlern umgehen kann, wie man sich mit den Betroffenen, den Opfern und Geschädigten und sich selbst versöhnt und wie man Wiedergutmachung leisten kann. Viele wären einfach menschlicher gewesen, nicht so hart und unnachgiebig. Schließlich haben sie ja gewusst, wie sehr jemand versagen und sich ideologisch verirren kann. Wir hätten mit Menschen zu tun gehabt, die sich ihre fatale Entscheidung, damals in die NSDAP eingetreten zu sein, hätten vergeben können und die dann aktiv etwas für die Aussöhnung hätten tun können. Wir hätten in einer menschlicheren Welt gelebt.

Dass es immer schwieriger wurde, sich als einstiges NSDAP-Mitglied und Anhänger der Faschisten erkennen zu geben, das hat

Malte Herwig hervorragend in seinem Buch *Die Flakhelfer* herausgearbeitet[61]. Je mehr die Auswirkungen des Faschismus ans Tageslicht kamen, umso mehr wurde auch die bloße Mitgliedschaft in der Hitlerjugend, im BDM und der Einsatz als Flakhelfer mit dem gesamten Verbrechen und dem Grauen dieser Politik in Verbindung gebracht. Dazu haben sich dann einige wenige eindeutig verhalten, insbesondere Günter Grass, indem er sagte, zu dieser Verantwortung stehe er. Aber eben leider erst sehr spät.

Auch für die Überlebenden wäre es das richtige Zeichen gewesen, wenn jemand Scham über sein Handeln gezeigt hätte – zumal die Kriegskinder aufgrund ihres Alters eben auch nicht die Tragweite ihres Handelns haben abschätzen können. Und dass dies unmittelbar nach 1945 nicht möglich war, ist nachvollziehbar. Aber warum schweigen diese ausgemachten Demokraten teilweise bis heute? Solange Vertreter dieser Generation glauben, Verdrängung und Verleugnung wären für irgendetwas gut, so lange wird das Leid eher gefördert als verringert.

Aber viele Eltern der Kriegsenkel haben schlicht so reagiert, wie es der Schriftsteller Ralf Rothmann in einem Interview erzählte: Das Zentrum seines Buches, so meint er, »war ein Vakuum, das mein Vater bei mir als Kind hinterlassen hat, als ich ihn fragte, ob er denn im Krieg auch geschossen habe. Er schaute ganz verdattert meine Mutter an und fragte: Was soll ich denn jetzt darauf antworten? Und meine Mutter sagte zu mir: Los, geh dein Zimmer aufräumen.«[62]

Das ist die schwierige Gefühlserbschaft, mit der die Kriegsenkel von Kindesbeinen an zu tun haben. Bis heute.

Transgenerationelle Weitergabe von Traumata

Das traumatische Erleben der Kriegskinder-Eltern hat auf den verschiedensten Ebenen stattgefunden – und es hat auf ebenso vielen Wegen die gesamte Familie erfasst.

Grundsätzlich können wir sagen, dass sich das Leid oder das Trauma einer Person in allen Bereichen des sozialen Lebens zeigt und die Bewältigung eines Traumas eben nicht im stillen Kämmerlein stattfindet, sondern mitten im Leben – in den alltäglichen Kommunikationsprozessen. In diesen Prozessen werden alle Beteiligten in der Familie zu einem besonderen Verhalten veranlasst. Kinder entwickeln sofort Mitgefühl mit dem Leid der Eltern und wollen helfen, und in der Folge dieses schwierigen Prozesses verändern sich die Beziehungen untereinander. Die Kinder sorgen sich dann um die Eltern statt umgekehrt. Sie werden zu Eltern ihrer Eltern, auch Parentifizierung genannt. Oftmals werden die Kinder in diesen (Trauma-)Bewältigungsprozess hineingezogen, sodass es zur »Mitgefühlserschöpfung«[63] kommt oder, wie es in der Fachsprache heißt, zu einer sekundären Traumatisierung. Viele Kriegsenkel erleben sich tatsächlich als regelrecht eingesogen in diesen Prozess. Sie sehen sich mit Ängsten und Verhaltensweisen konfrontiert, die sie sich aus ihren eigenen Erfahrungen heraus nicht erklären können. Oftmals leiden sie unter den Auswirkungen schlimmer Lebenserfahrungen, denen einst ihre Eltern ausgesetzt waren: Sie durchleben die Ängste und Unsicherheiten ihrer Eltern, ohne von ihnen je gehört zu haben und ohne von den dazugehörigen konkreten Ereignissen zu wissen. Dazu ein Beispiel:

Vera kam mit der Frage in meine Praxis, wie sie ihre Angst vorm Reisen endlich überwinden könne. Als Vortragsrednerin müsse sie mehrmals im Monat verreisen. Seit einiger Zeit habe sie jedoch mehr und mehr Angst vor dem Reisen. Allein bei der Vorstellung, wieder aufbrechen zu müssen, ereile sie eine regelrechte Panik. Bislang habe sie sich zwar immer noch beruhigen können, aber ihre Angst steigere sich von Mal zu Mal. Kurz vor jeder Abreise überkomme sie das Gefühl: »Wenn ich jetzt aufbreche, dann werde ich nie wieder zurückkehren.« Mithilfe der Familienstammbaum-Arbeit stellten wir schließlich fest, dass diese Angst mit den Erfahrungen ihrer damals 14-jährigen Mutter auf der Flucht korrespondierte. Über ein tiefes Mitgefühl, wie es an diesem Beispiel sichtbar wird, ist sie mit ihren Eltern und damit auch mit deren schrecklichen Erlebnissen verbunden.[64] Allein diese Erkenntnis, dass ihre Angst etwas mit dem Erleben ihrer Mutter zu tun hat, hat bei Vera zu einer Veränderung geführt.

Kinder werden zu Eltern ihrer Eltern

Die Kriegsenkel wachsen auf in einem Kontext, der bestimmt ist von Situationen, in denen die Eltern selbst kaum verstanden, was mit ihnen geschah, worüber in den Familien eben auch nicht gesprochen wurde oder lediglich in Andeutungen. Sie spürten und ahnten, dass ihre Eltern Hilfe brauchten, und machten es sich von Beginn ihres Lebens an zur Aufgabe, diese häufig schwer traumatisierten Menschen zu retten. Sie vermieden alles, was diese Beziehungen, auf die sie existenziell angewiesen waren, hätte gefährden können. Sie entwickelten eine schnelle Auffassungsgabe und eine subtile Wahrnehmung, eine Gefühlsintensität und emotionale Reaktivität.[65]

»Selbst zu den verrücktesten Menschen kann ich eine so vertrauensvolle Beziehung aufbauen, dass eine minimale Zusammenarbeit möglich ist.« (Alexander)

Viele Kriegsenkel stellen bei sich eine Hypersensibilität fest, weil sie in ihrem familialen Zusammenhang früh gelernt haben, »die Flöhe husten« zu hören, damit ihnen im Zweifel nicht der ganze Laden um die Ohren fliegt. Das in den letzten Jahren auftauchende Phänomen der Hochsensibilität nimmt meines Erachtens hier seinen Ausgang. Kriegsenkel müssen eine große Empfänglichkeit und Empfindlichkeit entwickeln, um in diesen oftmals traumatisierten Familien zurechtzukommen. Sie entwickeln die Fähigkeit, schnell zu begreifen, in welcher Verfassung Vater oder Mutter sind, nehmen sich entsprechend zurück oder verbreiten ostentativ gute Laune.

»Ich wusste immer sofort, in welcher Stimmung meine Mutter war, als ich von der Schule kam. Heute habe ich eine übersteigerte Wahrnehmung für Stimmungen von anderen Menschen. Wenn ich einen Raum betrete, weiß ich sofort, in welcher emotionalen Verfassung die anwesenden Menschen sind. Ich bin ein sehr guter Vermittler, Schlichter und ich kann sehr gut auf Menschen eingehen, ihre Bedürfnisse befriedigen. In beruflicher Hinsicht bin ich deswegen sehr erfolgreich. Egal, in welcher Verfassung meine Klienten kommen, in den allermeisten Fällen gehen sie gestärkt, emotional stabil, getröstet und oft auch zuversichtlich aus der Begegnung. Ich dagegen fühle mich wie ein Medium, ganz oft wie ein seelischer Katalysator. Abends bin ich sehr erschöpft und fühle mich wenig erbaut und leer.

Ich nehme sehr deutlich vor allem akustisch, aber auch olfaktorisch wahr. In der Großstadt zu leben ist für mich eigentlich zu laut (Stress). Ich leide oft an Reizüberflutung und unter unhöflichem bis aggressivem zwischenmenschlichen Benehmen/Umgang.« (Felix)

Wie wir sehen, wächst in diesem Prozess auch die Kraft der Einzelnen, und sie entwickeln besondere Kompetenzen, die sie später in ihren Berufen häufig sehr erfolgreich machen. Denn still und leise, ohne großes Aufheben um sich zu machen, vertrösten sie ihre eigenen Bedürfnisse nach Fürsorge und Gesehenwerden und trösten stattdessen ihre Mütter und Väter. Hier entwickelt sich eine tiefe Verbundenheit – eine Loyalität –, die häufig bis ins hohe Erwachsenenalter anhält und die viele Kriegsenkel oftmals regelrecht an ihre Eltern fesselt. Immer das Leid der Eltern vor Augen, verlieren sie sich selbst häufig gänzlich aus dem Blick. Sie nehmen stundenlange Reisen in Kauf, um ihre Eltern auch noch im Alter zu versorgen.

»Der Grund, eine Therapie aufzusuchen, bestand für mich in dem Zwiespalt, nicht zu wissen, wie ich mit der Situation meiner Eltern und meiner eigenen Lebenssituation umgehen soll. Ich habe überdeutlich die Verstrickung gespürt, dass ich Verantwortungen übernommen hatte für etwas, das zu viel für mich ist. (…) Leider habe ich noch immer nicht die innere Möglichkeit, mich schmerzfrei abzugrenzen. Ich käme mir wie die letzte Verräterin vor.« (Sarah)

Ganz intuitiv schlüpfen Kinder von Kriegskinder-Eltern in die Rolle derer, die Verantwortung übernehmen für sich, für ihre Eltern und auch für ihre Geschwister – häufig ein Leben lang. Aus Sorge um die Eltern übernehmen sie mehr Verantwortung in ihrem jungen Alter, als ihnen guttut, und zeigen es keinem:

»Niemand sollte wissen, wie es mir ging, auch um den Preis, dass andere mich arrogant fanden!« (Gudrun)

Schon früh setzte bei vielen von ihnen ein Prozess chronischer Überforderung ein, eine Erschöpfung, die sie oftmals das ganze Leben lang begleitet. Das sind immer wieder Gründe, meine therapeutische Praxis aufzusuchen. Sie erlauben es sich nicht, ein Leben zu führen, das sie zufrieden sein und sie zurücklehnen lässt. In Anbetracht des Leids der Eltern darf man offenbar nicht ruhen. Das wird auch an der folgenden Äußerung einer Klientin deutlich:

»Die Eltern sind durch die Hölle gegangen … Da kann ich mir doch kein schönes Leben machen.« (Theresa)

Kriegsenkel suchen meine Praxis auf mit dem Wunsch, wissen zu wollen, was eigentlich mit ihnen los ist. Das heißt, sie spüren ein Leiden, aber können es nicht recht benennen. Ihre Motive sind sehr unterschiedlich. Vielfach wollen sie mehr Klarheit darüber, wer sie eigentlich sind, und manche wollen überhaupt »Zukunft denken«. Dass es im weitesten Sinne eine Zukunft geben könnte, kommt in dem Denkmodell vieler Kriegsenkel nicht vor.

In diesem besonderen Umgang mit Zukunft kristallisiert sich ein Teil der Problematik der Kriegsenkel heraus. Deutlich werden darin Fragen, wie zum Beispiel: Kann ich mich endlich auf mich besinnen? Darf ich mir endlich einen Ort für mich schaffen, für meine Freunde und für eine eigene Familie? Darf ich mir erlauben, heimzukommen – mir eine eigene Heimat zu schaffen?

Auch Theresa erging es so. Ihr Anliegen war es, ein Gefühl für Heimat entwickeln zu wollen, was für sie bedeutete, »endlich irgendwo anzukommen und Spuren zu hinterlassen«. Dazu gehörte für sie, sich erklären zu können, warum sie sich häufig als desinteressiert an ihrem Umfeld erlebe. In ihrer beruflichen Tätigkeit sei sie durchaus erfolgreich und zufrieden, habe aber dennoch nur ein sehr distanziertes Interesse daran. Außerdem könne sie sich nicht so recht für ihre Freundinnen und Freunde begeistern, obwohl sie einen sehr sympathischen Freundeskreis habe. Zumeist habe sie die Zuschauerrolle inne. Das passe wiederum zu ihrer Vorliebe,

»am liebsten allein zu sein« und »einfach gern zu schlafen«. Gleichzeitig erlebe sie sich wie auf der Flucht. Sie sei auch nach vielen Jahren nicht in ihrem Zuhause angekommen. Seit sie denken könne, empfinde sie alles als äußerst anstrengend. Schon im Alter von sechs Jahren habe sie unter Schlafstörungen gelitten, weshalb ein Arzt ihr gern Schlaftabletten hatte verschreiben wollen.

Folgt man Theresa weiter in ihrer Erzählung, dann erfährt man, dass ihre Eltern Flüchtlingskinder und ebenfalls ruhe- und rastlos sind, seitdem sie denken könne. Ihre Eltern seien mit ihr fünfmal umgezogen und zeigten einen Hang zum Provisorischen. Sie arbeiteten immer. Entspannen, meinte sie, könnten sie sich am besten beim permanenten Umbau ihres Hauses und bei der Gartenarbeit. Theresa fand das Verhalten ihrer Eltern durchaus plausibel: »Kein Wunder, bei dem, was die im Krieg erlebt haben. Wie soll da Ruhe aufkommen?«

Ihre Mutter könne sehr genau sagen, »wo sie im Leben stehen geblieben« sei. Mit sechs Jahren auf der Flucht, während sie mit ihrer eigenen Mutter und ihrer kleinen Schwester allein auf der Flucht war. Sie hat nicht nur den Verlust ihrer vertrauten Umgebung zu verkraften gehabt, sondern auch noch Schuldgefühle, dass sie, trotz ihres enorm jungen Alters, ihre kleine Schwester bei einem Bombenangriff nicht in Sicherheit gebracht, sondern sie vor Schreck und Angst vergessen hat. Obwohl ihre Mutter – Theresas Großmutter – dabei war, habe ihre Mutter bis heute Schuldgefühle ihrer Schwester gegenüber. Darüber hinaus sei der älteste Bruder tot – »im Krieg geblieben« –, und der jüngste Bruder mit drei Jahren an einem schwachen Herzen gestorben. Das allein dürfte schon reichen, um von einem schwierigen Lebensanfang ihrer Mutter zu sprechen. Die Großmutter sei außerdem mit ihrer Tochter, also Theresas Mutter, allein auf die Flucht gegangen und musste auch den Neuanfang in der neuen »kalten« Heimat ohne Unterstützung bewerkstelligen, denn erst zehn Jahre später ist Theresas Großvater zurückgekehrt. Er war aufgrund seiner Teilnahme am Volkssturm in russische Gefangenschaft geraten.

In diesem Resonanzraum wachsen sehr viele Kriegsenkel auf. Sie bilden das Ende einer Kette von erschöpften und traumatisierten Menschen, ihren Großmüttern und Großvätern, ihren eigenen Müttern und Vätern, den Kriegs- und Flüchtlingskindern. Und sie stehen plötzlich selbst an vorderster Stelle der Generationenabfolge und haben vielfach den Auftrag, es für die Eltern zu richten. Und zugleich haben sie nicht die Erlaubnis bekommen, es auf ihre Weise zu machen. »Sie sind durch die Hölle gegangen ...«, sagt Theresa über ihre Eltern. »Und ich? Was darf ich eigentlich in Anbetracht dieses Schicksals machen?«

Heute erlebe sie sich in der Kommunikation mit ihren Eltern als »völlig phlegmatisch, nahezu depressiv«. Es überfalle sie fast so etwas wie eine Totenstarre, wenn sie mit ihnen zusammen sei; sie fügt traurig hinzu: »Ich möchte ihnen so viel sagen. Es geht nicht. Das, was sie erlebt haben, steht immer mit im Raum.« Dabei hat sie den Wunsch, »ihren Eltern das Leben auch weiterhin zu erleichtern, immer noch und vielleicht jetzt noch mehr als früher, wo sie alt sind und an einer schweren Krankheit leiden«. Aber, und damit beschreibt sie bereits, was mit ihr los ist: »Meine Festplatte ist voll.«

Diese hier geschilderten Schwierigkeiten sind sehr typisch für Kriegsenkel. Sie erleben sich manchmal wie »wandelnde Hüllen«, weil sie anderen nicht wirklich begegnen können, sondern sich ihnen bloß »zur Verfügung stellen«. Beziehungen eingehen heißt für sie, immerzu leisten zu müssen. Das haben Kriegsenkel gelernt. Sie selbst bleiben außen vor und bringen sich nicht vital und spontan in eine Beziehung ein. Eigene Bedürfnisse und Interessen sind für sie nicht nur nicht legitim, sie kennen sie oftmals gar nicht (mehr). Sie erleben sich innerlich von den Geschichten ihrer Eltern besetzt.

Für viele scheint jegliches Bemühen, das eigene Leben zu entwickeln, vor dem Hintergrund des Leids ihrer Eltern von Anfang an hoffnungslos zu sein. Sie scheinen sich zu fragen: Was in dieser Welt kann denn mit diesem Leid mithalten? Welches Leben scheint in Anbetracht dieser schrecklichen Erfahrungen überhaupt gerechtfertigt zu sein?

Die Umkehr der Rollen zwischen Eltern und Kindern – Parentifizierung

Schauen wir uns einmal genauer an, was in diesem Prozess passiert, in dem es zur Rollenumkehr zwischen Eltern und Kindern kommt. Die schützende Generationengrenze wird innerhalb des Familiensystems überschritten, und Kinder übernehmen nun Aufgaben, die auf die Elternebene gehören. Damit sind Kinder potenziell und oftmals überfordert. Boszormenyi-Nagy und Spark weisen darauf hin, dass die Parentifizierung bis zu einem gewissen Maße für die Entwicklung des Kindes normal und förderlich sein kann, sofern ein Ausgleich für die eigenen Einschränkungen stattfindet. Wenn allerdings über eine längere Zeit ein Ungleichgewicht zwischen Geben und Nehmen auftritt, dann ist es für Kinder destruktiv.[66]

Es sind zumeist die sensibelsten unter den Kindern und die mit der größten Empathiefähigkeit, die Verantwortung für die als bedürftig empfundenen Eltern übernehmen und sich ebenso der verschiedensten im »Unterbewusstsein« eines Familiensystems frei flottierenden Aufträge annehmen. Die Kinder, die ihre Eltern schon in jungem Alter unterstützen, entwickeln sehr früh hohe emotionale, praktisch-organisatorische und soziale Fähigkeiten, um den vielfältigen Aufgaben der Eltern und manchmal der ganzen Familie gerecht zu werden. In der Rolle der Ersatzeltern und Tröster, der fehlenden Gesprächspartner, mit denen man alle Entscheidungen durchspricht und abwiegt, übernehmen sie für sich selbst, für ihre Eltern und häufig auch für ihre Geschwister Verantwortung. Wie bereits ausführlich beschrieben, kommen bei vielen noch weitere Rollen hinzu, nämlich die des Ersatzpartners oder der Ersatzpartnerin oder die der Mediatoren.

An letzterem Phänomen wird besonders deutlich, dass die Parentifizierung massiv in die Entwicklung von Bindung beziehungsweise Bindungsfähigkeit eingreift. Denn was lernen Kinder in diesem Prozess? Sie lernen zuallererst, dass für ihre Bedürfnisse kein Platz ist und dass sie in jedem Fall zurückstehen sollten. Sie haben sich um die Bedürftigkeit anderer zu kümmern. Was passiert, wenn Kinder nicht Kinder sein können, weil ihre Eltern hilflos sind? Sie leben ihre Rolle als Kinder nicht. Sie wissen nicht, was Kind sein bedeutet. Sie müssen sich von Beginn an selbst organisieren und Verantwortung übernehmen: Und über allem steht als ihr wichtigstes Anliegen, die Eltern zu retten und zu entlasten. Es gibt keine Instanz, die ihnen sagt, was zu tun ist und wann es genug ist, was sie nicht machen sollten oder besser doch und warum. Sie über- oder unterfordern sich in einem fort.

Da Kriegsenkel oftmals hilflose Eltern haben, machen sie eine ganz besondere Beziehungserfahrung. *Kinder* gestalten in diesem Fall die Beziehung, *sie* stellen sie immer wieder her, und sie selbst werden von Mutter oder Vater nur unsicher gebunden. Sie erleben zwar die Versorgung auf der materiellen Ebene, aber einen empathischen Umgang mit sich und den eigenen elementaren Bedürfnissen erfahren sie nicht oder kaum. Zumindest nicht so, dass sie die Nähe und Fürsorge zuverlässig erwarten können. Damit fehlen ihnen die Voraussetzungen für ein gutes Selbstwertgefühl. Oder anders gesagt: Eine altersgemäße Individuation, also die altersgemäße Entfaltung der eigenen Fähigkeiten, und die Entwicklung von Autonomie gelingen grundsätzlich besser, wenn ein Kind eine sichere Bindung durch die Eltern erfährt. Die Entwicklung eines soliden Selbstwertgefühls, eines, das nicht begleitet wird von einer gewissen Verzweiflung an sich selbst, die zwischen Grandiositäts- und Minderwertigkeitserleben hin- und herpendelt, gelingt eher, wenn Kinder die Eltern als ein zuverlässiges und fürsorgliches Gegenüber erleben. Ihre herausgehobene Stellung in der Familie aufgrund der Parentifizierung kann das Selbstwertgefühl dieser Kinder häufig nachhaltig in eine Schieflage bringen, so wie es die folgende Äußerung von Silke zum Ausdruck bringt:

»Ich habe immer für meine Mutter gesorgt. Ich war kein Kind … Ich habe wie eine Erwachsene gehandelt, ohne eine zu sein. Was habe ich erreicht? Nichts! Deshalb habe ich den Eindruck, ›nichts‹ gewesen zu sein. Ich war nichts, gar nichts.«

Dieser Hintergrund ist es, der viele zu außergewöhnlichen Leistungen und zu einer hohen Anspruchshaltung sich selbst gegenüber angespornt hat und der wiederum viele nicht ankommen lässt in ihrem Leben, in ihren Jobs, in ihren Beziehungen.

Nach diesen Schilderungen dürfte deutlich geworden sein, dass die Parentifizierung für die Einzelnen einen hohen Grad an Stress bedeutet, verbunden mit viel Unsicherheit und Angst. Schließlich ist es leichter, mit Bezugspersonen in die Welt hinauszugehen, die sicher hinter einem stehen. Man lernt problemloser, man hat mehr Vertrauen zu seinen Mitmenschen, man besitzt mehr Flexibilität in der Gestaltung seines sozialen Umfelds. Wenn diese sichere Bindung nicht da ist, kann eine Grundbedürftigkeit bleiben, die sich in verschiedensten Situationen immer wieder äußert. So beobachte ich bei vielen Kriegsenkeln häufig etwas Hölzernes und Ungeübtes in der Wahrnehmung und Handhabung der eigenen Interessen und in der Kommunikation mit anderen.

Eine sichere Bindung als Voraussetzung für die eigene Entwicklung und Entfaltung des gesamten individuellen Potenzials wäre selbstverständlich optimal. Keine Frage. Dennoch heißt es aber umgekehrt nicht, dass aus jenen Menschen »nichts wird«, die diese Voraussetzung im Leben nicht hatten. Kinder sind auch schon früh in der Lage, sich Ersatz für die fehlende Zuwendung vonseiten der Eltern zu suchen. Für mehrere meiner Klienten, die ich in Therapie und Beratung begleitet habe, stellte sich zum Beispiel die Oma mit ihren »dicken Federbetten« und ihrem »großen Busen« als wichtigste Bezugsperson heraus. Gerade die bewusste Aufwertung dieser zweitbesten Lösung[67] hinsichtlich der Bezugspersonen bewirkt immer wieder große Erleichterung. Nach dem Motto: Ich habe also doch etwas bekommen! Wenn nicht von den Eltern, so doch von meiner Oma. Und darin besteht die gute Nachricht: Hauptsache, in dieser wichtigen Zeit des Aufwachsens war irgendeine vertrauenswürdige Person da. Das reicht zumeist für ein gelingendes Leben.

So scheinen viele Kriegsenkel ihr eigenes Leben von Kindesbeinen an organisiert zu haben. Sie allein mussten dafür sorgen, pünktlich in die Schule zu kommen und – selbstverständlich – ihre Hausaufgaben zu machen. Selbstvergessen – wie Kinder eben! – zu spielen, das stand nicht auf der Tagesordnung. Und wenn es dann doch einmal »passierte«, dass sie sich ins Spiel vertieften, war es mit großen Scham- und Schuldgefühlen verbunden. Dann fielen sie ja der Mutter zur Last, weil die kleineren Geschwister noch auf dem Spielplatz saßen oder der Zahnarzttermin vergessen worden war. Das Schlimmste aber war, dass sie sich selbst in den Mittelpunkt gestellt hatten.

Die Eltern sind oftmals nicht die Instanz, die ihnen sagt, was zu tun und was zu lassen ist. Sehr häufig steht niemand hinter ihnen, der beruhigend auf sie einwirkt und ihnen versichert: Das hast du gut gemacht. Im Gegenteil! Viele Kriegsenkel hatten das Gefühl, schon sehr früh für sich selbst sorgen zu müssen. Zwar können Kinder auch an diesen Herausforderungen wachsen, aber sehr viele Kriegsenkel beschreiben diese Art von (Selbst-)Management in diesem jungen Alter als eine große Überforderung, verbunden mit einer heftigen Verzweiflung und Einsamkeit. Sie selbst hätten im Mittelpunkt der Fürsorge stehen müssen, reklamieren sie heute. Stattdessen waren sie immer in Sorge um die Mutter oder den Vater und fragten sich, ob ihr Einsatz für die Eltern wirklich ausreichte. Deshalb – als eine Art Selbstschutz – haben viele von Kindesbeinen an eine Art Perfektionismus entwickelt. Denn nur wenn etwas in ihren Augen wirklich perfekt war, haben sie sich selbst sicher fühlen können. Eine Schutzmaßnahme also, die sie davor behütet hat aufzufallen, eine Maßnahme, die sie vor noch mehr Unwägbarkeiten bewahrt hat. So wurden sie oftmals selbst zu ihren härtesten Kritikern – ehe es andere tun konnten – und herrschten diktatorisch über sich selbst. Alles andere hätte sie in ihrer Welt gefährden können. Erst wenn die Leistung perfekt war, meinten viele Kriegsenkel, die Sicherheit zu haben, sich sowohl innerhalb als auch außerhalb der Familie bewegen zu können. Wie anders hätten sie auch Sicherheit erfahren können?

Allein die liebevolle Bestätigung der Eltern oder die eines liebevollen Umfelds hätten sie retten können. Die Eltern brauchten jedoch aufgrund ihres eigenen Verletztseins und ihrer daraus resultierenden Unsicherheit und Orientierungslosigkeit besonders leistungsfähige Kinder. Ihre Kinder, die Kriegsenkel, sollten es für sie richten, sie sollten ihnen wieder die Türen zur Welt öffnen. Viele Kriegsenkel klagen darüber, dass ihnen niemand zur Seite stand, um sie vor dieser Überforderung zu schützen. Selten war jemand da, der ihnen gesagt hat, dass sie auch ohne jegliche Leistung liebenswerte Menschen seien und selbstverständlich eine Existenzberechtigung hätten. Hier deutet sich ein Motiv an, das sich bis ins Erwachsenenalter fortsetzt.

Vielen steht heute als Erwachsenen dieses früh erlernte, andauernde Streben nach Perfektionismus beruflich im Wege. Das, was sie einst gerettet hat, richtet sich nun häufig gegen sie. Das Soll wird immer übererfüllt. Das ist auf Dauer anstrengend und erschöpfend.

»Berufliche Anerkennung habe ich mir sauer verdient. Ich habe immer noch eins draufgelegt und war noch akribischer und schneller als die anderen. Ich muss immer für andere mitdenken und mich auf andere einstellen. Die Angst, etwas nicht im Blick zu haben, etwas zu vergessen oder zu übersehen, ist ständig da. Das erinnert mich alles sehr an früher. Meine Eltern haben übertriebene Anforderungen an mich gestellt. Ich sollte meine depressive Mutter glücklich machen.« (Luise)

Viele Kriegsenkel erzählen, dass sie die elterliche Instanz häufig erst dann wieder wahrgenommen und kennengelernt haben, wenn das Kind sprichwörtlich in den Brunnen gefallen war ... Wenn sie vermeintlich versagt hatten und beispielsweise eine Schulklasse wiederholen mussten oder wenn sie sich zu heftig mit anderen Jungen geprügelt hatten, kurz gesagt, wenn sie in irgendeiner Form auffällig wurden. Aber dann hatten viele nichts Gutes zu erwarten: Statt Trost und Beistand gab es oftmals Tadel, Demütigungen oder gar Prügel.

»Krank sein, Schwäche zeigen, das war in unserer Familie verpönt. Dann wären wir ja unserer Mutter zur Last gefallen.« (Lore)

Und so übernahmen sie von Anfang an andere Rollen und Aufgaben in der Familie: Der Mutter lange zuhören, wenn sie sich zu einem auf den Bettrand setzte und darüber klagte, welch ein »Bösewicht« doch der Vater sei. Der Sonnenschein der Familie zu sein war ein ernst zu nehmender Auftrag, den viele erfüllten, indem sie zu Hause die Clowns waren, immer gute Laune verbreiteten und rechtzeitig einen Witz machten.

»Die Kinder sollten es einmal besser haben!«, das war sicherlich auch fürsorglich gemeint. Es hieß aber auch, sich dafür anzustrengen und auf Biegen und Brechen zum Beispiel das Abitur zu machen, weil Vater die Möglichkeit dazu nicht bekommen hatte.

»Einer musste das Abitur machen. Das ging gar nicht anders.« (Rüdiger)

Andere wiederum öffneten für Mutter und Vater die Tür zu einer anderen Welt, indem sie als Erste und Einzige der Familie einen Fuß in die Universität setzten und schließlich stellvertretend für Mutter oder Vater studierten. Sie sollten die Ehre der Familie wiederherstellen und dafür sorgen, dass die Eltern wieder das sprichwörtliche gesellschaftliche Parkett betreten konnten. Und zugleich sollten sie in der Nähe der Eltern bleiben und diese nicht etwa allein zurücklassen.

Das folgende Beispiel der ewigen Studentin macht das deutlich. Daran lässt sich auch sehr gut nachvollziehen, dass die Loyalität zwischen Kindern und Eltern die Aufgabe eigener Lebensziele beziehungsweise die Aufgabe eines eigenen Lebens bedeuten kann.

Die Langzeitstudentin

Monika kam mit dem Anliegen zu mir, sich erklären zu wollen, warum sie nichts zu Ende bringen könne. Klug und voller Eifer studierte sie lange und ausgiebig. Sie kam aber zu keinem Ende. Sie hatte schon mehr als acht Jahre studiert und kaum einen Leistungsnachweis für ihr Studium in der Tasche. Monika, Ende der 1950er geboren, erzählte, dass ihre Mutter als 14-Jährige mit ihren Verwandten aus Ostpreußen geflüchtet war. Nach monatelanger nervenaufreibender Flucht seien sie schließlich dort angekommen, wohin sie gewollt hatten. Die Familie konnte sich niederlassen und tatsächlich eine neue Existenz gründen. Das 14-jährige Flüchtlingskind aber wollte zu Vater und Mutter, die getrennt von ihm geflüchtet waren, weil es von den Verwandten permanent und bei jeder Gelegenheit geschlagen wurde. Das war ein Abschied mit weitreichenden Folgen, denn bei den Eltern angekommen, hieß es: »Was willst du hier? Noch ein Esser mehr ...« Hier ging es de facto, anders als bei den Verwandten, die das Mädchen hinter sich gelassen hatte, um das nackte Überleben. Und an eine Schulausbildung war in den nächsten Jahren nicht zu denken – bis zur Flucht hatten die reichen Verwandten den Aufenthalt in einem Internat bezahlt. So ging sie schließlich, nachdem sie zwei Jahre die Volksschule besucht hatte, als 16-Jährige zu einem Bauern arbeiten.

Wie hängt es nun zusammen, dass die Mutter als Flüchtlingskind in ihrer beruflichen Karriere gestoppt worden war und ihr Kind wiederum nicht weiterkam? Im Laufe unserer Gespräche ist deutlich geworden, dass sie den Auftrag von ihrer Mutter bekommen hatte, mehr aus ihren intellektuellen Fähigkeiten zu machen, als es dieser damals möglich gewesen war. Diesen Auftrag nahm die Klientin sehr ernst. Doch irgendetwas hinderte sie daran, einen Abschluss an der Uni zu machen. So verharrte sie lange Zeit in dem Status einer ewigen Studentin mit wenig Geld und mit wenig Aussicht auf eine erfolgreiche Karriere oder auf ein zufriedenes Leben. Monika schien sehr loyal mit ihrer Mutter verbunden zu sein. Sie erzählte, sie denke mehrmals täglich an das schwere Schicksal ihrer Mutter. Hinzu käme, so Monika, dass ihre Mutter auch heute kein zufriedenes Leben führe. Sie sei in einer unglücklichen Ehe (mit ihrem Vater) gefangen und lebe auf dem Land, wo es keine interessanten Anregungen für sie gebe. Vor diesem Hintergrund sorge sie sich permanent um sie und wolle weiterhin mit ihr in Kontakt bleiben. Deshalb fragte sie sich im Laufe unserer Gespräche, ob sie sich nicht zu weit von ihrer Mutter entferne, wenn sie ihren eigenen Weg ginge. Denn sie meinte, nicht nur den Auftrag von ihrer Mutter gehört zu haben: Geh und mach etwas aus dir!, sondern zugleich auch die Botschaft: Bleib hier und verlass mich nicht! Mit dem Status einer Langzeitstudentin hatte sie vorübergehend eine gute Lösung gefunden, langfristig aber – und deshalb suchte sie meine Beratung auf – war diese Lösung suboptimal für sie.

Nachdem wir dieses Motiv für das Hinauszögern ihres Studienabschlusses herausgearbeitet hatten, konnte Monika bewusster mit den widerstreitenden Anteilen in sich umgehen. Einen Abschluss konnte sie nunmehr ruhigen Gewissens machen, weil sie sich damit motivierte, dass sie diesen auch für ihre Mutter machte. Schließlich hatte ihre Mutter zu ihrer Zeit nicht studieren können. Auf diese Weise konnte Monika ihre loyale Seite zeigen *und* ihren eigenen Weg gehen. Regelmäßige Besuche – durchaus in großen Abständen – bei ihrer Mutter sorgten dann vollends für Frieden.

Die Kindheit und Jugend der Kriegsenkel – aufgewachsen in Friedenszeiten und Wohlstand

Das Aufwachsen der Kriegsenkel bei erschöpften und häufig schwer traumatisierten Eltern macht die eine Seite ihres Profils aus. Aber allein aus dieser spezifischen Familiendynamik heraus dieses Nicht-ankommen-Können der Kriegsenkel oder dieses Immer-wieder-neu-Anfangen erklären zu wollen, reicht meines Erachtens nicht aus. Diese besonderen Erfahrungen, die viele Kriegsenkel in ihren Familien machten, haben das Profil der Kriegsenkel-Generation zweifellos in beispielloser Weise geprägt. Die Epoche, der sie selbst ein ganz besonderes Gesicht verliehen haben, sollte aber gleichermaßen Berücksichtigung bei der Beschreibung der Kriegsenkel finden. Erst durch die Einbeziehung der von ihnen gestalteten Zeit werden wir Erklärungen dafür finden, wie sie geworden sind, wer sie sind. Zu fragen wäre, ob sowohl die Ruhe- und Rastlosigkeit als auch das Innehalten der Kriegsenkel etwas mit den Herausforderungen einer Gegenwart zu tun haben, in der die Einzelnen permanent aufgefordert sind, sich zu den vielfältigen gesellschaftlichen Optionen zu verhalten. Denn die Kriegsenkel wuchsen in eine offene, mobile Gesellschaft hinein, mit der Möglichkeit und der Aufforderung zugleich, sich immer wieder neu zu erfinden, wenn sie mit dem Wandel der Gesellschaft mithalten wollen. Darin liegen die Chance und zugleich das Dilemma.

Kriegsenkel erlebten ein Land, das sich seit 1945 sukzessive zu einer offenen, demokratischen Gesellschaft entwickelt hat, wenngleich viele der Alt-Nazis weiterhin politisch und gesellschaftlich bedeutende Ämter innehatten. Die Kriegsenkel-Generation begab sich mit einem unbeirrbaren Glauben an die Zukunft und dem Glauben an grenzenloses Wachstum auf ganz neue Wege. Oftmals befeuert von dem Auftrag der Eltern, »es einmal besser zu haben«, und zugleich auch mit dem Wissen, von ihnen in gewisser Weise auch die Basis dafür erhalten zu haben. Dank ihrer Wiederaufbauleistung konnten nämlich viele Kriegsenkel sich wiederum um andere Dinge kümmern als das reine Überleben. Sie haben es sich sogar leisten können, die Eltern für deren gesamtes materialistisches Streben zu verachten, deren Einbauküchen und Wandschränke zu verschmähen und es sich derweil auf Apfelsinenkisten und Sperrmüllmöbeln gemütlich zu machen. Sie erteilten dem »Materialismus« (sic!) der Eltern eine Absage. Viele haben studiert, was sie wollten. Nicht das, was ihnen das meiste Geld einbringen würde, sondern den größtmöglichen Sinn im Leben. Und so kam es zu Phänomenen wie dem, dass Arbeiterkinder sich mit Literaturwissenschaften, Kunst und Philosophie beschäftigten und in ganz neue Welten aufbrachen. Für die Entwicklung der jungen Bundesrepublik hin zu einer offenen und demokratischen Gesellschaft war das auch gut so.

Die Eltern der Kriegsenkel haben ein Leben aus dem Nichts aufgebaut

Es lohnt sich zu fragen, inwieweit die Elterngeneration es den Kriegsenkeln gewissermaßen nicht schon vorgemacht hat, wie man andere Wege beschreitet. Wie man sich in einem Leben zurechtfindet, das aus traditionalen Bindungen herausgelöst war, weil die Familien auseinandergerissen worden oder im Krieg geblieben waren. Viele Familien wurden darüber hinaus noch durch den Eisernen Vorhang getrennt oder flüchteten ein zweites Mal von Ost- nach Westdeutschland.

Gerade die Flüchtlinge haben vielfach ihr Leben aus dem Nichts aufbauen und sich aus einer nahezu aussichtslosen Situation von heute auf morgen neu erfinden müssen. Ist nicht auch das ein Erbe? Aber auch alle anderen, die aufgrund der Folgen des Nationalsozialismus keine Schulabschlüsse machen konnten und daher ihre beruflichen Karrieren anders gestaltet haben, sind auf ihre Art Vorbilder für die Kriegsenkel.

Beispielhaft sind die typischen Aufsteigerkarrieren in der Nachkriegszeit. Man konnte sich hocharbeiten, und viele waren flexibel und mobil genug und haben diese Chance ergriffen. War es nicht so, dass der Großteil der Kriegs- und Flüchtlingskinder in den 1960er-Jahren selbstverständlich über Arbeit und viele sogar schon wieder über Eigentum und ein Eigenheim verfügten? Zu Recht kann man behaupten, dass es die Kriegskinder waren, die zu einem Zeitpunkt, da es den Begriff einer mobilen Gesellschaft noch gar nicht gab, Fähigkeiten und Strategien entwickelten, um sich genau diesen Herausforderungen zu stellen. Und lässt sich nicht feststellen, dass die Nachkommen vor diesem Hintergrund eine Haltung entwickelt haben, die es ihnen ermöglicht hat, mit dem schnellen sozialen Wandel, der Ende der 1960er verstärkt einsetzte, und mit der daraus resultierenden Offenheit des Lebens umzugehen und zurechtzukommen?

Hier gilt es, noch einmal genauer zu recherchieren, um einen Einblick in den großen Erfahrungsschatz der Kriegs- und Flüchtlingskinder zu erhalten und um eine Ahnung von ihren Strategien zu bekommen, mit deren Hilfe sie die strapaziöse Nachkriegszeit bis in die 1960er-Jahre hinein nicht nur überstanden, sondern mitgestaltet haben. Was können wir von ihrer Ausdauer und Zähigkeit, von ihrer Schläue und Gewitztheit im Umgang mit den Herausforderungen ihres Alltags lernen? Dies gilt es, weiter zu erforschen, sowohl privat als auch öffentlich, denn die Kriegskinder-Eltern waren nicht nur Opfer, sondern verfügten über enorme

Ressourcen. An dieser Stelle möchte ich das Zitat noch einmal aufgreifen, das diesem Buch voransteht:

»Eine Gesellschaft, die diese Erinnerung nicht vereinzelt, sondern als große Erzählung quasi im kollektiven Bestand hat, erträgt Veränderungen (…) leichter, weil die Erfahrung des Neuen und des Anderen positiv wirkt.«[68]

Wir können uns auch anderen wertvollen Aspekten dieser Geschichte zuwenden und uns vergegenwärtigen, dass durch die Flucht von Millionen Menschen während und nach dem Zweiten Weltkrieg eine Art Kulturrevolution in Gang gesetzt worden ist, in der sich nicht nur große Menschenmassen von Osten nach Westen bewegt haben, sondern mit ihnen eben auch ihre Kultur, Bräuche und Rituale … So sind unter anderem Protestanten in katholische Gegenden verpflanzt worden und umgekehrt.[69]

Viele Kriegsenkel erkennen erst heute an, was ihre Eltern alles geleistet haben und inwiefern auch sie Wegbereiter und Gestalter dieser demokratischen Gesellschaft waren, in der wir heute leben. Lesen wir dazu einige Statements von Kriegsenkeln:

»Mein Vater ist ausgewandert und hat mir dadurch einen ganz besonderen Weg eröffnet. Für mich war es immer klar, dass ich auch einmal ins Ausland gehe. Das habe ich dann auch ein paar Jahre gemacht. Und auch heute zieht es mich immer noch raus.« (Ulrike)

»Meine Mutter hat uns ganz anders erzogen, als sie selbst erzogen wurde. Sie hat sehr unter ihrem autoritären und gewalttätigen Vater gelitten. Das wollte sie nicht an uns weitergeben. Und natürlich sollten wir alle etwas lernen, einen Beruf haben oder ein Studium absolvieren. Auch wir Mädchen. Da wurde kein Unterschied gemacht.« (Vera)

»Meine Mutter hat häufig, wenn sie Entscheidungen getroffen hat, gesagt: So schnell kann Heimat aufgegeben werden. Dieses Motto zog sich durch ihr ganzes Leben. Es konnte schnell ein Schlussstrich gezogen werden. Es wurde nach vorne geguckt. Man musste weiterkommen.« (Vera)

Zu fragen wäre also immer wieder, auf welchen Schultern die Nachkommen der Kriegskinder stehen. Die Kriegsenkel sind in eine Gesellschaft hineingewachsen, die auch von ihren Eltern mitgestaltet worden ist.

»Wir durften etwas aus unserem Leben machen!« (Hilde)

Ja, sie durften und sie mussten!

Aber das, was für die Mütter und Väter schon nicht mehr ganz so selbstverständlich war, war es für die Kriegsenkel sukzessive gar nicht mehr. Ende der 1960er-Jahre erlebt die Kriegsenkel-Generation eine neue Phase der Individualisierung der westdeutschen Gesellschaft. Mit Individualisierung ist der ebenso schmerzvolle wie freudvolle Prozess gemeint, in dem sich die Lebensläufe der Einzelnen aufzufächern beginnen und die Normalbiografie mit ihren drei klaren Phasen Kindheit, Erwachsensein und Alter nach und nach unscharf wird.

Möglich wurde diese Entwicklung unter anderem durch die Bildungsexpansion Ende der 1960er-/Anfang der 1970er-Jahre. Seitdem haben Kriegsenkel oftmals mehr als eine Ausbildung, mehr als ein Studium und unzählige Fortbildungen wahrgenommen. Zum ersten Mal konnte in der Bundesrepublik eine Generation unabhängig von ihrer sozialen Herkunft »etwas werden«. Sie gelangte in akademische Berufe und damit auch in andere soziale Schichten.

Mit den Kriegsenkeln halten Phänomene wie die Patchwork- oder Regenbogenfamilie oder auch die Alleinerziehenden zunehmend Einzug in die Bundesrepublik. Andererseits haben viele

Kriegsenkel gar keine Kinder. Sie kennen sich dafür in der ganzen Welt aus, denn die Kriegsenkel-Biografie ist stark von sozialer wie räumlicher Mobilität bestimmt.

Die Kriegsenkel-Generation ist es auch, die heute das Alter neu denkt und sich keineswegs zu einem vorbestimmten Zeitpunkt zur Ruhe setzen will. Viele können es vermutlich auch nicht. Kurzum: Das Leben der Kriegsenkel orientiert sich nicht mehr an tradierten gesellschaftlichen Erwartungen beziehungsweise an dem, was in bestimmten Phasen eines Lebens anstehen sollte.

Heute muss man nicht in einem bestimmten Lebensalter verheiratet sein. Genauso wenig wird gesellschaftlich erwartet, dass man nach einer abgeschlossenen Berufsausbildung aufhört, sich beruflich zu orientieren. Im Gegenteil: Die Einzelnen dürfen alles unabhängig vom Lebensalter oder unabhängig von Lebensphasen gestalten und müssen es zugleich sogar! Das heißt, Kriegsenkel sind in eine Gesellschaft hineingewachsen, in der jeder mehr und mehr sein eigener »Sinnkonstrukteur« ist.

Die Kriegsenkel nehmen diese neue gesellschaftliche Situation als große Chance wahr. Sie haben von Anfang an einen Lebensentwurf entwickelt, der mehr an dem Projekt der Selbstverwirklichung und eben nicht so sehr an der Erreichung gesellschaftlich vorgegebener Erwartungen orientiert ist. Ihnen stand die Gesellschaft seit den 1970er-Jahren in einer vorher nie gekannten Weise offen. Viele Kriegsenkel haben diese Entwicklung genutzt, um andere Wege einzuschlagen, und haben viel für ihre Sehnsucht nach einem sinnvollen Leben riskiert. Sie sind vom Land in die Großstädte gepilgert oder umgekehrt, immer auf der Suche nach alternativen Lebensmodellen. Oder sie haben sich gleich vom Elternhaus ins Ausland verabschiedet. Den Kriegsenkeln schien die Welt einfach offenzustehen.

Arbeitsmarkt und die Alternativbewegung

Die Entwicklung neuer Lebensmodelle, die von den Kriegsenkeln maßgeblich vorangetrieben wurde, ging Hand in Hand mit einem Arbeitsmarktgeschehen, das immer mehr Flexibilität und den »strategisch handelnden Akteur«[70] einforderte. Diese Generation hat ganze Landschaften von neuen Formen des Zusammenlebens und Zusammenarbeitens erschaffen. Im Rahmen der »Alternativbewegung«[71] gründete sie Kooperativen und Wohngemeinschaften. Sie setzte das Zusammenleben ohne Trauschein peu à peu in der gesamten Gesellschaft durch, schuf Frauenzentren und führte die Gender-Studies an den Unis ein. Und sie entdeckte den Umweltschutz. Dazu heißt es lakonisch von einer Kriegsenkelin: »In meinem Leben gab es schon immer den sauren Regen.«

Das Zusammenspiel zwischen den neuen Anforderungen auf dem Arbeitsmarkt seit den 1970er-Jahren und der Öffnung der bundesrepublikanischen Gesellschaft in Richtung »Mehr Demokratie wagen!« sowie der Aufträge aus der Herkunftsfamilie – »Ihr sollt es einmal besser haben!« – ließ die Kriegsenkel immer mehr ihrer Neugier und Sehnsucht nach einem anderen Leben folgen.

Mit dieser Haltung liefen die Kriegsenkel nicht Gefahr, sich den Anforderungen der Wirtschaft willenlos auszusetzen und der Forderung nach einer umfassenden Flexibilität sowie jener, dem Arbeitsmarkt gänzlich zur Verfügung zu stehen, bedenkenlos nachzukommen.

»Vorerst schienen sie zu den Gewinnern der Gesellschaft zu gehören, aber schon Ende der 1970er-Jahre klaffte die Schere zwischen den gut ausgebildeten Jahrgängen und der Aufnahmekapazität des Arbeitsmarktes immer weiter auseinander. In der Jugendforschung beginnt man in dieser Zeit von einer Generation ›zwischen den Stühlen‹ zu sprechen.«[72] Gut ausgebildet schienen sie nun gar vor »besetzten Stühlen« zu stehen. Der Taxifahrer mit akademischem Abschluss galt damals als Sinnbild dieser Generation.

Diejenigen aber, die das Bild dieser Generation geprägt haben – und das Profil einer Generation wird immer nur von einem Teil der Generation bestimmt[73] –, fanden sich in dieser Beschreibung überhaupt nicht wieder. Weder hatten sie vor, den Gang durch die Institutionen anzutreten, wie es die Vorgängergeneration – die 68er – getan hatte, noch strebten sie nach einem »9 to 5«-Job beziehungsweise nach einem traditionellen Berufsleben.

Ihr Slogan »Das Private ist politisch!« sah vor, die bis dahin weit auseinanderdriftenden Lebensbereiche – hier das Privatleben und dort das Arbeits- und öffentliche Leben – zusammenzubringen. Selbstverwirklichung war das Stichwort. Dem Primat der Arbeit wurde die Forderung nach einer Vereinbarkeit von Arbeits- und Privatleben entgegengestellt. Die Selbstverwirklichung sollte nicht mehr nur in der Freizeit stattfinden, sondern alle Lebensbereiche durchdringen. Kriegsenkel wollten das Leben nicht bis zur Rente aufsparen. Die Arbeit sollte Sinn ergeben und Freude bereiten. Darin bestand das Konzept der Kriegsenkel, das seinen Ausdruck schließlich in der Alternativbewegung[74] fand.

Sie wollten die Gesellschaft grundlegend verändern, indem sie sich selbst veränderten und sich selbst dabei endlich in den Fokus stellten. Hier werden Motive sichtbar, die etwas mit ihrem Aufwachsen bei traumatisierten Eltern zu tun haben könnten. Sich selbst in den Fokus stellen, die eigenen Bedürfnisse ernst nehmen, endlich mit sich selbst empathisch sein! Das waren die neuen Maßstäbe. Die Arbeit mit neuen Werten *und* neuem Sinn versehen und mit dem privaten Leben verbinden.

Die Alternativen – die Nachkommen der Kriegskinder – die Kriegsenkel

Dieses Engagement vor dem Hintergrund ihres Aufwachsens mit den von NS, Krieg und Flucht gezeichneten Eltern zu betrachten stellt die verschiedenen Forderungen, Ansprüche, Erwartungen an ein Leben der Alternativbewegung noch einmal in ein ganz anderes Licht.

Nachdem sie lange oder immerzu ihre eigenen Bedürfnisse in der Familie mit ihren traumatisierten Eltern zurückgestellt hatten, unternahmen sie in den 1970er- und 1980er-Jahren den Versuch, sich und ihre Wünsche nach einem besseren Leben ernst zu nehmen und sich endlich selbst in den Mittelpunkt zu stellen. Das hat ihnen damals eine äußerst schlechte Presse eingebracht. Sie hatten den Ruf, »Ich-linge«[75] zu sein. Und in der Tat gab es eine sehr entwickelte »Betroffenheitskultur«, in der sich alles um »Ich, Ich, Ich« drehte. In Bezug auf nahezu jedes Thema und jede Frage wurde eine Politik in der ersten Person betrieben, mit anderen Worten: Was hat das mit mir zu tun?

Niemand schien so recht zu begreifen, was diese Generation eigentlich bewegte. In den Jugendstudien, die von älteren Jahrgängen, häufig aus der Kriegskinder-Generation und den 68ern zugehörig, verfasst wurden, wurde die Politik in der ersten Person beziehungsweise diese Haltung nicht verstanden.

Man meinte, weil die Kriegsenkel im Wohlstand aufgewachsen seien, könnte man ihnen nichts zutrauen. Dabei finde ich die Verknüpfung, im Wohlstand aufgewachsen zu sein und deshalb nichts zu taugen, doch äußerst kritisch. Wurde hier die alte, zweifelhafte Messlatte »Krieg« an die nachfolgende Generation gelegt? Konnte man nur durch Kriegserfahrungen zu jemandem werden, dem man etwas zutraute?

Fakt ist, dass niemand so recht etwas mit diesem »Neuen Sozialisationstyp«[76], von dem in den Studien gesprochen wurde, anzufangen wusste. In der Psychologie wurde dieser Typ als »oral regressiv« und »passiv aggressiv fordernd« und als »narzisstisch« beschrieben[77] und damit pathologisiert.

Auch andere Jugendforscher konstatierten etwas ratlos, dass offenbar ein Teil dieser Generation »den vollendeten Aufbau der BRD und die damit verbundenen leitenden Orientierungen nicht akzeptiert« habe.[78] Die Lebens- und Zukunftsplanung der Kriegsenkel hatte vor allem etwas mit dem »Erfahren über sich selbst, mit neuen Formen des Miteinanders« zu tun.[79] Sie strebten »Solidarität statt Konkurrenz an, Gleichberechtigung statt Hierarchie, freudig getane Arbeit statt fremdbestimmter Leistung«.[80] Hier ist die Utopie von einem selbstbestimmten Leben entstanden oder, wie Jürgen Habermas es ausdrückte, eine »Neuformulierung der Grammatik von Lebensformen«.[81] Ein Versuch, einen sozialen Rahmen zu schaffen, in dem die »neuen« Menschen leben und sich verwirklichen können.

Der Betroffenheitsdiskurs der 1970er- und 1980er-Jahre, in dem gesellschaftliche Modelle, Lebensentwürfe etc. zunächst auf das eigene Wohlergehen und auf die eigene Befindlichkeit hin also im wahrsten Sinne des Wortes auf Herz und Nieren überprüft wurden, hat großes Unverständnis und viel Befremden bei den vorangegangenen Generationen ausgelöst und wurde als bloße Nabelschau abgetan, die zu nichts führe. Diese Generation hat aber dennoch neue Impulse gesetzt und Lebensmodelle entworfen, in der die Einzelnen – das Individuum – wieder vorkamen. Und vieles, was damals in den 1970er- und 1980er-Jahren angedacht und ausprobiert worden ist, hat mittlerweile die Führungsetagen unserer Gesellschaft erreicht und die dort Verantwortlichen zum Nachdenken gebracht. Wer heute nicht den »ganzen Menschen« in Bezug auf die Mitarbeiterführung zumindest mitdenkt, hat bei der Generation Y, den Kindern der Kriegsenkel, die heute auf den Arbeitsmarkt drängt, kaum eine Chance. Den ganzen Menschen im Arbeitsprozess zu berücksichtigen kann heute nicht mit einem »Incentive«, mit einer Vergünstigung oder einer Belohnung, abgetan werden. Es erfordert vielmehr eine besondere Haltung. Das ist das Verdienst der Generation Golf, der Generation X beziehungsweise der Generation der Kriegsenkel. Sie haben sich selbst zum Nabel der Welt gemacht und von hier – vom eigenen Leib aus – die Welt betrachtet und neue Modelle des Zusammenlebens und -arbeitens entwickelt. Die Frage »Was macht das alles mit mir/mit uns?« stand über allem. Sie wollten einfach nicht mehr von ihren eigenen Bedürfnissen absehen, dem, was sie in ihren Familien lange Zeit vielfach erlebt hatten. Diskutiert haben sie auch, dass die Haltung, von sich selbst abzusehen, von den eigenen elementaren Bedürfnissen, bei den vorhergehenden Generationen zu jenem Kadavergehorsam geführt haben mochte, der diese schreckliche NS-Herrschaft und den Krieg überhaupt ermöglicht hatte. Nicht von ungefähr hatte die Kriegsdienstverweigerungs-Bewegung in den 1970er-Jahren ihren Höhepunkt. 1977 war die Anerkennung der Kriegsdienstverweigerer nur noch vom Zustandekommen eines Zivildienstvertrages abhängig.

Die »Neuformulierung der Grammatik von Lebensformen« (Habermas)

Kriegsenkel haben damit der Gesellschaft, in die sie hineinwuchsen, ein ganz neues Gesicht gegeben. Den Kriegsenkeln ging es darum, nicht einfach so weiterzumachen wie die Generationen vor ihnen. Für sie hatten nicht-materielle Werte Vorrang vor denen einer typischen Leistungsgesellschaft, weshalb sie den in den 1960er-Jahren beginnenden Wertewandel mit vorangetrieben haben. Sie waren einfach auf der Suche nach dem Sinn des Ganzen.

Aus dieser Utopie, die viele der Kriegsenkel in ihrer Jugend und ihrem jungen Erwachsenenalter mit ausformuliert haben, speist sich meines Erachtens die bis heute anhaltende Suche nach einer anderen Arbeit und einer anderen Beziehung, nach einem anderen Leben schlechthin. Diese Suche wird häufig als »Immer-noch-auf-der-Flucht-sein« missverstanden, denn für viele stellt sich immer wieder die Frage: Versuche ich noch etwas anderes?

»Es gibt eine aktuelle – nicht neue, aber aufgrund meines Lebensalters: Ich werde 50 – nun nur noch mehr sich zuspitzende The-

matik«, heißt es in einer E-Mail an mich von Carsten, »die mit meiner beruflichen Situation – versuche ich noch etwas anderes? – und dem davon nicht trennbaren komplizierten Lebensstil zu tun hat.«[82]

Die neue Unübersichtlichkeit

Der mit der Bildungsreform Ende der 1960er-Jahre einsetzende Individualisierungsschub schaffte auch eine »neue Unübersichtlichkeit«.[83] Einer großen Optionsvielfalt, aus der man ganz unterschiedliche Wege und gesellschaftliche Angebote wählen kann, sind normative Sinnstrukturen, an denen man sich eindeutig orientieren konnte, mehr und mehr gewichen. Wie an anderer Stelle schon gesagt, sind seitdem die Einzelnen gefordert, sich wieder und wieder neu zu erfinden. Somit erfahren nicht nur sie selbst und ihr eigenes Leben immer wieder große Veränderungen, sondern auch ihr gesamtes soziales Umfeld sowie überhaupt die Gesellschaft, in der sie leben. An die Einzelnen werden in diesem Zuge neue Anforderungen gestellt: stetig große Anpassungsleistungen, das heißt Flexibilität und Mobilität, zu zeigen und die Bereitschaft zum lebenslangen Lernen aufzubringen. Dass dies kein einfacher Prozess ist, wird an folgendem Zitat einer Kriegsenkelin deutlich:

»Ich habe manchmal den Eindruck, den Sinn des Lebens täglich neu, sozusagen mit dem morgendlichen Gang zum Bäcker, einholen zu müssen.« (Vera)

Und so hängt an ihrem Aufbruch eben auch ein Preisschild. Schauen wir uns doch einmal eine typische Kriegsenkel-Geschichte mit ihren besonderen Höhen und Tiefen an.

Die Geschichte von Carsten

»Mein Vater hätte es gut gefunden, wenn ich Jura studiert hätte, da er das gerne selber getan hätte. Aber er sollte einen ganz bodenständigen Beruf erlernen, so wie mein Breslauer Opa, ein Großhandelsvertreter vor und nach dem Krieg sowie der Vertreibung. Mein Vater machte also die mittlere Reife und wurde zunächst Industriekaufmann, schnell wechselte er aber, heute würde man vielleicht sagen als Quereinsteiger, und obwohl er da noch jung an Jahren war, in den Stand eines Berufssoldaten, um eine Offizierslaufbahn einzuschlagen und Karriere zu machen. Viele Versetzungen, Orts- und Schulwechsel der Ein-Kind-Familie würden dieser frühen Lebensentscheidung einmal geschuldet sein.

An der Universität trat ich das Studium geisteswissenschaftlicher Fächer an. Ich wechselte nach dem Grundstudium die Universität, um schließlich eine Direktpromotion bei meinem dortigen Lieblingsprofessor zu beginnen. Meine Eltern waren zunächst erfreut über diesen Umstand, da mein Studium auf einen auch ihren Vorstellungen von einer ordentlichen Lebensplanung entsprechenden und also positiv zu bewertenden Abschluss zuzulaufen schien. Auch hatte ich eine Jahr für Jahr verlängerte, leider nur halbe wissenschaftliche Hilfskraftstelle an einer der Universität angeschlossenen renommierten Forschungsstelle, wo die Schriften und Briefwechsel eines als besonders schwierig geltenden Philosophen ediert wurden. Ich war hier in einem fachlich interessanten und philologischen Umfeld, aber auch im Elfenbeinturm gelandet, wo mir doch vorübergehend eine geistige und teils soziale Heimat zuteilwerden sollte.

Aber mein Promovieren dauerte länger und länger, ohne dass ich schließlich beantworten konnte, wann ich denn endlich so weit wäre, abgeben zu können. Mein Vater, der mich finanziell noch intensiv unterstützte, fühlte sich möglicherweise in seiner alten Angst bestätigt, der Sohn könne doch noch Langzeitstudent werden und doch nicht die Kurve kriegen. Eigentlich hatte er nämlich seit meinem ersten Semester angefragt, wann ich denn fertig würde. Mal musste ich mir auch anhören, mein Studium hätte schon 100 000 Mark gekostet und man müsste sich sehr einschränken meinetwegen, was ich fürchterlich fand, zumal ich keine Geschwister hatte, für die sie aufzukommen hatten. Außerdem verdiente ich mir doch an dem besagten Institut etwas dazu.

Meine Mutter ihrerseits war mir gegenüber übrigens immer sehr großzügig gewesen und steckte mir von sich aus größere Geldbeträge zu, einfach so und zusätzlich. Das muss ich wirklich sagen. Sie war immer in allem Möglichen in Sorge um mich, natürlich besonders in dem Punkt, was denn bei meiner brotlosen Kunst aus mir werden sollte, ob mit oder ohne Doktortitel. Ihre Vorbehalte wies ich empört zurück, sie schienen mir Ausdruck kleinbürgerlicher Ängstlichkeit zu sein. Es würde sich mindestens ein Fachverlag finden, der mich als Lektor anstellte.

Philosophie fand meine Mutter weltfremd und schimpfte gleichsam auf ihre Existenz als solche, was mich wieder eher amüsierte, da es doch nicht ernst zu nehmen war. Es machte ihr etwas aus, mein Lieblingsfach ihren Bekannten gegenüber überhaupt zu erwähnen. Sie schämte sich anscheinend für ihren Sohn.

Nach über fünf Jahren Promotionsstudiengang ohne Netz und doppelten Boden und ohne eine zeitlich konkrete Perspektive für den Studienabschluss bekam ich mehr und mehr ein schlechtes Gewissen; hinzu kam Panik wegen meines Lebensunterhalts. Ich nahm zusätzlich Studentenjobs an und geriet in einen Teufelskreis mit meinem Zeitmanagement. Es war nicht mehr alles unter einen Hut zu bekommen. Durch einen Zufall landete ich über die Akademiker-Jobbörse des Arbeitsamtes schließlich als ungelernte Kraft in der Computerbranche, wo ich wegen meines besonderen Engagements einen zweijährigen Fulltime-Job als Netzwerkadministrator ausüben durfte; während dieser Zeit war ich aber immer noch an der Universität eingeschrieben.

Nach meiner nur halbwegs freiwilligen Exmatrikulation gelang es mir dann, bei einer Umschulung zum SAP-Berater geför-

dert zu werden. Ich fand anschließend umgehend einen attraktiveren Job in einem großen IT-Dienstleistungsunternehmen. Meine Eltern waren über diesen recht späten Quereinstieg glücklich. Von meiner eigentlichen intellektuellen Heimat bin ich aber total abgeschnitten, worunter ich bis heute sehr leide.

Vor zwei Jahren habe ich mir von einem Tag auf den anderen einen schwergradigen und lauten Tinnitus zugezogen. Ich frage mich oft, ob dieser nur vom Tagesstress in meinem sehr schnelllebigen und technisch anspruchsvollen Job herrührt. Nach 15-jähriger Mitarbeit in meiner Firma plant diese neuerdings zudem das Outsourcing meines Arbeitsplatzes. Ich bin jetzt 52 Jahre alt und mache mir große Sorgen um meine berufliche Zukunft.« (Carsten)

Hier sehen wir, wie mutig jemand seinen Interessen gefolgt ist und sich dabei sehr weit hinausgelehnt hat: Er, der nicht aus einem Akademikerhaushalt kommt, begibt sich ohne Netz und doppelten Boden in ein Studium, dessen Tragweite so recht niemand ermessen kann – weder er noch seine Eltern. Indem Carsten seinen Weg so gewählt hat, hat er sich von seiner Familie entfernt, aber nicht im gleichen Zuge eine neue Heimat gefunden. Verunsichert durch die Dauer dieses besonderen Studiums und seine Eltern, suchte er sich notgedrungen ein ganz anderes Terrain, in dem er schließlich Arbeit, aber keine neue Heimat beziehungsweise Beheimatung fand. Carsten hat sein Herz damals an die Philosophie verloren, und nach diesen Zeiten sehnt er sich zurück.

Was diese Geschichte auch erzählt, ist, dass die Kriegsenkel einer großen Freiheit ausgesetzt sind, die sowohl gestaltet werden kann als auch gestaltet werden muss. Indem sie den Schritt in die für weite Teile der Bevölkerung geöffneten Bildungseinrichtungen wagten und neugierig den damit verbundenen neuen Aufstiegsmöglichkeiten in den 1970er-Jahren nachgingen, entfernten sie sich fast unweigerlich nicht nur unwiederbringlich von ihrer Herkunftsfamilie, sondern auch von ihrem einstigen vertrauten Milieu und landeten in einem »Dazwischen«. Das Resultat war häufig, dass sie mit zunehmender Distanz zum Elternhaus und zunehmender Nähe zum neuen Milieu weder in ihren Herkunftsfamilien noch in den neuen Milieus als »einer von ihnen« erkannt werden.

So gerät diese neue Freiheit in den letzten Jahren zunehmend in Misskredit: Von vielen wird sie als eine »Freiheit von etwas« erlebt, womit der Verlust traditionaler Eingebundenheit einerseits und das Nicht-Ankommen im neuen Milieu gemeint ist. In ein unvertrautes Milieu hineinzuwachsen dauert oft lange, wenn nicht sogar mehrere Generationen lang. Zwar können Rollenverhalten und Stil des neuen Milieus erlernt werden, dennoch scheint der Wechsel in dieses mit einer großen Verunsicherung für die Einzelnen einherzugehen.

Das Gefühl des Ungenügens, das viele Kriegsenkel von ihrer Rolle in ihrer Herkunftsfamilie her kennen, tritt häufig auch im neuen sozialen Milieu wieder auf. Und dennoch ist nicht die Frage, ob sie diese neuen Terrains fachlich kompetent bespielen können, sondern vielmehr, ob sie sich selbst als zugehörig erleben und von anderen so wahrgenommen werden.

»Dass ich an der Hochschule tätig bin, das ist reiner Zufall. Ich gehöre eigentlich gar nicht hierher. Ich bin auf der Straße groß geworden. Meine Mutter war psychisch krank. Sie war immer wieder in psychiatrischer Behandlung. Und mein Vater war völlig hilflos. Ich habe die Identität eines Schmuddelkindes, mit dem keiner spielen sollte. Lange Zeit war die Angst da, wenn ich mit Kollegen zusammensaß, dass jemand aufsteht und mir sagt, dass ich hier nichts verloren habe. Für den weiteren beruflichen Aufstieg fehlt mir der nötige Stallgeruch.«(Brigitte)

So wie hier dargestellt, sieht es für viele Kriegsenkel in beruflicher Hinsicht aus. Des Weiteren äußern viele die Angst, »von den eigenen Leuten« – der Familie – nicht als eine von ihnen erkannt zu werden. Diese Angst ist auch ein Motiv, weshalb viele Kriegsenkel sich zurückhalten, erfolgreich zu sein.

»Ich wusste lange nicht, ob so ein Schlips- und Kragentyp bei meiner Familie überhaupt ankommt. Erst als mir mein Vater einmal nebenbei sagte, dass er auch stolz ist auf das, was ich geschafft habe, war ich sicher, irgendwie doch das Richtige gemacht zu haben. Er musste noch schwer körperlich arbeiten. Ich konnte schon vom Schreibtisch aus mein Geld verdienen. Das hat ihm imponiert.« (Werner)

Vor dem Hintergrund, dass viele eine bis dahin selbstverständliche Rückbindung an die Familie *und* an ihr vertrautes Milieu verloren haben, müssen wir uns fragen:

Woran orientieren die Einzelnen sich?

Wie erleben die Einzelnen das langsame Verschwinden eines traditionellen, haltgebenden Rahmens und die damit verbundenen (Sinn-)Strukturen, Rollenmuster und Rituale? Woran orientieren sich die Einzelnen, wenn die sogenannte Normalbiografie sich mit ihren orientierungsgebenden Phasen immer mehr auflöst? Woran orientieren sie sich, wenn alles möglich scheint? Schafft diese Entwicklung der Gesellschaft, die – wie wir gesehen haben – auch maßgeblich von den Kriegsenkeln mitgeprägt worden ist, nicht auch eine neue Unübersichtlichkeit und neue Unsicherheiten? Eine gewisse Orientierungslosigkeit? Schauen wir uns einmal an, was eine Kriegsenkelin dazu zu sagen hat.

Die Suche nach dem eigenen Platz

»In den letzten acht Jahren habe ich drei verschiedene Jobs gehabt und zwei jeweils einjährige berufsbegleitende Fortbildungen abgeschlossen – alles fast immer mit dem Gefühl, am falschen Platz und völlig erschöpft zu sein. Im Privatleben fühle ich mich auch

so. Ende August dieses Jahres habe ich meine letzte Stelle nach zweieinhalb Jahren vorzeitig gekündigt. Trotz guter Bezahlung und sehr guter Rückmeldungen war ich dort die ganze Zeit wie im falschen Film, war nur müde und hatte massive gesundheitliche Beschwerden. Schon im Vorstellungsgespräch hatte ich den Eindruck, dass dieser Job nicht der richtige für mich ist, und habe dennoch so lange durchgehalten. Jetzt bin ich nur froh, frei zu sein, und möchte so wie bisher nicht weitermachen. Die Frage, die mich beschäftigt, ist: Wo wäre ich denn am richtigen Platz, was ist mein eigener Weg?« (Hanna)[84]

Zunächst lässt sich an dieser Beschreibung etwas sehr Typisches für die Kriegsenkel-Generation erkennen: erstens die hohe soziale Mobilität – drei Jobs in acht Jahren – und zweitens die hohe fachliche Qualifikation, die Kriegsenkel ebenso auszeichnet; hier zu sehen an den beiden einjährigen Fortbildungen innerhalb von zwei Jahren. Exemplarisch wird hier gezeigt, dass Kriegsenkel sich durch die Kraft auszeichnen, immer wieder neu anfangen zu können. Das wird durchaus als anstrengend und nicht gerade als einfach empfunden. Sie kommen letztlich eher nicht in den Status, Arbeitserfolge zu genießen oder sich eine gute Rente zu erwirtschaften, sie prellen sich stattdessen in gewisser Weise sogar immer wieder um die Ernte ihres häufig starken beruflichen Engagements. Aber darum scheint es ihnen nicht zu gehen. Hanna war vielmehr froh, endlich wieder frei zu sein.[85]

Bei all den Angeboten einerseits und den Unsicherheiten andererseits scheinen sich die Kriegsenkel an ihrem einstigen Konzept bis heute zu orientieren: die Suche nach dem eigenen Platz. Diese Suche ist es, die sie nicht rasten und immer wieder aufbrechen lässt. Deshalb steigen sie aus ihren häufig gut bezahlten Jobs aus und halten alles immer wieder an, um zu reflektieren, wo sie stehen und was sie wirklich wollen, so als ob ein innerer Kompass sie zielsicher dahin führen würde. Lässt sich hier eine Strategie der Kriegsenkel erkennen, mit deren Hilfe sie sowohl mit sich selbst – also den eigenen Ansprüchen an das Leben – als auch mit ihrem besonderen Erbe und den Anforderungen der Gesellschaft umgehen? Finden sie Halt und Orientierung in den Phasen des Stillstands?

Stop & Grow – eine Strategie der Kriegsenkel, eine Balance in ihr Leben zu bringen? [86]

Aufgrund meiner Erfahrungen in den Beratungsprozessen mit Kriegsenkeln kann ich sagen, dass die Einzelnen sich in diesen STOP-Phasen sowohl von den eigenen Ansprüchen, aber auch von den imperativen Ansprüchen einer Gesellschaft erholen, die sie permanent auffordert, sich selbst zu optimieren. Sie schaffen sich Freiräume gegenüber den Ansprüchen dieser Gesellschaft mit ihren zahlreichen Optionen und gegenüber den eigenen hohen Ansprüchen an sich selbst. Sie orientieren sich in diesen Phasen des Stillstands neu, an ihren eigenen Bedürfnissen und Wünschen, an ihren Werten und ihren eigenen Vorstellungen vom Leben. Sie halten an, um zu wachsen und um sich selbst endlich in den Blick zu nehmen. Deswegen spreche ich von einem Stop & Grow. Wie wir an den folgenden Beispielen sehen werden, lässt sich dieses Hin- und Herpendeln zwischen Rastlosigkeit und Stillstand der Kriegsenkel auch als Strategie verstehen, mit den eigenen Wünschen an das Leben, mit ihrem besonderen Erbe und mit den Möglichkeiten und Anforderungen einer offenen Gesellschaft zurechtzukommen. Vielleicht finden wir gerade darin das Potenzial der Kriegsenkel: in der Suche nach dem authentischen Leben. Damit wären sie dann in gewisser Weise in Sicherheit vor dem allzu rabiaten Zugriff einer neoliberalistischen Gesellschaft, denn, wie Hartmut Rosa sagt, lässt »das feine Gefühl des authentischen Lebens ... sich gerade nicht instrumentalisieren ... wie so vieles andere in der Welt. Zum Glück.« Und wie er hinzufügt: »Hier kann ich ganz sein, wie ich bin.«[87]

Da die Suche nach dem einzigartigen Ort, der ihren Wünschen

nach einem ganzheitlichen Leben entspricht, sich nicht immer einfach gestaltet, kommen viele Kriegsenkel mit diesem Anliegen in meine psychotherapeutische Praxis. Häufig ist es nicht so evident zu sehen, worin ihr Anliegen genau besteht. An den folgenden Beispielen lässt sich erkennen, wie sich die Suche gestaltet.

***Stefan** – heute Anfang 50 – kam in meine Praxis mit dem Wunsch, sein Zeitmanagement zu optimieren. Nachdem er vor zwei Jahren beruflich noch einmal ganz neu gestartet ist, kann er heute stolz sagen, dass er in einem Beruf arbeitet, den er sich immer gewünscht hat. Es ist sein lang ersehnter Traumjob! Nur mit dem Verdienst hapert es noch, er könne sich gerade so über Wasser halten. »Irritierend ist es«, so Stefan, »dass ich trotzdem hin und wieder Aufträge ablehne. Manchmal vergesse ich auch, Rechnungen zu stellen.« Nur durch die finanzielle Unterstützung seiner Mutter könne er seine Existenz bestreiten, meinte er. Sie überlässt ihm regelmäßig eine kleine Summe.*[88]

***Jutta** wiederum – heute Ende 40 – verabschiedete sich schon vor Jahren aus einem langjährigen, äußerst herausfordernden Berufsleben. Eine 60-Stunden-Woche sei in dem großen amerikanischen Unternehmen, für das sie in der ganzen Welt unterwegs war, normal gewesen. Auf diese Zeit in Amerika folgte eine lange Zeit nichts, außer Burn-out und Depressionen. Heute ist sie dabei, sich beruflich mit eigenem Business selbstständig zu machen, und zwar mit Entschleunigungskonzepten für Menschen, wie sie es einmal war, die in der Rushhour ihres Lebens in der Welt herumrasen. Nach jedem Schritt aber, ihr Business mehr und mehr zu etablieren, hält sie inne und legt immer wieder lange Pausen ein. Dieses Zögern und Innehalten verstehe sie nicht. Das war der Grund, meine Beratung aufzusuchen. Sie habe den Eindruck, »jemanden um Erlaubnis bitten zu müssen, um die Erlaubnis, ihren eigenen Weg gehen zu dürfen«.*[89]

Ursula, 55 Jahre alt, kommt mit ähnlichen Fragen in meine Praxis. Sie hat sich einst neugierig und mit Leichtigkeit vom Land in die Großstadt aufgemacht, um dann zielstrebig – aus einer Arbeiterfamilie kommend – eine wissenschaftliche Karriere anzusteuern und zu promovieren. Sie lernte einen Mann kennen und bekam ein Kind von ihm. Auch ihr Leben geriet schließlich ins Stocken. »Weder habe ich meine wissenschaftliche Karriere so vorantreiben können, wie ich es mir gewünscht habe, noch hatte ich Glück in meiner Partnerschaft zu dem Vater meines Kindes.« Auch sie sieht sich genötigt, immer wieder auf die finanzielle Unterstützung von »zu Hause« zurückzugreifen. Mit der Beziehung zu besagtem Mann hatte sie versucht, noch ein zweites Paket zu schultern, wie schließlich in unseren Gesprächen deutlich wurde. Sie ist eine Partnerschaft zu einem Israeli eingegangen, dessen Vorfahren vor den Nazis geflohen waren.[90]

Es ist ein weitverbreitetes Thema unter Kriegsenkeln, auf diese Weise die deutsche Schuld wiedergutzumachen. Auch das ist ein Teil des Erbes dieser Generation. Viele haben diesen besonderen Auftrag in ihrem biografischen Gepäck, die Beziehungen zwischen den Opfern und dem Täterland zu befrieden.

Ursula stellte in diesem Zusammenhang fest, dass niemand nachvollziehen konnte, warum sie diesen Weg gegangen sei und was sie motiviert habe, sich sowohl räumlich als auch geistig so weit vom Elternhaus zu entfernen, und das sowohl auf privater als auch auf beruflicher Ebene.

Wie viele der Kriegsenkel fragte sie sich: »Darf ich erfolgreich und zufrieden sein, wo es doch meine Eltern nicht waren?«[91]

***Ludwig** (45 Jahre) suchte meine Beratung mit dem sehnlichen Wunsch auf, endlich »anzukommen« und seinen Platz im Leben zu finden. Zunächst habe er sich lange in dem großen Betrieb seiner Eltern verdient gemacht. Er wollte diesen von seinem Vater aufgebauten Betrieb lange Zeit auch übernehmen, bis er von den* *schmerzlichen Auseinandersetzungen mit seinem Vater genug hatte. »Nie konnte ich vor ihm bestehen. Nie hat es gereicht, was ich auch unternommen habe. Für ihn war ich ein Loser.« Er sei dann viele Jahre ins Ausland gegangen. Regelrecht geflohen sei er, abgetaucht und habe sich unsichtbar gemacht. Nun wolle er versuchen, in diesem Land zu leben und sich eine neue Existenz aufzubauen mit einem regelmäßigen und zuverlässigen Einkommen. Ludwig suchte das Gespräch mit mir, weil er Möglichkeiten finden wollte, für sich selbst auch zuverlässiger zu werden. Denn auch er rutschte aus unerklärlichen Gründen zwischenzeitlich immer wieder unter das Existenzminimum, dann tauchte er ab und wurde für sein Umfeld unsichtbar. In unseren Gesprächen fragte ich ihn, was wäre, wenn er sichtbar sein würde?*

***Paula** stellte sich selbst die Diagnose, als sie in meine Praxis kam: »Ich habe Prokrastination«, sagte sie. Mit dem lateinischen Ausdruck für »Aufschieberitis« drückte sie vornehm aus, was sie schon seit längerer Zeit quälte. Sie schilderte ein wenig müde und ohne jegliche Hoffnung, dass ihr der Job einfach über den Kopf wachse. Sie bekomme nicht mehr die einfachsten Sachen geregelt. Sie würde alles nur noch vor sich herschieben. Aber es reichte die Frage, was sie denn lieber machen würde als das, was sie jetzt gerade tat, um eine lebhafte und wache Frau von Ende 30 zu erleben. Sofort war klar, dass sie am liebsten ihren Job wechseln und in einen ganz anderen Bereich gehen würde. Eigentlich habe sie von Anfang an gewusst, dass sie in dem anderen Beruf besser aufgehoben gewesen wäre. Ich fragte sie, weshalb sie trotzdem in diesem ungeliebten Job verharre. Die Antwort war eindeutig: Sie fühle sich ihren Eltern verpflichtet, meinte sie, »die haben doch alles für mich getan«.*[92]

Diese Art Geschichten sind es, mit denen die Kriegsenkel sich auseinandersetzen. Aus großer Loyalität mit dem Leid ihrer Eltern wagen sie es häufig nicht, ihren eigenen Weg zu gehen, beziehungsweise schlagen sie die Angebote der Vielfaltsgesellschaft aus. Aber eben auch, weil diese Jobs sie nicht erfüllen oder sie vollends erschöpft haben.

Die Geschichte von Stefan

Schauen wir uns noch einmal die Geschichte von Stefan etwas genauer an, der in seinem Traumjob angekommen ist und der dennoch immer wieder seine weitere berufliche Entfaltung bremst oder sie scheinbar nur wohldosiert zulassen kann. Zeitweilig bringt er sie sogar ganz zum Stillstand. Die Motive für sein Handeln sind ihm nicht klar. Er sieht in seinem Verhalten keinen Sinn und leidet unter dieser Situation.

Auch von Stefans Herkunftsfamilie haben wir ein Genogramm angefertigt. Neben den vielen anderen Geschichten seiner Familie ist für Stefan die leidvolle Geschichte seiner Mutter ganz besonders bedeutsam. Sie musste mit ihren Eltern aus Pommern flüchten, als sie 16 Jahre alt war. Von heute auf morgen habe sie alles zurücklassen müssen: die Freunde, das Zuhause, den Wohlstand. Diese Flucht habe sie traumatisiert. Er erzählt, dass er sie wie innerlich erstarrt wahrgenommen habe und wie jemanden, der »für immer 16 Jahre alt geblieben« sei. Für ihn sei sie nicht erreichbar gewesen. Alles habe sich um sie gedreht. »Ich war eigentlich nicht da.« Seine Bedürfnisse als Kind kenne er nicht, sein Wunsch nach Nähe habe sich nie erfüllt, dass er ein Mann ist, damit habe sie immer gehadert. Während unserer Gespräche kam sehr viel Bitterkeit und Wut auf. Verständnislos schüttelte er immer wieder den Kopf. Für ihn war es nicht nachvollziehbar, dass ihn seine Mutter so behandelt hat. »Schließlich hat sie doch lange Zeit ein wohlbehütetes Leben geführt«, meinte er ganz verzweifelt.

Schauen wir noch einmal zurück, weshalb Stefan in meine Praxis kam. Er suchte nach Wegen, effektiver in seinem Business zu sein. Aber unser Gespräch führte uns nicht zu irgendwelchen

Zeitmanagementmethoden, sondern es zeigte mehr und mehr einen Erklärungszusammenhang auf zwischen seinem aktuellen Verhalten in seinem Businessalltag, der seelischen Verletztheit seiner Mutter und den Auswirkungen auf ihn.

Mit seinem Verhalten würde er so etwas wie eine Wiedergutmachung von seiner Mutter einfordern. Denn nicht er war der Mittelpunkt der Familie, seine Bedürftigkeit als Kind spielte damals keine Rolle, er wurde übersehen. Heute zeigt er sich vermeintlich unterstützungsbedürftig gegenüber seiner Mutter und bekomme endlich die langersehnte Anerkennung und Unterstützung von ihr. Er selbst schafft die Bedingungen dafür, dass sie ihre Schuld ihm gegenüber abtragen kann. Dabei interessiert uns weniger, ob die Mutter sich tatsächlich an ihm schuldig gemacht hat – wichtig ist allein Stefans Wahrnehmung. Diese gemeinsam erarbeitete Erzählung ergab großen Sinn für ihn.

Sie zeugt von einer sehr loyalen Mutter-Sohn-Beziehung. Er gestaltet den Ausgleich mit seiner Mutter, er schafft die Möglichkeit, dass seine Mutter ihm tatsächlich noch etwas geben kann, das sie damals seiner Meinung nach versäumt hat. Über eine unausgesprochene Verständigung scheint hier etwas wieder in Ordnung gebracht zu werden, was lang auf sich hat warten lassen. Auf dem Weg der »zweitbesten Lösung«[93] bekommt Stefan das, was er als Kind gebraucht hätte. Die erstbeste Lösung wäre für ihn gewesen, zur richtigen Zeit die Aufmerksamkeit der Mutter zu erhalten. Und so ist es nur verständlich, dass ihn dieser »Deal« langfristig nicht zufriedenstellen kann. Gleichwohl erscheint sein Verhalten in einem neuen Licht. Nun ist es für ihn nachvollziehbar und sinnvoll. Und darum geht es im ersten Schritt: das Verhalten als sinnvoll zu betrachten, auch wenn die durch dieses Verhalten erzielte Lösung suboptimal ist. So ging es in den Folgegesprächen mit Stefan um die Frage: Wie und von wem bekomme ich *heute* das, was ich einst gebraucht habe, ohne mein eigenes Leben immer wieder anzuhalten? Ob die Mutter die richtige Ansprechpartnerin für dieses Anliegen ist, sei dahingestellt.[94]

Bei Ursula, die sich mit ihrem Projekt – Entschleunigung und Begegnungen schaffen – selbstständig machen wollte, fanden wir ein Motiv für ihr Zögern in der Befürchtung, ihre Eltern vor den Kopf zu stoßen: »Kann ich erfolgreicher werden als meine Eltern? Dann wäre ihr Lebenswerk doch nichts mehr wert.« Darin bestand für sie die Schwierigkeit, ihren eigenen Weg kraftvoll zu gehen. Bemerkenswert ist es auch hier, dass sie ein neues Lebensprojekt verfolgt und nicht nur einen Job anstrebt.

Ludwig, der darum gerungen hat, endlich seinen Platz einzunehmen und endlich sichtbar zu werden, ging es um eine ganz besondere Form der Loyalität zu seinem Vater. Von ihm wurde Ludwig in jeder Hinsicht abgewertet. In seinen Augen war Ludwig ein Versager, einer, der nichts hinbekam. Nun war Ludwig hin- und hergerissen, dieser Zuschreibung in gewisser Weise zu folgen oder sie zurückzuweisen und endlich sichtbar zu werden.[95]

Was viele nicht wissen, ist, dass die Loyalität zu den Eltern häufig so weit geht, dass man das Bild, das einem Vater oder Mutter zugeschrieben hat, auch ausfüllt. Ludwig schien sich zu fragen: Wer oder was bin ich, wenn ich ein neues Bild von mir entwerfe? Bin ich dann noch ihr Sohn? Werden meine Eltern mich überhaupt erkennen, wenn ich etwas kann? Auch hier sehen wir eine tiefe innere Verbundenheit mit den Eltern, die sich selbst mühsam eine Existenz nach dem Krieg aufbauen mussten.[96]

Ihm wiederum war in der »offenen Gesellschaft« die Möglichkeit gegeben, sich zunächst sehr weit vom Elternhaus wegzubewegen und beruflich viel auszuprobieren. Er war jahrelang auf Reisen und hat im Ausland gelebt.

Wie ist nun dieses Anhalten, Stolpern, wie sind diese Auszeiten und das Abtauchen in eine Depression oder ein Burn-out vor dem Hintergrund der familiären Geschichten zu verstehen? Können wir darin nicht auch den Versuch sehen, hartnäckig die eigenen – noch nicht gestillten – Bedürfnisse fest zu fokussieren und sozusagen im zweiten Anlauf das zu bekommen, was damals gefehlt hat? Das ist das eine. Das andere, was hier sichtbar wird, ist der Versuch, vorsichtig den eigenen Weg zu gehen und dabei sowohl das Schicksal der Eltern im Blick zu haben als auch sich selbst in einer Welt mit einer Unzahl vielfältiger Möglichkeiten zurechtzufinden, die unentwegt die biografische Reflexion einfordern. Die Lebensentwürfe der Kriegsenkel lassen sowohl den Einfluss der Gesellschaft mit ihren vielfachen Optionen erkennen als auch ihr besonderes Erbe, das aus dem Aufwachsen mit kriegstraumatisierten Eltern herrührt.

Zugehörigkeit und Loyalität

Für sehr viele stellt sich die Frage nach der Verbundenheit mit der eigenen Familie nach unseren Gesprächen neu. Jahrelang haben sie vergeblich versucht, diese tiefe Verbundenheit zu ignorieren, sie zu übersehen und sie abzuschütteln. Sie wundern sich, warum dies ohne Erfolg geblieben ist und sich ihre Verbundenheit mit ihrer Herkunft, wie an den erzählten Geschichten deutlich geworden ist, »irgendwie« immer wieder Ausdruck verschafft hat. Dieses sich entweder mit oder ohne Familie auf den Weg machen scheint nicht recht zu funktionieren. Deshalb lade ich die Einzelnen ein, es einmal mit einem »Sowohl – als auch« auszuprobieren. Sowohl die loyale Tochter beziehungsweise der loyale Sohn sein als auch den eigenen Weg gehen, wie am Beispiel von Monika schon ausgeführt wurde. Das ist das Prinzip der bezogenen Individuation, wie Helm Stierlin diesen Prozess bezeichnet hat, in dem es um ein Eigenständigwerden in relativer Verbundenheit mit der Familie geht.[97]

Oft ist auch erkennbar, dass sie zunächst den Aufträgen der Eltern folgen und häufig stellvertretend ein Leben führen, das ihren Eltern nicht möglich war. In dieser Zeit »rasen sie durch die Welt«, wie an einem Beispiel zu sehen war. Erst danach folgt ein Besinnen auf die eigenen Interessen und auf die eigenen Wünsche.

Letzteres ist dann oft mit Schuldgefühlen gegenüber den Eltern verbunden, wie wir auch an den einzelnen Beispielen sehen konnten. Schuldgefühle, die sie wiederum nicht ankommen lassen.

Es geht also zunächst darum, dieses Stop & Grow als ein sinnvolles und nachvollziehbares Handeln zu rahmen. Denn die einzige Chance, die viele sehen, sich doch irgendwie zu retten und ihre eigenen Bedürfnisse zu priorisieren, liegt darin, einen Bruch herbeizuführen, und dies wiederum privat und/oder beruflich. Nur so können viele es in festen Arbeitsverhältnissen oder festen Beziehungen aushalten: auf Zeit. Sie stoppen alles, um sich zu erholen und wieder zu Kräften zu kommen. Hier wird ein Verhalten sichtbar, das die Kriegsenkel ganz neu an ihren eigenen Wünschen und Bedürfnissen ausrichtet. Deshalb steigen sie aus gutbezahlten Jobs aus und verabschieden sich von Lebensumständen in der Multioptionsgesellschaft, die ihnen ein unerbittliches Verhalten abverlangten, mit dem sie permanent gegen ihre eigenen Belastbarkeitsgrenzen angegangen sind. Die Folgen solch überfordernder Lebensumstände sind nicht selten Burn-out, Ängste und Depression. Phänomene, die auftauchen, wenn man in Umständen lebt, die permanent zu viel von einem fordern.

Wenngleich dieser Findungsprozess nicht reibungslos verläuft und es immer wieder Unterbrechungen und Umwege gibt, geht es um Wachstum, das wir hier beobachten können, nach dem Motto: Stop & Grow. Immer wieder zwischendurch innehalten und abwägen, ob die Seele auch mitkommt.

Mit der Besinnung auf ihre eigenen Interessen knüpfen sie heute wieder an ihre ganzheitlichen Lebenskonzepte an, die sie in den 1970er- oder 1980er-Jahren entwickelt haben.

»Nachdem ich die Stelle einer Abteilungsleiterin bekommen und eine Weile in dieser Position gearbeitet hatte, konnte ich schon sagen, dass ich diese Arbeit gut mache, und schon auch, dass sie mir Spaß gemacht hat. Das war nicht die Frage. Aber das war nicht ich! Das habe ich von Anfang an gespürt. Hier wurden nicht

meine Themen verhandelt. Deshalb habe ich mit Mitte 40 noch einen richtigen Neustart hingelegt und habe mich als Heilpraktikerin selbstständig gemacht.« (Ilona)

Das heißt: Wir sehen Kriegsenkel einerseits verzweifelt und latent unzufrieden, aber andererseits auch mutig ihren eigenen Weg gehen, der von einem starken Autonomiebestreben geprägt ist.

Das Hin- und Herpendeln als eine Suche nach sich selbst und danach, den eigenen Weg zu erkennen, wenngleich dies nicht schmerzlos ist, darum geht es den Kriegsenkeln. Darin zeigen sie große Kompetenz, die sie in Bezug auf die gesamte Gestaltung ihres individualisierten Lebens immer wieder unter Beweis stellen. Viele sind auch mit 50, 60 Jahren noch nicht da angekommen, wo sie im Leben hinwollen. Aber die Kriegsenkel sind es gewohnt, immer den längeren Weg nach Hause zu nehmen, das wird auch in Bezug auf das Älterwerden nicht anders sein.

Ich muss alle zwei Jahre meinen Job wechseln!

Als Renate in meine Praxis kam, erzählte sie, dass sie alle zwei Jahre ihren Job gewechselt habe, und dies, obwohl sie auf diesen Arbeitsstellen immer sehr erfolgreich gewesen sei. Renate wiederum war sehr verzweifelt. Nicht zuletzt deswegen, weil dieser permanente Wechsel, dieses Immer-wieder-neu-Anfangen an ihren Kräften zehrte. Kaum dass sie sich eingearbeitet hatte, meinte sie, wieder aufbrechen zu müssen. Sie habe weder die Erfahrung gemacht, welch ein Genuss es sein kann, die Früchte eines langjährigen beruflichen Engagements zu ernten, noch die Routine und das Vertrautsein mit den Kolleginnen und den Arbeitsabläufen als beruhigend zu empfinden. Sie meinte, sie müsse ihre Arbeit ab einem bestimmten Zeitpunkt einfach abbrechen und dann mühsam irgendwo anders wieder neu anfangen. Sie selbst meinte, keine Erklärung für dieses Verhalten zu haben. Das Ziel der Beratung sollte daher sein, die Gründe für ihr Verhalten herauszufinden, damit ein anderes Verhalten für sie möglich werden könnte.

Am Anfang unserer Coaching-Sitzungen gingen wir verschiedenen Fragen nach: War sie im richtigen Beruf? Was war mit den Vorgesetzten und was mit den Kolleginnen? Könnte eine weitere Kündigung vielleicht doch helfen? Aber wir kamen erst dann einer Erklärung näher, als wir uns ihren Familienhintergrund mithilfe eines Genogramms anschauten. Mit der Untersuchung ihrer Herkunftsfamilie kamen wir auf eine für sie schlüssige Erklärung und schließlich zu einer Lösung. Sie erzählte, dass ihre Mutter als Kind mit Renates Großmutter aus Pommern geflüchtet war. Ihre Mutter hatte es sich jedoch nie erlaubt, in Deutschland anzukommen und etwas für sich und ihre Familie aufzubauen. Im Gegenteil. Das, was sie gemeinsam mit ihrem Mann, Renates Vater, aufgebaut hat, wurde wieder zunichtegemacht. So ging sie nicht nur in kleineren, sondern auch in größeren Dingen vor, wie zum Beispiel beim Hausbau. Das Haus, das Renates Vater bereits in den 1950er-Jahren für die Familie bauen ließ, wurde abgelehnt. Die Mutter kritisierte an dem Haus so lange herum, bis ein neues gebaut wurde. War das ihre Art zu zeigen, dass sie sich nicht heimisch machen konnte oder sich nicht niederlassen wollte? Zu diesem Bild des Nicht-ankommen-Könnens oder Nicht-ankommen-Wollens passte für Renate auch, dass ihre Mutter sich später vollends aus der Welt verabschiedete, indem sie mehr und mehr Alkohol konsumierte. Renate fand schließlich die folgende Erklärung für ihr eigenes Handeln: Für ihre Mutter bedeutete in der Bundesrepublik anzukommen und sich niederzulassen, die alte Heimat endgültig zu verlassen, mehr noch, die alte Heimat zu verraten. Als einstiges Flüchtlingskind, so vermuteten wir, schien sie das Gefühl zu haben, das Leid ihrer eigenen Mutter, Renates Großmutter, nicht angemessen zu würdigen, wenn sie sich hier niederlassen würde. Deshalb, so schien es, könnte sie alles darangesetzt haben, ein Ankommen zu verhindern.

Für Renate ergab es großen Sinn, das Verhalten ihrer Mutter in dieser Weise nachzuvollziehen und sich zu erklären. Für sie war es der Schlüssel, zu schauen, ob es ähnliche Motive in ihrem eigenen Verhalten gab. Und in der Tat meinte sie, die Idee ihrer Mutter fortzusetzen: Mit ihren zahlreichen Aufbrüchen – eben alle zwei Jahre – habe sie ebenso alles getan, sich nicht niederzulassen und anzukommen. Sie meinte, auch sie habe das Gefühl, ihre Mutter gewissermaßen in ihrem Leid zu verraten, wenn sie etwa in einem Beruf ankommen und dort für eine lange Zeit bleiben würde. Hier zeigt sie sich als sehr loyale Tochter, die sich aufgrund einer tiefen Verbundenheit mit dem Leid der Mutter nicht erlaubt hat, ihren eigenen Weg zu gehen. Mit diesem Hintergrund erscheint auch das Verhalten von Renate äußerst nachvollziehbar und nachgerade sinnvoll.[98]

Viele Kriegsenkel zeigen ein Verhalten, wie wir es hier am Beispiel von Renate sehen konnten. Aus Loyalität mit den Eltern, die oftmals eine schmerzhafte oder tragische Geschichte haben, nehmen sie sich zurück. Sie meinen in Anbetracht des Leids ihrer Eltern keinen Anspruch auf Glück und Zufriedenheit und manchmal sogar keine Existenzberechtigung zu haben. Renate hat durch die Einsicht in die Familiendynamik ihrer Herkunftsfamilie neue Möglichkeiten erworben, ihr Leben zu gestalten, und kann nun eigene Wege gehen.

Kriegsenkel – die idealen flexiblen Drifter?

Viele Kriegsenkel zeigen darüber hinaus mit diesem Stop & Grow eben auch, dass sie resistent sind gegenüber den Ansprüchen und Erwartungen, die eine enthemmte neoliberale Gesellschaft an sie hegt. Sie sind keine Versager, die die Spielregeln nicht beherrschen oder die feinen Unterschiede nicht kennen, sondern sie *versagen sich* und verweigern sich der Erwartung, als »flexible Drifter« die nächste Welle zu nehmen, so wie es Hartmut Rosa beschreibt.[99]

Es geht ihnen mehr darum, der Beschleunigung und Dynamisierung in unserer Gesellschaft, die letztlich zu kultureller Diskontinuität und zu Identitätsverlust[100] führen kann, etwas Neues entgegenzusetzen und eine ganz neue Basis zu schaffen. Wie wir an den Beispielen gesehen haben, wenden Kriegsenkel sich noch heute (Lebens-)Projekten zu, in denen sie sich neuen Lebensentwürfen und -experimenten widmen. Heute gehen viele von ihnen den Weg zurück zu sich selbst und erfinden sich noch einmal ganz neu. Vielleicht finden wir gerade darin das Potenzial der Kriegsenkel: in der Suche nach dem authentischen Leben. Damit wären sie dann auch auf eine Art in Sicherheit vor den Zumutungen einer neoliberalistischen Gesellschaft.

Während dieses Prozesses fragen sich die Kriegsenkel, wie sie geworden sind und wer sie sind, und sie suchen nach Erklärungen für die verschiedenen Brüche und Diskontinuitäten in ihrem Leben.

Der gesellschaftliche Individualisierungsdruck

Die zahlreichen Wendungen und Abbrüche in den Lebensläufen der Kriegsenkel erschweren zunehmend den Aufbau einer konsistenten und kohärenten Biografie. Deshalb sind die Einzelnen immer wieder gefordert, sich in einen Reflexionsprozess zu begeben: Wo stehe ich? Was kann ich? Was muss ich mir »draufschaffen«, um weiterhin mithalten oder »mein Ding« machen zu können? Chancen und Risiken dieses Prozesses, in dem sich sukzessive alles individualisiert, pluralisiert und ausdifferenziert, sind für die Einzelnen nicht einfach kalkulier- und steuerbar und häufig schlicht nicht nachvollziehbar. Daher stellt dieser Prozess für die Einzelnen immer zugleich eine Herausforderung und eine Bedrohung, ein Wagnis wie auch ein Scheitern dar. Alte, traditionelle gesellschaftliche Strukturen brechen immer mehr weg, und neue Strukturen lassen sich nicht gleichzeitig etablieren. Darüber hinaus werden Übergangsprozesse, also Übergänge von der einen Lebensphase in die andere oder von einem Job in den anderen oder auch von einer Beziehung zur anderen, nicht mehr von traditionellen, verlässlichen Ritualen begleitet. Das führt dazu, dass viele in dieser Zeit kein Konzept von bestimmten Lebensphasen haben und manchmal als »Berufsjugendliche« stranden oder schlicht keinen Plan haben, wenn es um die nächsten Schritte in der Karriere geht. Und so bleiben sie oftmals aus diesen Gründen hinter ihren eigenen Möglichkeiten, also nicht nur aus Loyalität mit dem Leid der Eltern. Keinen Plan bezüglich einzelner Lebensphasen und den damit einhergehenden (Karriere-)Schritten zu haben ist auch ein Phänomen, das sich häufig verstärkt bei Menschen zeigt, die einen bildungsfernen Hintergrund haben. Dieses Phänomen hat mit der Kriegsenkel-Generation Einzug in die Gesellschaft gehalten, eine Gesellschaft, in der scheinbar alles möglich war und ist.

Oftmals erlebe ich in der Beratung und in den Workshops, dass Einzelne ihre Schwierigkeiten im Umgang mit dem permanenten Wandel der Gesellschaft individualisieren, das heißt, sie begreifen sich selbst als unfähig, als zu sensibel und orientierungslos oder sie meinen, dass sie aufgrund einer besonderen psychischen Disposition immer wieder scheitern und immer wieder neu anfangen. Sie glauben, es »persönlich einfach nicht zu bringen«. Diese Einschätzung von sich selbst korrespondiert wiederum mit der Einschätzung dieser Jahrgänge in der Öffentlichkeit, wo sie bis heute als »Schlaffis« und »Weicheier« gehandelt werden. Der tatsächliche Anstieg von psychischen Erkrankungen und Erschöpfungssyndromen scheint ihnen recht zu geben, denn die Anzahl psychischer Erkrankungen hat sich in den letzten Jahren enorm erhöht.

Da die Einzelnen oftmals den entsprechenden gesellschaftlichen Hintergrund, der mitverantwortlich ist für ihre Situation, nicht erkennen beziehungsweise mitdenken, sondern sich ganz allein für die besondere Entwicklung ihrer Lebensgeschichte verantwortlich machen, kommt hier häufig der Wunsch auf, sich in den Prozess einer biografischen Selbstreflexion zu begeben. In der Beratung sind viele erleichtert, wenn ich die Verbindung zwischen ihren einstigen Entscheidungen und den zahlreichen Wendungen in ihrem Lebenslauf mit dem entsprechenden gesellschaftlichen Hintergrund in Verbindung bringe. Dieses Immer-wieder-neu-Anfangen, die Fähigkeit, immer wieder Übergänge und Anschlüsse an beispielsweise den Arbeitsmarkt zu gestalten, und auch die Kompetenz, aus alten, verkrusteten Beziehungen auszubrechen, ist für die Einzelnen aber auf Dauer nicht nur eine Chance, sondern eben – wie schon gesagt – auch eine enorme Belastung und ein Risiko. Viele sind in Anbetracht ihrer Lebensbilanz, die häufig nur eine wenig ertragreiche Lebensernte aufweist, sehr verlegen. Es sind nicht wenige von denen, die am meisten riskiert haben, die sich heute im Alter in prekären Verhältnissen wiederfinden.

»Bei mir ist es ein bisschen anders gelaufen. Ich bin gleich nach dem Abitur nach New York gegangen und habe versucht, in der Theaterszene einen Platz zu finden. Als mir das nicht gelungen ist, habe ich verschiedene andere Sachen ausprobiert. Jetzt bin ich wieder zurück in Deutschland und stehe wieder am Anfang, aber mit meinen 48 Jahren bin ich nicht mehr die Jüngste.« (Sybille)

Hier kommt manchmal ein Bedauern auf, nicht den geradlinigen Weg genommen zu haben. Sie beklagen diese vielen Brüche und Zickzackbewegungen, sowohl in ihren Berufsbiografien als auch in ihrem privaten Leben.

Im Prozess der biografischen Selbstreflexion müssen Möglichkeiten gefunden werden, mit deren Hilfe die Einzelnen ihre Zickzackbiografien als konsistent und als »sinn-voll« erleben. In den Beratungsprozessen geht es schließlich darum, die Gründe für die Entscheidungen, die Einzelne getroffen haben, für sie heute wieder nachvollziehbar zu machen. Es gilt, die Erfahrungen der Einzelnen in einen neuen Rahmen zu stellen, in dem die Sehnsucht der Kriegsenkel und ihre damaligen Motive ganz neu aufgespürt und neu geweckt werden können.

Eine Kriegsenkel-Biografie im Schnittpunkt individueller und gesellschaftlicher Geschichte

Wie können Konzepte aussehen, die genau diese beiden Seiten – einmal die individuelle und einmal die gesellschaftliche – in den Blick nehmen? Was kann darüber hinaus ein Betrachtungsmodell sein, mit dem wir die Lebensgeschichte mehrerer Generationen zueinander in einen Dialog bringen und damit Brücken bauen können, über die man hin und her gehen und sich in einem gegenseitigen Verständnis wahrnehmen kann, indem man mal auf die eine und dann wieder auf die andere Seite schaut und sich fragt, welche Generation in welcher Weise mit den Chancen und den Hindernissen im Leben einer Gesellschaft umgegangen ist?

»Damit wir die einzelnen Lebensgeschichten der Kriegsenkel besser begreifen können und sie nicht als bloße individuelle Besonderheit beziehungsweise Ausreißer oder gar als individuelles Versagen missverstehen, brauchen wir Konzepte, die sowohl die einzelnen Lebensgeschichten als auch die gesellschaftlichen Strukturen, innerhalb derer sich die Lebensgeschichten entspannen, in den Blick nehmen.«[101] Ein biografischer Verlauf ist nur im Schnittpunkt von individueller und gesellschaftlicher Geschichte zu begreifen. Was war Einzelnen in einer bestimmten Zeit möglich? Diese Frage ist nicht nur eine nach den individuellen Voraussetzungen von Einzelnen, sondern auch eine nach dem gesellschaftlichen Umfeld, das ganz bestimmte materielle, ideelle und kulturelle Voraussetzungen zur Entfaltung oder zur Behinderung der Einzelnen zur Verfügung gestellt hat.

Ich benutze hierfür zwei unterschiedliche methodische Ansätze in einer spezifischen Auslegung, die darüber hinaus in Bezug zueinanderstehen: das Genogramm und My Life Storyboard.

Während die Genogramm-Arbeit sich im Wesentlichen mit den weiter zurückliegenden Vergangenheiten der vorhergehenden Generationen befasst, befragen wir mit der von mir entwickelten Methode My Life Storyboard die eigene Lebensgeschichte im Spannungsverhältnis von individueller Gestaltung einerseits sowie der Zeitgeschichte andererseits, die von der Kriegsenkel-Generation selbst mitgestaltet wurde. Wir untersuchen die Auswirkungen des Zeitgeistes auf die individuelle Lebensgeschichte und dessen individuelle Handhabung. Welche Denkfiguren hat der »Zeitgeist« am gesellschaftlichen Horizont aufscheinen lassen, und wie sind die Einzelnen damit umgegangen? Der Einfluss der nicht so weit zurückliegenden Zeitgeschichte hat bislang wenig Eingang in beraterische und therapeutische Prozesse gefunden, und auch von den Einzelnen selbst wird dieser Einfluss auf die eigene Lebensgeschichte bislang nur wenig gesehen. Stattdessen heißt es dann: »Bei mir ist es nicht so glatt gelaufen«, wenn Einzelne sich ihre Lebensbilanz anschauen und feststellen, dass die Ergebnisse ihres jahrzehntelangen Bemühens zu wünschen übrig lassen. Dabei fällt ihnen häufig gar nicht auf, dass sie ihre »Ernte« nach Kriterien bewerten, die sehr stark von der Elterngeneration geprägt sind. Die Kriegsenkel haben in der Zwischenzeit aber etwas ganz anderes gesucht und eben auch gelebt.

Kriegsenkel individualisieren ihr Bemühen um andere Lebensentwürfe vielfach. Deswegen gestehen sie sich und anderen nur ungern ein, sehr lange studiert zu haben, viel gereist zu sein und zum Beispiel keine Familie gegründet zu haben. Heute begreifen viele Kriegsenkel dieses frühere Leben, in dem sie viel herumexperimentiert haben, um sich selbst zu finden und zu verwirklichen, oftmals als ihre Jugendsünden. Als hätten sie nur die Zeit vertrödelt. Damit übersehen wird aber, dass viele mutig dem Zeitgeist gefolgt sind und ein Langzeitstudium dafür genutzt haben, alternative Projekte aus der Taufe zu heben, beispielsweise den örtlichen Frauenbuchladen oder das erste Autorenkino am Ort. Oder sie haben einfach ein paar Jahre ausprobiert, wie sich ein Leben als Schauspielerin anfühlt, und geprüft, ob eine solche Karriere machbar ist. Darin bestanden die zahlreichen kleinen und großen Experimente der 1970er- und 1980er-Jahre. Und damit haben viele häufig große Risiken auf sich genommen. Nach dem Motto: lieber eine sinnerfüllte Arbeit als irgendeine hoch dotierte stupide.

Damit gehörten sie in der jeweiligen Zeit zu den Mutigen, die alte Trampelpfade verlassen und ausprobiert haben, wo sie beruflich und privat am besten aufgehoben wären. Sie waren die Ersten, die, ohne links und rechts Leitplanken zu haben, mit Lebensentwürfen experimentiert haben, um sich schließlich selbst zu verwirklichen!

Wenn es gelingt, diesen Zusammenhang herzustellen, dann kommt bei den Einzelnen ein Gefühl von Kohärenz und Sinnhaftigkeit in Bezug auf ihren Lebenslauf auf. Dazu bedarf es besonderer Konzepte, die ich im Folgenden darstellen werde.

Das Genogramm

Was versteht man unter einem Genogramm? Ein Genogramm ist ein Familienstammbaum, der über mindestens drei Generationen hinweg die vielfältigsten Informationen über die Mitglieder einer Familie und ihrer Beziehungen in einer spezifischen historischen Zeit enthält. Mithilfe eines Genogramms werden Informationen über eine Familie und deren Zeit aufgezeichnet. Allein durch diese grafische Darstellung bekommt man einen schnellen Überblick über komplexe Familienstrukturen und die jeweilige historische Zeit, in der eine Familie lebt beziehungsweise gelebt hat[102]. Seitdem ich der Idee von Peter Heinl folge[103] auch dem visuellen Ausdruck eines Genogramms Aufmerksamkeit zu schenken, wenn Klienten es selbst anfertigen, werden auch tiefere, unbewusste Schichten in dieser Arbeit sichtbar.

Am Anfang steht immer das aktuelle Anliegen. Wozu ist es gut, die Eltern- und Großeltern-Generation genauer zu erforschen? Welchen Nutzen hat es für das eigene Anliegen? Die Verknüpfung der jeweiligen eigenen aktuellen Frage – dem jeweiligen Anliegen der Einzelnen – mit der Untersuchung der Familienstruktur und der Zeitgeschichte bildet also die Grundlage der Genogramm-Arbeit. Sie erlaubt es, über sich selbst, über die eigenen Wurzeln, über die eigene familiäre und kulturelle Eingebundenheit nachzudenken. Mithilfe dieser Methode werden die persönliche beziehungsweise familiale wie auch die historische Geschichte zusammengebracht. In einem weiteren Schritt können dann die Hindernisse, Herausforderungen und Chancen, die in einer bestimmten historischen Zeit gegeben waren, daraufhin untersucht werden, wie die Familie mit den Verhältnissen und Verhinderungen umgegangen ist und wie sie ihre Chancen genutzt hat.

Daraus entstehen eine ganz neue Erzählung und neue Perspektiven.

Von hier aus lässt sich dann neues Wissen für die Fragen an die Gegenwart und Zukunft generieren. Der Blick in die Geschichte unserer Vorfahren lehrt uns, wie diese mit bestimmten Fragen umgegangen sind und was ihnen unter Umständen in schwierigen Situationen geholfen hat. Wir lernen, was sie gut hinbekommen haben und wo sie Fehler gemacht, sich geirrt, sich verrannt und wo sie Schuld auf sich geladen haben. Die Nachkommen können ihre Vorfahren dazu befragen, »wie das Leben geht«, und sie imaginär um Rat bitten und um Antworten und Anregungen für das eigene Leben.

Im Mittelpunkt der Genogramm-Arbeit steht die Herkunftsfamilie, zu der die Großeltern und die Eltern gehören. Sie sind eine Quelle der transgenerationellen Weitergabe und Übertragung von Erfahrungen, Wissen, Überzeugungen und Haltungen an die nachfolgende Generation. Über Generationengrenzen hinweg entwickeln Familien typische Muster, wie zum Beispiel in Konfliktsituationen zu handeln ist oder wie viel Autonomie jedem Familienmitglied eingeräumt wird, wie mit unterschiedlichen Bedürfnissen umgegangen wird oder wie die Grenzen zwischen den Generationen und zwischen Familie und Außenwelt und den Geschlechtern gezogen werden. »Einer Familie anzugehören bedeutet daher, Teil eines einzigartigen mehrgenerationalen Beziehungszusammenhangs zu sein, der als Kontext für gegenwärtiges und zukünftiges Handeln von Bedeutung ist.«[104] Die Familie ist also der Ort, »an dem gesellschaftliche Traditionen, Praktiken und Wertvorstellungen weitergegeben werden. Bei allen individuellen Besonderheiten gibt es daher auch eine gewisse Vergleichbarkeit familiärer Dynamiken in übergreifenden sozialen und historischen Kontexten.«[105] Die Untersuchung der Familienbiografie erlaubt uns, die Deutungs- und Interpretationsmuster, also die Kriterien des Denkens der jeweiligen Familie herauszuarbeiten. Was war ihnen in einer bestimmten historischen Zeit überhaupt möglich zu denken und was nicht? Welche Denkfiguren und welche Ideen standen den Eltern beziehungsweise einer Familie in einer ganz bestimmten Zeit zur Verfügung, und wie sind sie damit umgegangen? Haben sie diese für sich nutzen können? Das sind Fragen, die uns bei der Genogramm-Arbeit leiten.

Welche Denkfiguren den jeweiligen Generationen zur Verfügung standen, lässt sich wiederum an den verschiedenen Glaubenssätzen erkennen, also an den häufig über Generationen hinweg wirkenden Überzeugungen. Diejenige, »kein Aufheben von sich zu machen«, war eine Aufforderung an die Kriegskinder des Zweiten Weltkriegs, sich in ihr Leid dreinzuschicken. Für sie war diese Überzeugung unheilvoll, zugleich aber – damit das Leben überhaupt weitergehen konnte – unter Umständen zu jener Zeit auch sinnvoll. Ebenso ist »Zähne zusammenbeißen und durch« ein Glaubenssatz, der aus schlechten (Kriegs- und Flucht-)Zeiten zu kommen scheint. Glaubenssätze, die im Krieg von Einzelnen zu ihrem Schutz entwickelt wurden, wie zum Beispiel »Wer in der ersten Reihe steht, wird erschossen!«, wirken bis heute in die Biografien der Kriegsenkel hinein und lassen die Einzelnen beispielsweise in beruflichen Positionen nicht ankommen, in denen sie auch führen und leiten könnten. In der Genogramm-Arbeit geht es sodann um die »Verflüssigung« dieser Überzeugungen, die häufig in Stein gemeißelt erscheinen. Das kann allein dadurch geschehen, dass wir den zu diesen Überzeugungen gehörenden gesellschaftsgeschichtlichen Kontext ausfindig machen, also den Ort, an dem diese Überzeugungen einst sinnvoll für die Einzelnen waren, wie oben bereits angedeutet.

»Wer in der ersten Reihe steht, wird erschossen«

Dieser tief verinnerlichte Glaubenssatz von Annettes Großvater ließ es nicht zu, dass sie sich beruflich in die erste Reihe stellte. Nachdem wir den (familien-)geschichtlichen Kontext dazu aufbereitet hatten – der Großvater hatte sich als Soldat mit dieser Überzeugung immer wieder aus lebensbedrohlichen Situationen retten können –, fühlte Annette sich in der Lage, ihre beruflichen Chancen zumindest zeitweilig zu nutzen. Sie gab sich quasi die Erlaubnis, hin und wieder auch einmal aus der ersten Reihe heraus zu agieren. Es ist wichtig, vorsichtig mit der Transformation von Glaubenssätzen beziehungsweise Überzeugungen umzugehen. Schließlich boten sie den Einzelnen eine ganze Zeit lang auch Schutz – Schutz vor Überforderung, vor Scham und Bloßstellung und dem Großvater den Schutz, nicht getötet zu werden. Hilfreich ist es, so auch für Annette, mit einer versöhnlichen Haltung mit sich selbst umzugehen, denn Annette fühlte sich auf diese Weise vor Überforderung in ihrem Beruf geschützt. Hinderliche Glaubenssätze innerhalb dieser gemeinsamen Arbeit auszumachen heißt nicht, diese auszuradieren oder das Gegenteil davon zu machen. Das versuchen viele oft jahrelang ohne Erfolg. Wie an diesem Beispiel zu sehen ist, lade ich eher dazu ein, hin und wieder einmal – probeweise sozusagen – anders zu handeln.

Diese Glaubenssätze, Überzeugungen und Ideen vom Leben können zurückverfolgt und in ihrem zeitgeschichtlichen Kontext eingebettet werden, sodass sie manchmal sogar etwas sehr Hilfreiches bekommen. Wenn wir an die Glaubenssätze denken, mit denen viele Kriegsenkel in ihrer Kindheit gegängelt wurden und durch die ihr Selbstwertgefühl untergraben wurde, so erkennen wir häufig, dass sie in der Zeit des Faschismus geprägt worden sind: »Steck deine Nase nicht in Dinge, die dich nichts angehen!« oder »Bilde dir nichts ein – du bist nichts wert«. In Zeiten des Nationalsozialismus hat man sich besser an diese Überzeugungen gehalten, ansonsten wäre man tatsächlich schnell in Gefahr geraten. »Nimm dich nicht so wichtig!« war für die Kriegs- und Flüchtlingskinder sicherlich eine Haltung, um im faschistischen Umfeld nicht aufzufallen.

Die Arbeit an den Glaubenssätzen nimmt einen großen Teil ein, wenn wir uns dem Familienstammbaum zuwenden. Schauen wir uns das Beispiel von Herrn Karl[106] zu diesem Thema noch einmal an:

Es handelt sich um einen mittlerweile erfolgreichen Projektmanager, Jahrgang 1953, der mich vor ca. drei Jahren in meiner Praxis aufsuchte. Er meinte, sein Leben sei gerade dabei, auf allen Ebenen zusammenzubrechen: aus einem engagierten sozialen Projekt sei er hinausgemobbt worden, des Weiteren stehe er kurz vor der Kündigung und letztendlich auch vor einem Burn-out.

Die Daten der Eltern – beide 1931 geboren, die Mutter in den ehemaligen deutschen Ostgebieten, der Vater in Schleswig-Holstein aufgewachsen –, machen den Zusammenhang mit einem Flüchtlingskinderschicksal deutlich. Brutale Erfahrungen während der Flucht, Erniedrigungen und die Aufgabe der Heimat haben seine Mutter ziemlich erschüttert.

Als sich die Eltern von Herrn Karl kennenlernen, erfahren sie nochmals die ganze Ablehnung, die die damalige Gesellschaft den Flüchtlingen entgegenbringt. Sie heiraten dennoch – gegen den Willen der gesamten Familie seines Vaters. Doch damit nicht genug. Ein Jahr nach der Geburt von Herrn Karl stirbt seine Mutter. Für den Vater eine große persönliche Katastrophe, mit der er allein gelassen wird. Seine Trauer wird mit dem Verweis abgewehrt, dass andere Familien, wo es bereits drei, vier, fünf Kinder gibt, immer noch auf ihre vermissten Väter warteten. Andere haben wieder einmal das größere Leid. Das ist typisch für diese Zeit. Individuelles Leid wird kaum wahrgenommen und dem Einzelnen nicht zugestanden.

Nicht zuletzt wegen dieses Ereignisses verstärkt sich die Grundangst des Vaters, die ihn seit den Bombenangriffen auf sein Dorf, bei denen er mehrere Freunde verlor, nicht mehr losgelassen hat. Fortan gilt für sein ganzes Leben der Glaubenssatz: »*Wenn einem etwas ganz kostbar ist, wird es einem im nächsten Moment wieder weggenommen.*« Und ein weiterer Glaubenssatz wird zum ehernen Gesetz, der lautet: »*Probleme muss man mit sich selbst ausmachen.*« Das sind Glaubenssätze, die bei Kriegs- und Flüchtlingskindern stark verbreitet sind.

Sein Vater verschließt sich nach dem Tod seiner Mutter emotional. Weder die Frau, die er einige Jahre später heiratete, noch seine fünf Kinder, die er im Laufe der Zeit mit dieser Frau bekommt, haben eine Chance, ihn emotional zu erreichen. Herr Karl, der älteste Sohn, erzählt, dass jegliches Entgegenkommen seines Vaters an Konditionen gebunden war. Für alles forderte er Leistung, und zugleich reichte es nie! Und das hatte Tradition in dieser Familie. Schon sein Vater bekam keine Anerkennung von seinem Vater und der wiederum keine von seinem Vater. Diese Haltung wurde über mehrere Generationen bereits fortgesetzt.

Während die Stiefmutter von Herrn Karl zu Hause »das Sagen« hatte, konnte sein Vater als gelernter Bauzeichner eine für die 1950er-Jahre typische Karriere aufbauen: Er hat sich bis zum mittleren Management eines großen Stahlbetriebs hochgearbeitet, ohne studiert zu haben. Aber auch hier kam er im Grunde nicht recht weiter, so Herr Karl, weil er meinte, alles besser machen zu können als sein Chef. An anderer Stelle, als engagierter Kommunalpolitiker nämlich, hatte er auch nicht den Erfolg, den er sich aufgrund seines großen Engagements erhoffte. Nie wurde er in den Gemeinderat gewählt. Sein ausgeprägter Gerechtigkeitssinn und seine Verunsicherung durch die Kriegserlebnisse und den Tod seiner ersten Frau ließen weder beruflich noch in der Familie Kompromisse oder Entwicklungen anderer Art zu.

Im Laufe unserer Arbeit erkannte Herr Karl sein eigenes Verhalten in dem seines Vaters wieder. Auch er habe ein erhöhtes Gerechtigkeitsbedürfnis und ginge daher keinem Konflikt aus dem Weg. Probleme mit Autoritäten, ebenso wie sein Vater mit seinem Vater, kenne er nur allzu gut. Er suche ebenfalls die Auseinandersetzung um jeden Preis. Er sei auch lange der Meinung gewesen, alles besser zu können als sein Chef. Und mit seinem grenzenlosen Leistungsanspruch sich selbst und anderen gegenüber mache er sich auch nicht gerade Freunde. Die Realisierung seiner Projekte blieb aus. Das hatte den Vorteil, so Herr Karl, wenngleich es frustrierend sei, weiterhin der Überzeugung sein zu können, das Bessere und Richtigere machen zu wollen, aber nicht zu *dürfen*. Weiterhin fragte er sich, ob seine Familie mit ihm umgehen könne, wenn er erfolgreicher wäre und seinen eigenen Weg gehen würde. Würden die anderen ihm den Erfolg und das andere Lebensmodell, den anderen Lebensentwurf überhaupt gönnen? Würde er es aushalten, ganz allein dazustehen in einer Welt, die auch für ihn kein sicherer Ort ist?

Die Reflexion der familienbiografischen Zusammenhänge anhand einer intensiven Genogramm-Arbeit hat Herrn Karl gezeigt, wo seine Ängste oder Blockaden liegen *und* zugleich, wohin seine Sehnsucht geht und auf welche Ressourcen in der Familie er zurückgreifen kann.

So gelang Herrn Karl die Entwicklung eines neuen beruflichen Selbstverständnisses in dem Maße, wie er die innere Überzeugung loslassen konnte, nur ein »guter Sohn« sein zu können, wenn er auf dem beruflichen Niveau seines Vaters bliebe und die Idee mehr und mehr Gestalt annahm, *sowohl* seine berufliche Kompetenz zu entwickeln *als auch* loyal zum Vater sein zu können.[107]

Der einstige Streit-Experte und Einzelgänger wurde mehr und mehr zu einem gefragten Vermittlungs- und Kommunikations-Experten und geschickten Teamplayer. Die jahrzehntelange Auseinandersetzung mit dem kritischen Vater stellte für ihn rückblickend betrachtet – trotz allen Leids – eine unglaubliche Ressource in Form eines einzigartigen Übungsterrains dar. Heute wird er geholt, wenn es gilt, schwierige Verhandlungspartner an einen Tisch zu bringen. Schließlich weiß er, wie Konflikte entstehen, wie man andere Leute in Konflikte einbindet und wie man Leute gegen sich aufbringt. Herr Karl kann diese Mechanismen mittlerweile umdrehen und so seine über Jahre unter anderen Vorzeichen eingeübte Konfliktkompetenz einsetzen, um Leute positiv für sich einzunehmen und Konflikten vorzubeugen.«[108]

Es liegt alles an der Vergangenheit? Es liegt alles an der Kindheit?

Mit dem Genogramm zu arbeiten und sich noch einmal die Herkunftsfamilie anzuschauen verführt allerdings viele zu der Annahme, dass »in der Vergangenheit« die alles entscheidende Ursache für ihre aktuellen Probleme zu finden sei. Davon können wir jedoch nicht ausgehen. Aus einer Familiengeschichte lässt sich nicht linear-kausal, also direkt ablesen, wie jemand geworden ist, wer er oder sie heute ist. Eine schlechte Kindheit gehabt zu haben führt keineswegs zu einem genauso schlechten Erwachsenenleben. Die Vergangenheit bestimmt niemals die Gegenwart. Sie prägt die Einzelnen zwar, aber jeder hat die Möglichkeit, anders zu leben. Denken wir nur an das berühmte Beispiel von Charlie Chaplin, der in sehr armen Verhältnissen und ohne die Unterstützung von Vater oder Mutter aufgewachsen ist. Welch eine beeindruckende Persönlichkeit ist aus ihm geworden! Ließe sich daher nicht genauso gut sagen: Wer keine schlechte Kindheit hatte, aus dem wird nichts.[109] Es liegt also nicht alles an der Vergangenheit oder an einer schlechten Kindheit. Welche Vergangenheit oder welche Kindheit jemand hat, hängt eben auch davon ab, *wie* sich jemand erinnert. Deshalb müssen wir uns fragen, wie erinnern wir uns eigentlich?

Wie funktioniert Erinnerung?

Zunächst ist es so, dass *die* Geschichte und *die* Vergangenheit sich ganz allgemein uns nur in Form mündlicher oder schriftlicher Erzählungen erschließen. Vergegenwärtigen wir uns dann noch den Kontext, in dem die eigene Lebensgeschichte erzählt wird, dann differenziert sich die Vergangenheit weiter: Wem erzähle ich meine Lebensgeschichte mit welcher Absicht? Viele erzählen ihre Lebensgeschichte aus der Perspektive eines Opfers. Hier ist aber große Vorsicht geboten, denn die Auffassung, die jemand von »seiner Vergangenheit« hat, hat sofort Auswirkungen auf die Gestaltung seiner Gegenwart und Zukunft.[110] Damit die Einzelnen in unserer Zusammenarbeit sofort in ihre Kraft kommen, sorge ich von Anfang an für einen anderen Zugang zu den verschiedenen Vergangenheiten, die jeder von uns hat.

Es entstehen sofort neue Perspektiven, wenn man sich vergegenwärtigt, wozu es gut ist, die Familiengeschichte oder die eigene Biografie zu untersuchen. Wozu ist es für Sie gut, heute noch einmal Ihre Familiengeschichte anzuschauen? Inwiefern könnte ein Blick in Ihre Familiengeschichte hilfreich für Ihre aktuelle Fragestellung sein? Diese Fokussierung auf ein »Wozu?« macht deutlich, dass wir die Herkunftsfamilie mit einer bestimmten Absicht beziehungsweise mit einem bestimmten Wunsch untersuchen. Das heißt auch, dass das aktuelle Anliegen – unser Fokus, mit dem wir unsere Vergangenheit betrachten – *die* Vergangenheit oder *die*

Geschichte der Herkunftsfamilie immer wieder neu und in viele andere Geschichten auffächert. So gesehen haben wir eben nicht nur eine Vergangenheit, nicht nur eine Kindheit, sondern viele Vergangenheiten und viele Kindheiten. Das Anliegen an die Vergangenheit bringt verschiedene, spezifische Ausschnitte aus den verschiedenen Vergangenheiten beziehungsweise aus den verschiedenen Kindheiten zum Vorschein. Auf diesem Wege wird *die* Vergangenheit in verschiedene Vergangenheiten ausdifferenziert. Plötzlich steht uns ein viel größeres Repertoire aus der Herkunftsfamilie zur Verfügung, um beispielsweise Fragen danach zu erkunden, wie man geworden ist, wer man ist.

Unser Blick in die Vergangenheit oder in die Herkunftsfamilie wird also bestimmt von den jeweiligen *aktuellen* Rollen und aus aktuellen Kontexten heraus, in denen wir uns bewegen, und den daraus resultierenden Herausforderungen an uns. Das heißt: Wir haben, je nachdem, was uns aktuell bewegt, unterschiedliche Vergangenheiten, aus denen wir dann natürlich auch schöpfen können.[111] Welche Vergangenheit haben Sie heute, wo Sie erfolgreich sind? Welche hatten Sie, als Sie noch ganz am Anfang Ihrer beruflichen Laufbahn standen?

Wenn wir mithilfe der aktuellen Fragestellung, die uns gerade beschäftigt, unsere eigene Geschichte konstruieren, dann nehmen wir Abschied von der »dominanten Erzählung« und halten nach alternativen Geschichten Ausschau. Wir bekommen eine neue Erzählung, ein neues Narrativ. Und das hat Auswirkungen. Welche, das führe ich im Folgenden aus.

Die »kalte Mutter« und der »ausrastende Vater« – zwei dominante Erzählungen aus der Kindheit vieler Kriegsenkel

Viele Kriegsenkel klagen über ihre kalte Mutter oder den ausrastenden Vater. Zu Recht, will ich betonen. Und dennoch handelt es sich zumeist um die »dominante Erzählung«. Fächern wir indessen die Kindheit nur ein wenig auf, zum Beispiel in verschiedene Lebens- beziehungsweise Entwicklungsphasen, dann kommen in der Regel noch andere Erzählungen hinzu. Stellen Sie sich nur einmal Ihre Eltern in der Situation ihres Kennenlernens vor, als sie ineinander verliebt waren. Was bewirkt es bei Ihnen? Und stellen Sie sich bitte auch Lebensphasen vor, in denen Ihre Mutter oder Ihr Vater voller Liebe für Sie waren? Oder stellen Sie sich einmal vor, Eltern zu haben, die eine Weile sogar glücklich miteinander waren. Was macht es mit einer Erzählung, die vielleicht vorher lautete: Meine Eltern mussten meinetwegen heiraten!

In diesem Sinne können durch die Differenzierung der einen Vergangenheit in verschiedene Vergangenheiten schnell alternative Geschichten entdeckt werden. Ohne dass das familiär häufig erlittene Leid der Kriegsenkel geleugnet werden muss, kann diese neue Erzählung ein bisschen mehr Licht in eine bis dahin düstere Vergangenheit bringen.

Gesellschaftliche Verhältnisse und individuelle Handlungsentwürfe

So wie wir also »die eigene Biografie und die der Vorfahren in ein Spannungsverhältnis von gesellschaftlichen Verhältnissen und individuellen Handlungsentwürfen oder Handlungschancen setzen, tauchen (...) neue Informationen und neue Möglichkeiten zur Bewertung verschiedener Ereignisse und Verhaltensweisen auf. Dann lässt sich die bisherige Sicht auf die Familie umschreiben, an manchen Stellen korrigieren und damit einen Anfang für neue Entwicklungen setzen. Plötzlich erscheinen auch kraftvolle Geschichten. Denn genau wie die Kriegsenkel aus ihrem besonderen Aufwachsen mit physisch und psychisch versehrten Eltern ganz besondere Kompetenzen entwickelt haben, so waren auch die Kriegskinder als Erwachsene nicht nur die zu bemitleidenden Eltern einerseits oder die Prügel-Eltern andererseits, sondern eben auch Persönlichkeiten, die ihre besondere, historische und familiendynamische Lektion gelernt haben.«[112] Viele Kriegskinder-Eltern haben sich beispielsweise ganz bewusst von einer gewalttätigen und autoritären Erziehung losgesagt und haben etwas anderes ausprobiert. Sie sorgten zum Beispiel dafür, dass auch die Kinder und Frauen Rechte bekamen. So ist die bekannteste deutsche Frauenrechtlerin Alice Schwarzer mit ihrem Geburtsjahr 1942 ein Kriegskind.

Aus den folgenden Zitaten ist zu entnehmen, wie Kriegsenkel ihre Familie unter diesem Aspekt wahrgenommen haben.

»Meine Mutter erzählte mir beispielsweise häufiger die powervolle Geschichte einer Tante, die auf der Flucht mit dem Motorrad vorausgefahren war, um den Weg für ihren kleinen Flüchtlingstreck zu erkunden. Das hat meine Vorstellung von emanzipierten Frauen schon sehr früh beflügelt.« (Vera)

Und die Erzählung der Bremer Künstlerin Isolde Loock ist sehr aufschlussreich in Bezug darauf, wie eng manchmal die Ressourcen einer Familie mit ihrem Leid verknüpft sind.

»Während der Jahre, die wir nach der Flucht in Bayern verbrachten, Mutter, Vater und drei Kinder in zwei Zimmern unterm Dach, viel Angst und Gram und Sorgen erinnere ich, kam einmal im Jahr Glanz in die Bude: Es wurde ein großer Koffer voller Silbergerätschaften auf den wackeligen Küchentisch gehoben, geöffnet und gesichtet. Achtsam jedes Teil aus Geschirrtüchern gewickelt, betrachtet, über seine Verwendung fabuliert und hingebungsvoll poliert. Um danach für ein Jahr wieder unters Bett geschoben zu werden. Als Kind erlebte ich dieses heiß ersehnte Ritual wie Weihnachten, wie aus dem schwarz angelaufenen Silber wundersamer Glanz herauspoliert und von herrlichen Zeiten geschwärmt wurde. Das war eine ›Ressource‹ im doppelten Sinne, ein Schatz, der mich zutiefst beeindruckt hat: der Glanz im Silber, in den Augen

und in den Geschichten. Die unerschöpflichen Geschichten von ›damals‹: Das waren einerseits die guten Zeiten von Wohlstand und Blüte und andererseits ebenso abendfüllend die schlechten Zeiten von Flucht und Schmach und Angst. Vielleicht ist die beste Ressource meiner Flüchtlingsfamilie, dass das Geschichtenerzählen eine Notwendigkeit war, ein Motor des Überlebens. Immer wieder alles miteinander durchzusprechen eine unversiegbare Quelle der Gemeinschaft.«[113]

Es gilt, einen großen Elan zu entwickeln und viel Zeit in das Zuhören naher Familienangehöriger zu investieren, um zu erfahren, ob sie bei allem Leid, das ihnen während der Kriegs- und Fluchtzeiten widerfahren ist, auch eine Chance hatten, nicht nur zu überleben, sondern vielleicht sogar eine Weile gut zu leben. Erst dann ist es möglich, alternative Geschichten zu entdecken, Geschichten, die jenseits der »dominanten Geschichte/Erzählung«[114] liegen. Dass es überhaupt alternative Geschichten gibt, wird als sehr tröstlich wahrgenommen. Allein die Fragen danach, ob die Kriegsenkel sich ihre Eltern glücklich vorstellen können, lässt viele zunächst erstaunen. Es korrigiert sofort das Bild von den Eltern als ewig Leidende. Diese neue Erzählung, verknüpft mit einer neuen Perspektive und der daraus folgende andere Umgang mit der Familiengeschichte und der Vergangenheit, hat häufig sofort konkrete, positive Auswirkungen. Kriegsenkel erkennen plötzlich, dass sie mehr sind als die Kinder von ausschließlich traumatisierten oder schwer an Leib und Seele verletzten Kriegs- und Flüchtlingskindern. Und dass sie auch mehr sind als die Kinder »gefühlskalter« Eltern. Sie sind auch die Kinder derjenigen, die beispielsweise die Flucht überlebt haben, die schon sehr früh selbstständig waren und in ihren Familien bei den Neuanfängen in einer kalten Heimat tatkräftig mit angepackt haben. Sie sind diejenigen, die als Kinder mitgekriegt haben, wie es ist, ein Leben aus dem Nichts aufzubauen. Und sie sind die späteren Erwachsenen, die für die Durchsetzung weiterer demokratischer Rechte in der Bundesrepublik gesorgt haben. Auch das sind die Eltern der Kriegsenkel. Diese neu entdeckten Geschichten sind voller Kraft für die Einzelnen. Das Leben schimmert in diesen kleinen Geschichten wieder in seiner gesamten Differenziertheit und Gestaltbarkeit auf. Das setzt sofort Ressourcen frei.

Welche Bilder tauchen bei Ihnen auf, wenn Sie an Ihre eigene Biografie oder an die Biografie Ihrer Familie und an die jeweilige Zeitgeschichte denken? Einerseits Nationalsozialismus, Krieg und Flucht und in Bezug auf die eigene Biografie, die Multioptionsgesellschaft mit ihren Entwicklungschancen einerseits und dem schillernden Imperativ »You want something. Go get it«[115] andererseits?

Betrachten wir heute als Erwachsene die Familienbiografie, kann uns bewusst werden, wann sich eine Idee, ein Gedanke in uns festgesetzt hat, mit welcher Angst oder Aufregung dies unter Umständen verbunden war und welches Verhalten oder Verhaltensmuster sich daraus ergeben hat. Als Erwachsene haben wir die Möglichkeit, neue Akzente zu setzen, neu abzuwägen, wie wir beispielsweise Nähe und Distanz regeln wollen, wie wir Beziehungen eingehen, wie wir arbeiten und leben wollen.

Historisch mit der eignen Biografie umzugehen heißt, die historisch gewachsenen Muster und Sinnstrukturen im Rahmen der Genogramm-Arbeit gemeinsam zu rekonstruieren. Was waren damals sinnvolle Glaubenssätze und welche haben sich bis heute tradiert? Und inwieweit haben sie heute noch Bestand, oder sollten wir sie besser umschreiben? Es tut gut, über sich und über die eigenen Wurzeln nachzudenken und sich dabei der familiären und kulturellen Eingebundenheit bewusst zu werden. Das berührt vielfach die Sehnsucht nach Heimat vieler Kriegsenkel. So können sie sich in Anbetracht der Unbehaustheit dieser Gesellschaft in der Generationenabfolge neu verorten und sich als eine oder einer von »ihnen« neu beheimaten. Wie das möglich ist, zeigt das Beispiel von Inge, die einen Workshop bei mir besucht hat.

Mit den Ahninnen verbunden

Schon als kleines Mädchen von sechs oder sieben Jahren hatte ich das sichere Gefühl, dass meine Heimat nicht an meinem Wohnort sei, sondern in Pommern, der Heimat meines Vaters. Ich kannte sie aus seinen Erzählungen über seine Kindheit, ich kannte den See, den Himmel, den Wald, die Weiten der Landschaft …

Ich habe mich in meinem eigenen Leben immer als heimatlos erlebt und in zahlreichen Städten gewohnt.

Irgendwann, ich kann nicht mehr sagen, seit wann genau, aber sicherlich massiv verstärkt durch den gemeinsamen Besuch mit meinen Eltern im Jahr 2014, wo ich die reale Schönheit der pommerschen Landschaft mit eigenen Augen sah, trieb mich eine starke Sehnsucht um nach diesem Land. Ich traf Vorbereitungen, einen Teil des Landes zurückzukaufen, und zwar den, wo das Gehöft gestanden hatte. Eine Verwendung hatte ich dafür nicht gehabt, und meine eigene Motivation war mir völlig unklar. Auch Gespräche mit Freunden brachten da keine Aufklärung, außer dass ich damit auch dafür sorgen würde, dass es nicht Teil einer Ferienhaussiedlung werden würde, denn dieses Gerücht hatte ich bei unserem Besuch im Dorf gehört.

Dann starb mein Vater. Ein Jahr nach seinem Tod trieb es mich, einen großen Garten zu pachten und völlig neu zu gestalten. Ich wühlte in der Erde, und als ich am Ende des Sommers »auftauchte«, stellte ich fest, dass meine Sehnsucht nach Pommern schwächer geworden war.

Als ein Jahr später der letzte Dorfbewohner starb, der meine Familie noch gekannt hatte und auch Deutsch sprach, wurde die Idee, das Land zu kaufen, noch irrealer. Ich wischte den Gedanken, was nun aus dem Land würde, einfach hilflos weg … wenn er wieder einmal auftauchte.

Den Weg zu dir fand ich, nachdem mich das Thema der Emigration bei einem meiner Patienten emotional so aufwühlte, dass ich in den Stunden mit ihm kaum die Tränen zurückhalten konnte. Ich merkte, dass ich mich mit diesem Thema noch einmal auseinandersetzen musste, um meine Arbeit als Therapeutin machen zu können.

Bei dir habe ich das Wissen um die Geschichte der Familie auf diesem Hof seit 1830 mit einbezogen. Und du machtest mich darauf aufmerksam, dass ich mit den Ahninnen verbunden bin und dass ich stolz auf sie sein darf. Zusammen mit der Sehnsucht nach der Heimat hatte ich auch die Minderwertigkeitsgefühle meines Vaters übernommen, der sich zeit seines Lebens schämte, nur als Fabrikarbeiter sein Geld verdient zu haben. Er stammte ja aus einer sehr angesehenen Familie, hatte aber kriegsbedingt keine Bildung erlangen können. Nun hatten seine Kinder, also auch ich, die Familienehre wiederhergestellt, indem sie studiert hatten. Das hatte meinen Selbstwert aber nicht vollends hergestellt. Als ich mich aber innerlich mit diesen tapferen freiheitsliebenden Frauen aus meiner Ahnenreihe verband, merkte ich, wie mein Selbstwertgefühl auf wunderbare Weise wuchs und ich in mir Halt – »Land«, einen Ort – fand.

Und ich entdeckte weiter, dass ich mein ganzes Leben im selben Geist wie sie geführt hatte: Mit dem Erwerb des Hofes – zweieinhalb Generationen hatten 68 Jahre lang gespart – wurde aus einer halbfreien Kossätenfamilie eine freie Bauernfamilie, die nicht mehr für einen Gutsherrn, sondern für sich selbst arbeitete. Sie waren am Ziel angekommen, in der Freiheit. Und sie liebten ihr schönes Land.

Sie hatten aber einen Kolonistenhof gekauft, auf dem bis in die 1920er-Jahre das Land unter unsäglichen Mühen urbar gemacht, riesige Findlinge gerodet und Moor trockengelegt werden mussten. Und so blieb ihr Leben voll Mühe und Plage. Sie arbeiteten weiter, als ob sie ihr Ziel erst noch erreichen müssten. Auch mir selbst war in meinem Leben weniges oder nichts zu schwer, um meine Ziele zu erreichen.

In mir gibt es immer noch die Trauer um das Land. Vielleicht gelingt es mir im Laufe der Jahre, es immer mehr als meinen Ursprung zu sehen.

Inge hat sich als eine der letzten Mitglieder einer großen Familie in die Reihe ihrer Vorfahren gestellt, und wie wir an ihrer Geschichte sehen können, ermöglichte ihr dieser Schritt so etwas wie ein Ankommen in ihrem eigenen Leben.

Abschließend möchte ich noch eines sagen: Wenn wir uns vergegenwärtigen, dass die Sicht auf die Vergangenheit von den aktuellen Wünschen und den jetzigen Bedürfnissen bestimmt wird, dann verabschieden wir uns von der Idee einer objektiven Wahrheit – nach dem Motto: So war's wirklich! Dann hört in gewisser Weise auch die Suche nach den Ursachen für ein bestimmtes Problem auf. So kann die Genogramm-Arbeit zu einem sensiblen Instrument für die Bedürfnisse werden, die es heute oder in Zukunft noch zu stillen gilt.[116]

Stolz auf die eigene (Herkunfts-)Familie sein!

Wie an Inges Geschichte gut nachzuvollziehen ist, kann es sehr sinnvoll sein, die eigene Familie unter dem Aspekt zu betrachten, welche Chancen die Eltern in »ihrer« Zeit hatten und wie sie sie genutzt haben. Diese Perspektive lässt Ressourcen aufkommen, von denen man nicht geglaubt hat, dass die Familie darüber verfügt. Aus meiner Erfahrung als Therapeutin weiß ich, dass das Selbstbewusstsein der Einzelnen wächst, wenn sie auf ihre Herkunftsfamilie stolz sein können. Es gibt ihnen einfach Kraft. Und wie schon gesagt, hat die Auffassung, die jemand von seiner Herkunftsfamilie oder von seiner Vergangenheit hat, eben sofort positive Auswirkungen auf die Gestaltung der Gegenwart und Zukunft.

Ausdrücklich möchte ich an dieser Stelle sagen, dass die Frage nach Ressourcen in Täterfamilien sich in dem Sinne nicht stellt.

In diesen Familien nach Ressourcen zu schauen kann sehr zynisch wirken. Die Nachkommen aus (berühmt-berüchtigten) Täterfamilien sind indessen eben auch nicht mit dem Leid, sondern mit der Schuld der Großeltern und Eltern beschäftigt. Gleichwohl kann die Erforschung dieser Familien unter dem Aspekt, wer sich nicht schuldig gemacht hat, wiederum Ressourcen zutage fördern.

Ressourcen aus der Herkunftsfamilie für den Umgang mit aktuellen Fragen holen

Eine weitere schnelle und sehr effektive Weise, Ressourcen aus der Vergangenheit für den Umgang mit aktuellen Fragen zu schöpfen, besteht darin, die Familienmitglieder imaginativ zu befragen, was sie Ihnen in Ihrer jetzigen Situation raten würden.

Paula, die sich in einem neuen und herausfordernden Job zurechtfinden musste und sich vergewissern wollte, wo sie steht, hat genau das gemacht. Gemeinsam erstellten wir ein Genogramm, und zum Vorschein kam eine große Verwandtschaft, in der das gesamte Handwerk vertreten war. Neben einem Friseur gab es einen Mühlenbetreiber, eine Bäckerei, ein Sägewerk und etliche Immobilien. Ich habe sie eingeladen, die einzelnen Verwandten imaginativ zu befragen, was sie ihr in ihrer beruflichen Situation raten würden. Und so begann sie, in sich zu gehen, und kam nach einer Weile mit einer Art Segensspruch wieder zurück: »Nimm das Leben und nähre dich. Vertraue darauf, dass du immer Brot zu essen hast.« Dieser Segensspruch vermittelte Paula eine große Gelassenheit. Und das war es, was sie beim Einstieg in ihren neuen Beruf brauchte: Rückenstärkung und Zuversicht.[117]

Welche Antworten würden Sie von Ihrer Großmutter auf Ihre aktuelle Frage bekommen? Welche von Ihrem Lieblingsonkel? Machen Sie sich klar, in welcher Tradition Sie als Unternehmerin stehen! Was sagt man über Ihre Familie? Sind alle Mitglieder Stehauffiguren? Und wenn Sie die Erste sind, die neue Traditionen bildet, woher haben Sie Ihren Mut, Ihre Ausdauer, Ihre Kreativität, um Ihren Weg zu gehen? Was können Sie für Ihr Business aus den Fähigkeiten Ihrer Familie ziehen, um zum Beispiel mit Konflikten umzugehen? Welche ungeschriebenen Gesetze Ihrer Familie befolgen Sie bereits, um erfolgreich zu sein? Befragen Sie Ihre Herkunftsfamilie auf diese Weise, dann können Sie mehr und mehr Schätze sammeln, die Sie für ein gutes Leben – privat und beruflich – nutzen können.

Viele Kriegsenkel können ihre Mütter und Väter indessen nur schwer als Vorbilder betrachten. Viele Mütter und Väter der Kriegsenkel waren und sind ihren Nachkommen eben auch nicht in dem Sinne Vorbilder, als dass sie ihnen beispielhafte Biografien vorgelebt hätten. Aber sie haben in ihnen Impulse geweckt, ihr Leben selbst zu gestalten und anders zu leben, als ihre Eltern dazu in der Lage waren. »Impulse, die aus den biografischen Brüchen ihrer Eltern aufblitzten, ganz nach dem bereits erwähnte Motto: There is a crack in everything that's how the light gets in …«[118]

Mithilfe dieses Vorgehens kann aus dem großen Erfahrungsschatz der Vorfahren geschöpft werden. Vieles erscheint dann in Anbetracht der zeitgeschichtlichen Umstände in einem anderen, vielleicht sogar milderen Licht. Dort, wo sonst nur Leid gesehen wurde, können dann auch Ressourcen entdeckt werden, und eben auch glückliche Geschichten. Darüber hinaus können belastende Lebenserfahrungen umgedeutet werden, indem gefragt wird: Was habe ich in meiner Familie erlebt und was habe ich aus dem Umgang mit diesem Leid gelernt? Aber Vorsicht! Auch das Leid muss weiter gewürdigt werden; es darf so lange bleiben, bis es tatsächlich verabschiedet werden kann.

Viel bewegt, aber nichts erreicht?

Wie ich an anderer Stelle schon ausgeführt habe, hadern viele Kriegsenkel im fortgeschrittenen Lebensalter mit dem Ergebnis ihrer Lebensleistung. Sie meinen viel bewegt, aber trotzdem nichts erreicht zu haben. Ich habe mit My Life Storyboard eine Methode gefunden, die den einzelnen Kriegsenkeln die einstigen Wünsche und Sehnsüchte, die sie in den 1970er- und 1980er-Jahren aus dem Haus getrieben und sie zugleich auch sehr häufig unwiederbringlich aus ihrem vertrauten Kontext herausgeschleudert haben, wieder ins Gedächtnis zu rufen. Vielfach haben Kriegsenkel von Beginn an ein mutiges Lebensprojekt verfolgt und bis heute beibehalten.

Dass es bei zahlreichen Kriegsenkeln »ein bisschen anders gelaufen« ist, ist nicht getrennt davon zu sehen, dass sie oftmals zugleich diejenigen waren, die eine besondere Rolle in der Familie eingenommen und daher außergewöhnliche Aufträge bekommen haben: Sie sollten die »Kerze der Erinnerung« hochhalten, sie sollten studieren, was die Eltern nicht studieren konnten etc. Diese Aufträge haben sie ebenso zu mutigen Lebensprojekten veranlasst, auch weil sie über Kompetenzen verfügten, die sie zum Teil schon in ihrer Herkunftsfamilie entwickelt haben. Ihre Eltern hatten oftmals keine Berufsausbildung, sie waren Quereinsteiger, Geflüchtete, die sich neu erfinden mussten. Sie haben die Chance schon genutzt, sozusagen selbstunternehmerisch zu handeln und die Anforderungen von außen mit den eigenen persönlichen Entwicklungsbestrebungen zu verbinden.

Deshalb haben Kriegsenkel oft mehr als eine Ausbildung, mehr als ein Studium und unzählige Weiterbildungen absolviert. Offenbar entsprach es auch ihrem »Lebensnerv«, dass die neuen Verhältnisse auf dem Arbeitsmarkt beziehungsweise das moderne Leben ein lebenslanges Lernen erfordern. Sie erlebten dies nicht nur als Forderung von außen, sondern auch als Anspruch an sich selbst, hervorgegangen aus dem eigenen Wunsch, sich selbst immer weiterzuentwickeln: »Die allseits entwickelte Persönlichkeit«, auch ein Sinnbild der 1970er-Jahre. Auf diesem Wege haben sie jede Menge Kompetenzen und Qualifikationen erworben. Und auf die zusätzlichen Kompetenzen kommt es immer mehr an. Die formell und informell erworbenen Qualifikationen stellen das persönliche Kapital der Kriegsenkel dar. Das Erlernen von Fertigkeiten reicht heute einfach nicht mehr aus, weil sie schon übermorgen veraltet sein können. Das bedeutet auch, dass sich die Einzelnen immer wieder Klarheit darüber verschaffen müssen, über welche Kompetenzen und somit über welche Möglichkeit sie verfügen. Darin besteht wiederum eine Schlüsselkompetenz: Jede und jeder muss die verschwundenen äußeren Kontinuitäten mit einem erhöhten inneren Kontinuitätsgefühl ausbalancieren, damit die eigene Identität in allen Umbrüchen dennoch Bestand und Orientierung hat.[119]

Lena, die über Jahrzehnte in Kooperation mit anderen Frauen erfolgreich ein Weiterbildungsinstitut aufgebaut hatte, hat sich lange mit einer beruflichen Veränderung auseinandergesetzt. Die Arbeit in dem Institut hat sie immer weniger erfüllt, und sie verspürte zunehmend das Bedürfnis, anderen Interessen nachzugehen. Irgendwann sei sie dann erneut in die Selbstständigkeit »gesprungen«, sagte sie, und habe etwas ganz Neues begonnen. Damit stand sie wieder ganz am Anfang, etwas überrascht darüber, wie schwer doch auch dieser Beginn war.

Dieses riskante Verhalten lässt sich weder allein aus ihrer besonderen individuellen Verfassung heraus begründen noch allein aus ihrer Herkunft. Dieses Beispiel gibt uns Hinweise auf den Zeitgeist und auf den gesellschaftlichen Rahmen, in dem Lena diese Entscheidung getroffen hat. Hier schwingt die Idee mit, die ich gern als den neuen Imperativ bezeichne, nämlich dass jeder seines Glückes Schmied ist, eine Denkfigur, die seit Ende der 1970er-Jahre jedem Individuum für die Gestaltung seines Lebens zur Verfügung stand. Hinzu kommt eine gewisse gesellschaftliche

Permissivität, die allen suggeriert, dass sie es schaffen können ... was auch immer! Diese Erfahrung, die hier am Beispiel von Lena gezeigt wurde, ist für die Kriegsenkel-Generation typisch. Dieses Immer-wieder-neu-Beginnen lässt den eigenen Lebenslauf fragmentiert erscheinen, und viele fragen sich in Anbetracht der mehr oder weniger guten Ernte ihres Lebens, warum sie sich je haben hinreißen lassen, immer wieder äußerst riskante Entscheidungen zu treffen.

My Life Storyboard knüpft hier an und bietet den Einzelnen die Möglichkeit, sich in den Prozess einer biografischen Selbstreflexion zu begeben. Damit werden die eigenen, erfahrungsabhängigen Leit- und Weltbilder sowie Deutungs- und Interpretationsmuster neu reflektiert und neu bewertet. Überdies wissen wir, dass die Notwendigkeit der biografischen Selbstreflexion in dem Maße steigt, wie die Gesellschaft aufhört, normative Lebenslaufstrukturen und entsprechende Sicherungssysteme vorzugeben. In der Arbeit mit My Life Storyboard lassen wir explizit die unmittelbare und persönlich erlebte Zeitgeschichte Revue passieren. Uns interessieren in dieser Arbeit die Verhaltensmöglichkeiten, die Herausforderungen und Chancen der jeweiligen Zeit und wie die Betroffenen diese für sich selbst wahrgenommen haben.

Reflektieren wir unsere Lebensgeschichte, dann können wir auch ihre Rahmenbedingungen verändern, denn die Lebensgeschichte entsteht in den Rahmenbedingungen, in denen sie oder er lebt, und verändert diese zugleich. Mit der Methode My Life Storyboard werden Entscheidungen in ihren zeitgeschichtlichen Kontext zurückgestellt, in dem spezifische Entscheidungen und ein spezifisches Verhalten und Erleben überhaupt möglich waren. Was hat der Zeitgeist zugelassen zu denken? Was war an spezifischem Verhalten erlaubt? Und was haben die Einzelnen dann aus den Chancen und Herausforderungen ihrer Zeit gemacht? Dies fragen wir uns, und auf diesem Weg wird der Aufbruch vieler Kriegsenkel in völlig unbekannte Welten wieder nachvollziehbar und das jeweilige Verhalten als eines erkennbar, das in einer spezifischen Zeit(-geschichte) sinnvoll, mutig und richtig oder das einzig Richtige war. Diese Vorgehensweise schafft wieder einen neuen Zugang zu sich selbst und zur eigenen Biografie.

Es wird deutlich geworden sein, dass die Frage nach dem Kontext, in dem Einzelne agieren, auch der Genogramm-Arbeit zugrunde liegt. Doch beim Genogramm schauen wir eher »zurück« in die Geschichte des oftmals weit verzweigten Netzes der Vorfahren. In der Arbeit mit My Life Storyboard hingegen interessieren uns die Gestaltungsräume, die Kriegsenkel in ihrem Leben selbst wahrgenommen haben. Auch in dieser Arbeit ist das aktuelle Anliegen äußerst wichtig, und es gilt, dieses zu Beginn der Arbeit ausführlich zu thematisieren; ansonsten werden die Ergebnisse beliebig. Am Anfang sollte also eine gemeinsam erarbeitete Fragestellung stehen, die zum Beispiel lauten kann: Was treibt mich immer wieder neu an, sodass ich nie ankommen kann? Wie gelingt es mir anzukommen? Mit diesem Fokus werden einzelne biografische Stationen wie Elternhaus, Schule, Generationszugehörigkeit und Berufsausbildung daraufhin befragt, was Einzelne in diesen Lebensphasen erlebt und vor allem, was sie daraus gelernt haben. Die Beantwortung dessen, was sie gelernt haben, wird dann wiederum in Verbindung gebracht mit dem aktuellen Anliegen. Es wird also gefragt: Was kannst du aus dem, was du in der Zeit gelernt hast, für dein aktuelles Anliegen gebrauchen? Kann dir das, was du in der (Lebens-)Phase erlebt hast, für dein heutiges Anliegen hilfreich sein?[120]

Damit von Beginn an die Chance besteht, zu einem neuen Narrativ zu kommen, habe ich ein assoziativ-ästhetisches Verfahren gewählt, das auch das intuitive Wissen der Einzelnen einbezieht. Es wird gezeichnet, gekritzelt und geschrieben. Allein diese künstlerische Herangehensweise schafft es relativ schnell, einen anderen Zugang zur eigenen Geschichte zu finden.

Welche biografischen Stationen werden neu beleuchtet?

Folgende biografische Stationen sind in dieser Arbeit interessant: die Herkunftsfamilie, die Schule, die Generationszugehörigkeit und das Studium oder die Berufsausbildung sowie die aktuelle Tätigkeit.

Der erste Schritt besteht in der Anfertigung von Storyboards – also von Zeichnungen. Sie werden von einzelnen typischen Situationen und Szenen angefertigt, an die sich die Person aus der jeweiligen biografischen Situation erinnert.

Zur Anregung stelle ich vor dem Zeichnen der Storyboards Fragen zum jeweiligen Themenbereich. Beispielhaft werde ich hier die Fragen zu Herkunftsfamilie, Schule und Generation vorstellen.

Themenbereich Herkunftsfamilie

Die Herkunftsfamilie ist für jeden sehr prägend. Die meisten Menschen verbringen mindestens 16 Jahre und länger in einer Familie, mittlerweile vielleicht in zwei Familien. Wie ich schon an anderer Stelle beschrieben habe, entwickeln sich in diesem (engen) Beziehungsgeflecht und über so viele Jahre und verschiedene Entwicklungsphasen eines Menschen hinweg sehr spezifische Formen des Umgangs und der Auseinandersetzung – besondere Überzeugungen, Muster und Modelle vom Zusammenleben etc.

Zur Herkunftsfamilie werden beispielsweise folgende Fragen gestellt, die allein die Erinnerung anregen, keineswegs aber »abgearbeitet« werden sollen:

- Welches Bild oder welches Gefühl taucht auf, wenn Sie an Ihre Herkunftsfamilie und an Ihre Erziehung denken?
- Was haben Sie erlebt?
- Was haben Sie sich in dieser Zeit gewünscht?
- Worauf waren Sie stolz?
- Was haben Sie vermisst?
- Welche Rolle hatten Sie in Ihrer Familie inne?
- Wo stehen Sie in der Geschwisterreihe und was genau haben Sie dabei gelernt?

Themenbereich Schule

Die Schule stellt eine wichtige öffentliche Instanz in der Sozialisation eines Menschen dar. Hier haben die Einzelnen Zugang zu ersten Erfahrungen mit öffentlichen (Autoritäts-)Personen; hier wird eingeübt, wie jemand die Welt außerhalb der Familie sieht und bewertet. Es ist wichtig, sich dessen bewusst zu sein, dass eben jede Gesellschaft das Schulsystem entsprechend der von ihr vertretenen Wertvorstellungen und Leitbilder gestaltet.

Es werden folgende Fragen angereicht, damit auch hier die Möglichkeit besteht, eine neue Geschichte zu konstruieren:

- Welches Bild oder Gefühl taucht auf, wenn Sie an Ihre Schulzeit denken?
- Erinnern Sie sich an eine typische Szene mit einer Lehrerin oder einem Lehrer?
- Was war für Sie in der Schule besonders wichtig?
- Stichwörter: Stellung der Mädchen in der Klasse; Fehlerkultur; Ansprache (abwertend oder wertschätzend; vor anderen gemaßregelt worden? etc.)
- In welcher Rolle waren Sie in Ihrer Schulzeit?
- Stichwörter: Klassensprecher, Streber, Außenseiter etc.

Themenbereich Generation

In diesem Begriff versammelt sich all das, was die Einzelnen in ihrer Jugendzeit und in ihrem jungen Erwachsenenalter an Ideen und Vorstellungen entwickelt haben, *wie* sie in *welcher* Gesellschaft leben und arbeiten wollten. Dabei benutze ich den Begriff der Generation nicht im klassischen, sondern eher im umgangssprachlichen Sinn. So könnte man auch von Community sprechen.

- Aus welcher Generation kommen Sie?
- Was ist durch Ihre Generation Neues in die Welt gekommen?
- Was war das Lebensmotto Ihrer Generation?

- Wie wurde diese Generation bezeichnet?
- Haben Sie sich damit identifizieren können?
- Inwieweit haben Sie Ihre Generation mitgeprägt?
- Welche Werte und Leitbilder stehen stellvertretend für Ihre Generation?
- Was haben Sie erlebt?
- Was haben Sie sich in dieser Zeit gewünscht?
- Worauf waren Sie stolz?
- Was haben Sie vermisst?

Wie zu jedem Themen-Bereich auch hier wieder die Einladung, eine typische Szene aus der jeweiligen Generation zu beschreiben, ein Symbol dafür zu finden und dies zeichnerisch umzusetzen.

Nach den Zeichnungen der jeweiligen biografischen Stationen wird das aktuelle Anliegen in diesen Prozess hineingeholt. Am Beispiel einer Arbeit mit Führungspersonen lautete die Frage:

- Wie viel von dem, was Sie damals erlebt oder sich gewünscht haben, kommt heute in Ihrer eigenen Führungspraxis und Ihrem Leben vor?
- Welche Erfahrung würden Sie heute noch stärker in Ihrem Leben berücksichtigen wollen?
- Worauf werden Sie in Zukunft noch mehr achten?
- Was heißt es heute für Sie vor dem Hintergrund dieser Erfahrungen, sich als Führungskraft zu positionieren?

An den zuletzt genannten Fragen wird deutlich, dass wir uns Antworten, Anregungen und neue Impulse für die Gestaltung der Gegenwart und der Zukunft aus der Reflexion der zurückliegenden biografischen Ereignisse holen. Im Wesentlichen geht es in der Arbeit mit My Life Storyboard darum, herauszufinden, wie die Einzelnen die in den verschiedenen Kontexten und Lebensphasen erworbenen Kompetenzen für ihr aktuelles Anliegen nutzbar machen können. Diesen Prozess werde ich am Beispiel von Vera ausführlich darstellen.

Zum Ablauf

Nachdem eine Person ihr Storyboard angefertigt hat, bekommt sie Gelegenheit, ausführlich zu erzählen, welche bedeutsamen Szenen sie gezeichnet hat und was sie mit diesem Ereignis verbindet. Sie wird gefragt, wozu es gut für sie ist, sich gerade an diese Szenen zu erinnern, und was sie in diesen Situationen gelernt hat. Welche Verbindung zur aktuellen Frage scheint auf? Bergen diese Szenen womöglich das Potenzial, ihr derzeitiges Anliegen zu klären?

An dieser Stelle der Storyboard-Arbeit erfahren wir zumeist die Geschichte, die sich die Einzelnen immer erzählen, und wir hören in der Regel viel von ihrem Leid, aber auch häufig von großen Glücksmomenten, die sie in dieser Lebensphase geprägt haben. Wir hören also von besonderen Momenten in ihrem Leben. Deshalb gilt es, sich diese Erzählung mit dem größten Respekt anzuhören und jegliche Interpretationsversuche zu unterlassen. Die Personen sind und bleiben in diesem Prozess die Autorinnen und Autoren ihrer eigenen Geschichte.

Die Basis dieses anschließenden Austauschs bilden Fragen an die Protagonistin und wertschätzende Assoziationen, die sowohl die Erzählung selbst als auch die Art der Darstellung betreffen können. Wie ist etwa die Anordnung möglicher Personen auf der Zeichnung vorgenommen, welche Farben sind gewählt worden? Gibt es sich widersprechende oder sich ergänzende Ebenen? Sagt die erzählerische Ebene etwas anderes aus als die zeichnerische oder ergänzt sie diese? Und wie erklären sich die Einzelnen all das? Hier können schon erste Unterschiede zwischen der bildlichen und der verbalen Erzählung auftauchen. Wenn beispielsweise jemand eine sehr leidvolle Erfahrung aufgezeichnet hat, diese zeichnerisch aber kraftvoll, farbenfroh und voller Leben darstellt, lässt sich erfragen, ob dieser Unterschied eine Bedeutung hat beziehungsweise wie sich jemand diese Unterschiedlichkeit erklärt.

Was bewirken die Storyboards?

Mit der Arbeit My Life Storyboard wird ein Bogen gespannt, beginnend bei der häufig schon sehr verantwortlichen Rolle, die Einzelne bereits in der Herkunftsfamilie übernommen haben, über die Rolle, die sie in der Schule und in ihrer Generation etc. gespielt haben, bis hin zu jener Rolle, die sie in ihren aktuellen Tätigkeiten einnehmen. Dieser Bogen macht für die jeweilige Person ganz spezifische und zuverlässig auftauchende Deutungs- und Handlungsmuster sichtbar, und der Lebenslauf erscheint wie ein einzigartiges Curriculum, das sie durchlaufen haben, um mit spezifischen Aufgaben ganz individuell umzugehen. In dieser narrativ-ästhetisch angelegten Auseinandersetzung erkennen viele ihre besonderen Kompetenzen im Umgang mit den Herausforderungen ihrer einzigartigen Geschichte und können diese dann für ihre aktuelle Frage nutzbar machen. Am Ende dieser Arbeit erleben die Personen oftmals eine große Verbundenheit mit dem eigenen Weg und Hochachtung vor der eigenen Lebensleistung. Viele entdecken oftmals nicht das Glück, aber das Geglückte.[121] Der Lebenslauf, der sehr häufig von einer Normalbiografie abweicht, erscheint den Einzelnen plötzlich als sinnvoll, kohärent und weniger fragmentiert. Das Motiv beispielsweise, immer noch auf der Flucht zu sein, nirgendwo dazuzugehören, keinen Platz zu haben, dieses Motiv, das bei vielen Kriegsenkeln vorherrscht, verblasst oftmals mit der Untersuchung der verschiedenen Lebensphasen und geht in dem anerkennenden Gefühl auf: »Das ist mein Leben.« »Oftmals zeigt sich ein Lebensweg mit zahlreichen Kompetenzen, die Einzelne im Umgang mit biografischer Diskontinuität in einer instabilen beziehungsweise sich schnell ändernden Welt entwickelt haben.«[122]

In dieser Weise mit der eigenen Biografie umzugehen, indem diese systematisch reflektiert und auf Kompetenzen untersucht wird, kann insbesondere für Kriegsenkel in Anbetracht von Individualisierung und Optionsvielfalt in dieser Gesellschaft hilfreich sein. Die eigene Lebensgeschichte als Prozess zu verstehen und als in einem permanenten Wandel begriffen, das kann so als bereichernd erlebt werden. Trotz großer, häufig gesellschaftlich bedingter Veränderungen gibt es konstante individuelle Muster, die wie ein roter Faden in der eigenen Biografie erkennbar werden. So ist es für viele Kriegsenkel tröstlich, in diesem Prozess zu erkennen, wie stark ihr eigenes Leben auch von den gesellschaftlichen Umständen und den damit verbundenen Herausforderungen geprägt ist. So ist nicht »alles selbst verschuldet« oder anders gesagt, der krumme, mit vielen Umwegen versehene Lebensweg ist nicht das Ergebnis einer komplizierten Persönlichkeit – wie viele Kriegsenkel von sich meinen –, sondern auch den gesellschaftlichen Umständen geschuldet. Insbesondere die Frage innerhalb des Storyboard-Prozesses nach der eigenen Generation sorgt für die kontextuelle Einbindung der einzelnen Lebensmodelle in die Zeitgeschichte, ebenso wie die Frage nach dem Studium oder der Ausbildung. Fragen wir beispielsweise die Kriegsenkel aus den Jahrgängen um 1955 nach ihrem Studium, hören wir heute oftmals, dass sie zu den Langzeitstudierenden gehört haben. In den 1970er-Jahren aber war das Phänomen der Langzeitstudierenden für die Generation der Alternativbewegung durchaus positiv geprägt. Die häufig über ein Jahrzehnt andauernde Studienzeit war eine Zeit, in der alternative Projekte verfolgt wurden.

Wie wertvoll gerade der Aspekt der gesellschaftlichen Verortung des eigenen Lebensentwurfs innerhalb dieses Storyboard-Prozesses ist, um zu erforschen, wie wir zu denen geworden sind, die wir sind, ohne der Ideologie von »Jeder ist seines Glückes Schmied« aufzusitzen, sehen wir an Kriegsenkeln, die im Osten Deutschlands aufgewachsen sind. Leider ist es mir hier nicht möglich, ausführlich auf die Besonderheiten des Aufwachsens in der DDR einzugehen. Und dennoch möchte ich ein paar Anmerkungen dazu machen: Es gibt zwar Unterschiede zwischen den Kriegsenkeln aus West und Ost, aber zunächst würden wir große Gemeinsamkeiten entdecken. Auch in Ostdeutschland sind sie nämlich mit traumatisierten Eltern aufgewachsen, auch sie haben sowohl sehr großes Leid erfahren als auch die Fähigkeit erworben, mit diesem Leid in ganz besonderer Weise umzugehen. Auch sie finden wir vielfach in sozialen und helfenden Berufen, auch sie haben ein besonderes Empfinden für Gerechtigkeit, und sicherlich waren sie auch der Motor für die Wende. Und zugleich haben sie in einem Staat beziehungsweise in einer Gesellschaft gelebt, in der sie es ungleich schwerer hatten, ihre eigenen Lebensentwürfe zu entwickeln, als die westlichen Kriegsenkel. Die Auswirkungen sind bis heute zu spüren. Überdies haben Kriegsenkel aus Ostdeutschland häufig aus mindestens zwei Gründen ihre Eltern gestützt und sich selbst zurückgenommen: einmal wegen der Erfahrungen ihrer Eltern als Kriegskinder, dann aber auch wegen ihrer Erfahrungen in den Wendezeiten. Wie viele Kriegsenkel berichten mir, dass ihre Eltern aufgrund der vielfach nahezu kolonialistischen Politik des Westens abgehängt wurden und gekränkt zurückgeblieben sind

Da ich, wie bereits gesagt, in diesem Kontext nicht ausführlich auf die besondere Geschichte der Kriegsenkel, die in der DDR aufgewachsen sind und auch die Wende miterlebt haben, eingehen kann, werde ich hier exemplarisch die Geschichte von Andrea Temme anführen. An ihrem interessanten Werdegang – sie publiziert mittlerweile ihre literarischen Texte mehr und mehr – lassen sich das besondere Aufwachsen einer Kriegsenkelin in der DDR und die Erfahrungen, Chancen und Verhinderungen nach der Wende sehr gut nachvollziehen. Ich habe ihr schriftlich ein paar Fragen gestellt, die ich im Kontext meiner Arbeit mit My Life Storyboard auch anderen immer wieder stelle, und ich freue mich, dass sie darauf eingegangen ist.

Gesellschaftliche Verhältnisse und persönliche Herausforderungen

Fragen an eine Kriegsenkelin, die in der DDR aufgewachsen ist

Welche Verbindung sehen Sie zwischen Ihrer Biografie und dem Aufwachsen in einer Familie, die vom Krieg und von der Flucht belastet war?

In meiner Familie gibt es keine typische Fluchtgeschichte. Nur eine Kriegsgeschichte. Ein Teil meiner väterlichen Familie lebte zur Zeit des Krieges in Guben, wo man ein recht großes Hotel besaß. Noch bevor die Kriegskämpfe im Februar 1945 Guben erreichten, konnte die Familie fliehen. Vermutlich folgten sie dem Räumungsbefehl. Das Fluchtziel war Magdeburg und Umgebung, die eigentliche Heimat, aus der sie 1932 aus beruflichen Gründen weggezogen waren. Magdeburg stand zu dieser Zeit in Flammen (Luftangriff auf Magdeburg im Januar 1945) und konnte nicht erreicht werden. So kamen meine Urgroßeltern, meine Großmutter, mein Vater und sein Bruder bei Verwandten in der Nähe von Halberstadt unter. Auch diese Orte wurden bis Mai '45 immer wieder von den Amerikanern oder Briten bombardiert. Mein Großvater war Offizier bei der Wehrmacht und zu dieser Zeit in Italien beziehungsweise in der englischen Kriegsgefangenschaft in

Ägypten. Er war zudem seit 1933 Mitglied der NSDAP gewesen. Das Hotel in Guben wurde vollständig zerstört und lag nach 1945 auf polnischer Seite der geteilten Stadt. Später ist die Familie im eigenen Mehrfamilienhaus in Magdeburg beziehungsweise in einer großen Wohngemeinschaft untergekommen.

Mein Großvater mütterlicherseits war einfacher Sanitätssoldat und zum Ende des Krieges u.k. gestellt. Er war ebenfalls in der NSDAP. Meine Großmutter und Mutter waren in der Nähe von Sebnitz (Sachsen) evakuiert worden und konnten im Juli 1945 in die nahezu unversehrte Wohnung zurückkehren.

Ich bin 1963 in Magdeburg geboren und habe zunächst in dem Haus meiner Urgroßmutter gewohnt. Diese ist aber ein paar Wochen nach meiner Geburt und dem Tod ihres Mannes zu ihren Söhnen nach Westdeutschland übergesiedelt, um dort den Lastenausgleich in Anspruch zu nehmen. Eine Rente bekam sie in der DDR nicht, da sie Hausbesitzerin war. Die Höhe der Miete bestimmte aber der Staat, und Mieten waren in der DDR immer billig. Davon konnte meine Urgroßmutter kaum leben und schon gar kein Haus unterhalten. So weit, so gut, ich habe ihr ihre Übersiedlung vermutlich übel genommen. Ich mochte sie jedenfalls nicht. Viel Gelegenheit, ihr das zu zeigen, hatte ich allerdings nicht.

Mein Großvater wurde 1947/48 aus britischer Kriegsgefangenschaft nach Niedersachsen entlassen. Vermutlich auf eigenen Wunsch. Er war in einer SS-Polizeidivision gewesen und hatte Angst, in die SBZ (Sowjetische Besatzungszone) zu kommen. Aus gutem Grund. Vermutlich hätten sie ihn interniert. Dass die Internierungslager des MWD (Bezeichnung für das Innenministerium der UdSSR, bis 1946 NKWD) in der SBZ vielfach Todeslager waren, hatte sich auch im Westen herumgesprochen.

Ein Onkel meiner Großmutter mütterlicherseits wurde im Mai 1945 in Bautzen und später in der noch deutschen Kleinstadt Tost in Schlesien interniert und war im Oktober 1945 tot. Seine Frau hat bis zu ihrem Lebensende in den 1980er-Jahren nie etwas über sein Schicksal erfahren. Sie hat ihren Mann 1960 in Westberlin für tot erklären lassen und ist nach Westdeutschland übergesiedelt. Die Akten in den russischen Archiven wurden erst ab 1990 zugänglich. Ich habe auf Nachfrage im Jahr 2013 über die Gedenkstätte Bautzen und das Deutsche Rote Kreuz München sein Schicksal aufklären können.

Ein Onkel meiner Großmutter väterlicherseits wurde in den späten 1940er-Jahren in Bautzen interniert. Er war Mitglied der SPD. Er hat es aber überlebt.

Mein Großvater väterlicherseits wartete also ab 1948 in Niedersachsen auf seine Familie. Sein Bruder lebte zusammen mit seiner Familie zu dieser Zeit bereits in Hessen. Meine Großmutter hatte sich aber entschieden, mit den beiden Söhnen in Magdeburg zu bleiben. Zwar ist sie mit den Söhnen mehrfach auf abenteuerlichen Wegen in die Westzone gereist und hat sich dort mit meinem Großvater getroffen, konnte sich aber nicht entschließen, ihre ausgebombten und kranken Eltern in Magdeburg zurückzulassen. Eine nachvollziehbare, aber folgenschwere Entscheidung. Für meinen Vater und seinen sieben Jahre älteren Bruder hieß das, Verzicht auf höhere Schulbildung (Vater im Westen! Kein Arbeiterkind). Mein Großvater ist 1949 in Niedersachsen entnazifiziert worden mit folgender Begründung: »Der Umstehende ist vom Entnazifizierungsrecht nicht betroffen, da er weder Mitglied der NSDAP noch einer ihrer Gliederungen war und den Nationalsozialismus in keiner Weise gefördert noch unterstützt hat.« Seine NSDAP-Mitgliedsnummer lautete: 2018353. So weit dazu.

Der Bruder meines Vaters ist 1953 unter den Eindrücken des 17. Juni 1953 in Magdeburg mit 17 Jahren in den Westen geflohen zu seinem Vater, der damals mit der Familie seines Bruders in England lebte und arbeitete. Mein Onkel ist zunächst in England geblieben, ich habe dort auch einen Cousin, den ich aber noch nie gesehen habe. Es besteht von seiner Seite kein Interesse. Mein Onkel ist dann in den 1970er-Jahren nach Amerika ausgewandert und hat den Kontakt zu seiner Familie abgebrochen. Mein Vater hat seinen Bruder erst 1995, also nach 42 Jahren, in Amerika wiedergesehen.

Mein Vater hat 1962 nach Abschluss seiner Schlosserlehre einen Fluchtversuch unternommen, ist aber gnädigerweise nicht inhaftiert, sondern zurück nach Hause geschickt worden.

Danach hat er eine Familie gegründet.

Nachdem meine Großmutter in Rente ging, hatten sich meine Großeltern so weit wieder miteinander arrangiert, dass sie 1974 in den Westen übersiedelte. Da war ich elf. Ich habe sie anlässlich ihres 80. Geburtstages einmal in Stuttgart besuchen dürfen. Den Fall der Mauer hat sie nicht mehr erlebt.

Meine Großeltern mütterlicherseits kamen aus kleinen Verhältnissen und hatten es gelernt, sich anzupassen. So ist es ihnen gelungen, nach 1945 leidlich durchzukommen. Mein Großvater hat, ohne je in der Partei (SED) gewesen zu sein, in der DDR eine beachtliche berufliche Position in der Elektroindustrie erreicht. Er war Geheimnisträger, Schöffe und »Stadtbilderklärer«. In der DDR alles Positionen, die viel Loyalität zum Staat voraussetzten. Er hat über diese Dinge nie gesprochen. Meine Großmutter, Tochter eines Wehrmachtsoffiziers und Berufssoldaten, der dann in der DDR als Ingenieur bei der Reichsbahn arbeitete und dort vielfach ausgezeichnet wurde, arbeitete bis zur Frührente als Buchhalterin. Meine Mutter konnte das Abitur machen, aber aufgrund der DDR-Studienlenkung nicht an der Kunsthochschule studieren. Ihr wurde ein Studienplatz in Halle, Sektion Landwirtschaft, zugewiesen. Das Studium musste sie aus gesundheitlichen Gründen abbrechen.

Die Schwester meiner Großmutter war mit einem Ministerialbeamten im Reichsluftfahrtministerium verheiratet. Dieser Mann war halb englischer, halb deutscher Herkunft. Nach seiner Entlassung aus einem Internierungslager in der britischen Besatzungszone ist die Familie mit den zwei Kindern nach England gezogen.

Ich bin also 1963 auf die Welt gekommen, zwei Jahre nach dem Mauerbau. Etwa 90 Prozent meiner Familie und Verwandtschaft lebten inzwischen in Westdeutschland. Wenn es in unserer Familie eine Geschichte der Flucht gab, war es die in den Westen. Aus der DDR in den Westen.

Die DDR war zum Zeitpunkt meiner Geburt wirtschaftlich bereits erledigt, und Ulbricht suchte verzweifelt nach einem Ausweg aus der ökonomischen Krise. Wir wurden per Gesetz laut Personalausweis »Staatsbürger der DDR«, die Abgrenzung zum Westen wurde verfestigt, meine Verwandten in Westdeutschland zu Klassenfeinden ernannt. Jeder, vom Kleinstkind bis zum Rentner, wurde täglich mit sozialistischen Parolen im System befestigt. Ich, recht schwächlich, wurde mit amerikanischer Dosenmilch hochgepäppelt, die uns mein Großvater in Paketen schickte. Meine Eltern versuchten, sich durch einen Umzug aufs Land aus allem herauszuhalten, was natürlich eine Illusion war. Ihr Lebensmotto wurden der Rückzug und das Schweigen.

Ich wurde zum Spielen hinausgeschickt, aber mit der Maßgabe, über dieses nicht zu reden und nicht über jenes, nicht auf diesen Hof zu gehen und nicht auf jenen, bei Nachbar A. aufzupassen, was ich sage, und ebenso bei Nachbar B., nachher in der Schule sowieso.

Meine Kindheit und Jugend war also die volle Konzentration auf die Gegenwart, nicht auf das Vergangene. Die Kriegsfolgen und die typische Situation des Aufwachsens in meiner Familie war die Trennung in Ost und West, die Trennung der Familie, in einen kleinen erreichbaren und in einen großen unerreichbaren Teil. Das Thema meiner Familie war Entfremdung, auch von sich selbst, der große Unterschied zwischen innen und außen, der doppelten Sprachführung, der doppelten Wahrnehmung, der eigenen und der erwünschten, das Schweigen. Das Thema meiner Familie war, allmählich zueinander den Kontakt zu verlieren.

Außerhalb der Familie das zu äußern, was erwünscht war, und dabei noch irgendwie bei sich bleiben. Die Belastung hieß DDR, und auch Demütigung. Als Deutsche, als Angehörige einer Klasse, einer solchen Familie, als Kind dieser Eltern. Das Lebensgefühl: völliges Ausgeliefertsein. Kein Weg nach draußen.

Es bedeutete: vergiss deine Ziele und Fähigkeiten, deine Studien- und Berufswünsche, deinen Wunsch, als Individuum wahrgenommen zu werden. Mein Weg nach »draußen« war der in die Opposition. Der von mir verworfene Weg hieß »Antrag auf ständige Ausreise aus der DDR«. Auch aus Angst vor Inhaftierung, auch aus Angst vor Fremdsein im Westen.

Die Methode der DDR-Staatsführung: Rekrutierung von potenziellen Staatsfeinden.

Und was haben Sie aus Ihrem besonderen Aufwachsen gelernt? Welche Chancen sehen Sie darin und welche Hindernisse?

Was habe ich gelernt? Opposition. Nicht gegen meine Eltern. Die hielt ich für angepasst, aber für unschuldig. Sie haben sich dieses Leben nicht ausgesucht. Ich auch nicht. Aber dieses Leben wollte ich nicht. Dann lieber frei reden lernen. Forderungen stellen. Wirkliche Demokratie lernen. Sich wehren. Friedlich bleiben. Wahrhaftig bleiben. Dennoch im Land bleiben.

Welche Chancen? Vielleicht Kraft. Zumindest das Gefühl von Kraft. Geradlinigkeit.

Welche Hindernisse? Mit dieser Haltung macht man sich zum Außenseiter. Ausgestoßenen. Ich durfte an keiner Universität studieren. Ich musste einen Beruf ergreifen, der nicht zu mir passt. Das wirkt bis in mein heutiges Leben hinein. Auch was das Gehalt betrifft. Es gibt kein richtiges Leben im Falschen! Natürlich hätte ich nach dem Fall der Mauer ein selbst finanziertes Studium meiner Wahl aufnehmen können. Damals war ich 26 Jahre alt. Damals habe ich schon sechs Jahre gearbeitet und habe mir nicht vorstellen können, auch nicht als Frau, kein eigenes Geld zu verdienen. Für meine Berufung kam die Wende zu spät.

Dann musste ich lernen, ICH zu sagen, überhaupt, dieses Ich

zu definieren. Das Motto in der DDR war vom ICH zum WIR, das Motto in der Bundesrepublik: Vom WIR zum ICH.

Zu erkennen, wer ich bin, und das in einer ausdifferenzierten westdeutschen Gesellschaft. Jahrelanges ICH-Werden, das ist wie verspätete Pubertät. Zeitgleich mit Anpassung an ein neues, spiegelverkehrtes System. Familiengründung. Erziehung eines Kindes in ungeübter, unbekannter Freiheit. Vergiss alles, was du gelernt und erlebt hast. Aber auch das hatte alles mit Gegenwart zu tun. Da eine Kriegsbelastung zu erkennen fällt mir schwer, außer der schwer durchlittenen Erkenntnis, dass eine der Kriegsfolgen zweimal Deutschland hieß. Dass wir die Verlierer waren. »Der Dämliche Rest«, wie die DDR auch genannt wurde. Und dass keine rechtsstaatliche heutige Macht diesen Status aufheben kann und will.

Dass mein Sohn der erste freie Mensch unserer ostdeutschen Familie seit 1933 ist.

Ich selbst blieb in diesem Leben immer ausgebremst. Überhaupt die Gefühlssprache: Worte zu haben, zu finden, für Gefühle, außer: Ich weiß nicht. Die Entdeckung der Psyche.

Die Unterscheidung, was liegt an mir, was am System. Dieses Gedankenspiel, was wäre aus mir geworden in einer freien Gesellschaft, was hätte mich, wenn nicht Vater Staat, ausgebremst? Was überhaupt hätte ich sein oder werden können? Das alles nicht beantworten können. Das Zurückbleiben hinter Möglichkeiten. Das Sich-Verstecken.

Zur ICH-Erfahrung kam die Welterfahrung. Weltanschauung in der DDR holte man sich aus Vorkriegsbüchern aus dem Antiquariat oder aus Fotos und Postkarten der Westverwandten, aus dem Fernsehen und geschmuggelten Max-Frisch-Büchern. Weltanschauung in der DDR hatte so viel mit Welt zu tun wie der Schwarz-Weiß-Druck eines Pieter-Bruegel-Gemäldes mit Farbe. Also hinaus in die Welt und davon auch bald wieder genug haben.

Was noch: ein ewiges Gefühl der Fremdheit, der Bevormundung, des Fremdbestimmtseins.

Was sehen Sie an Ihrer Geschichte als typisch »ostdeutsch« an?

Meine Geschichte ist nicht typisch ostdeutsch. Typisch ostdeutsch heißt Anpassung oder sozialistische Überzeugung. Oder durchwursteln. Das ist meine Meinung und keine Wertung. Ich kann das alles verstehen, aber diese Haltungen waren mir nicht möglich. Dass dieser Weg der Opposition dem System gegenüber nicht typisch war, bezeugen die ersten und letzten freien Wahlen der DDR-Volkskammer 1990:

- Bündnis 90: 2,9 %
- Grüne/Unabhängiger Frauenverband: 2,0 %
- Demokratischer Aufbruch: 0,9 %

Das macht 5,8 % der politisch wirksamen Opposition.

Den Fall der Mauer haben die Flüchtenden in Ungarn und die Botschaftsbesetzer in Prag erzwungen.

Aber Anpassung ist auch keine Kriegsfolge, wie ich sie verstehe, sondern die eines politischen Systems. Dass wir dieses System hatten, eine Diktatur also, ist freilich eine Kriegsfolge. Aber keine individuelle. Und bei allem kollektiven Erleben bleibt die Bereitschaft, Verantwortung zu übernehmen, vielfach aus.

Es gab natürlich etliche Familien in der DDR wie meine, es gab aber auch ganz und gar andere. Vielleicht gibt es gar kein typisch ostdeutsch, genauso wenig, wie es typisch westdeutsch gibt. Ich bin überhaupt erst nach dem Fall der Mauer Ostdeutsche geworden. Ich sage heute viel öfter »wir« als zu DDR-Zeiten und meine damit »wir in Ostdeutschland«. Damals.

Typisch ostdeutsch ist vielleicht die vollständige Entwertung des eigenen Lebenslaufes bis 1990. Je nachdem, wie alt man da war, kann es einen beträchtlichen Teil des Lebens ausmachen.

Falsch erzogen, Falsches gelernt, Falsches geglaubt, falsch gearbeitet, falsch entschieden, falsch gedacht, falsch gehofft.

Typisch ostdeutsch ist vielleicht, bis heute nicht verstanden zu werden. Wenn von Deutschen, Deutschland, dem Westen die Rede ist, nicht gemeint zu sein. Übersehen zu werden. Nicht bedacht. Vergessen.

Ganz böse vielleicht: als Ostdeutsche die ganze Kriegsschuld ausgebadet zu haben. Und das bis heute.

Oder mit Günter Grass:
»Diese 17 Millionen Ostdeutschen sind es gewesen, denen, sozusagen stellvertretend, die Hauptlast des von allen Deutschen begonnenen und verlorenen Krieges aufgebürdet wurde. Geschwächt von Anbeginn durch Demontage und Reparationsleistungen in Milliardenhöhe, hatten sie nie freie Wahl.«

Andrea Temme, Dezember 2015

Die Geschichte von Andrea Temme, Schriftstellerin, gibt einen Einblick, mit welcher Thematik Kriegsenkel in der DDR zu tun hatten und bis heute haben. Ich bedauere, dass ich an dieser Stelle nicht weiter darauf eingehen kann. Es war mir dennoch wichtig, exemplarisch sichtbar zu machen, welchen Einfluss die jeweilige Gesellschaft auf den Lebenslauf hat und wie mühsam einerseits und wie kreativ andererseits beispielsweise die Familie von Andrea Temme und sie selbst mit den gesellschaftlichen Umständen umgegangen sind. Im Folgenden stelle ich ein ausführliches Gespräch mit Vera vor, das während eines My-Life-Storyboard-Workshops geführt wurde.

My Life Storyboard am Beispiel von Vera

Zu Beginn der Arbeit My Life Storyboard geht es darum, zu klären, mit welcher Frage die Einzelnen die verschiedenen biografischen Stationen beleuchten wollen. Ich frage sie daher in der Regel Folgendes:

- Wozu ist es gut, deine Biografie heute anzuschauen?
- Inwiefern könnte die Reflexion deines Lebensweges dir helfen, eine Antwort auf deine aktuellen Fragen zu finden?
- Was soll durch diesen Prozess anders werden?

Mit diesem Fokus sorgen wir dafür, dass ein positives Ziel benannt wird und nicht eines, das darin besteht, den alten Zustand »wegzumachen«. Vielmehr geht es darum, ein attraktives Ziel zu entwickeln, für das es sich lohnt, die eigene Geschichte zu reflektieren und an der gegenwärtigen Situation etwas zu verändern. Damit können Ressourcen aus der Vergangenheit für die Gestaltung der zukünftigen Situation genutzt werden.

Das Gespräch mit Vera ist im Anschluss an die Zeichnungen geführt worden. Dieses Gespräch habe ich anhand eigener schriftlicher Notizen rekonstruiert, die ich währenddessen gemacht habe. Wörtliche Zitate habe ich in Anführungszeichen gesetzt. Es handelt sich also nur zum Teil um Originalaussagen.

Veras Situation und ihr aktuelles Anliegen

Vera, Jahrgang 1955, ist in einem kleinen Dorf in Westdeutschland geboren. Heute lebt sie mit Mann und zwei Kindern in einer Großstadt.

Ihre Mutter (1930 geboren) ist als 13-Jährige mit ihren Angehörigen Ende 1944/Anfang 1945 aus Pommern geflohen. Ihr Vater (ebenfalls 1930 geboren) kommt aus der Nähe des Geburtsortes von Vera und ist auf einem Bauernhof aufgewachsen.

Vera hat zwei Schwestern (Jahrgang 1953 und 1956), beide sind verheiratet, berufstätig und haben erwachsene Kinder.

Vera arbeitet heute als Referentin in einer großen sozialen Einrichtung. Sie befindet sich auf mittlerer Führungsebene. Ihr Anliegen ist es, aus einer »vertrackten Sandwich-Position« herauszufinden, in der sie sich als Referentin befinde. So habe sie sowohl mit ihrem Chef als auch mit ihren Mitarbeitenden immer wieder Konflikte. Dem einen sei sie zu aufmüpfig, weil sie seine Aufträge äußerst kritisch hinterfrage und sie zeitweilig auch zurückweise, und ihren Mitarbeiterinnen sei sie zu »einzelgängerisch« und zugleich nicht Chefin genug. Sie fühle sich zwischen allen Stühlen und von daher ausgelaugt und überarbeitet. Ihr Anliegen ist es, sich so positionieren zu können, dass sie für ihre Mitarbeitenden eine gute Chefin und für ihren Chef eine gute Mitarbeiterin sein kann, um auf diese Weise wieder in eine gute Balance mit ihren Kräften zu kommen.

Mit diesem so formulierten Anliegen im Hintergrund fertigt Vera My Life Storyboards an und macht kleine Notizen und Anmerkungen dazu. Erst wenn alle Storyboards – Herkunftsfamilie, Schule, Generation, Ausbildung/Studium – erstellt worden sind, beginnen wir mit dem Gespräch.

Als Erstes besprechen wir das Arbeitsblatt zur Herkunftsfamilie.

Veras Storyboard zur Herkunftsfamilie

I. M.-L.: So, lass mal schauen, was du auf dem Storyboard zur Herkunftsfamilie gemalt hast, Vera. Welche typische Szene aus deiner Familie ist dir in Verbindung mit deinem aktuellen Anliegen eingefallen?

Vera: Eine typische Situation in der Familie ist die: Wir sitzen am Abendbrottisch, meine Eltern und wir drei Schwestern. Kaum dass wir alle sitzen, springt auch schon eine von meinen Schwestern wieder auf und verlässt erbost die Runde. Wie immer … Der

Streit hat begonnen beziehungsweise hat seinen Höhepunkt überschritten und eigentlich schon sein Ende gefunden, indem eine von uns rausrennt. Meine Mutter war wieder mal gemein zu meinen Schwestern. Oder mein Vater hat Streit angefangen. Es ist unerträglich. Eine aufgeheizte Situation, alle sind gereizt. Es ist Abend, und alle sind erschöpft vom Tag.

I. M.-L.: Das hört sich ja sehr turbulent an. Worum ging es denn bei den Streitereien? Gab es ein immer wiederkehrendes Thema?

Vera: Nein, es ging immer um »irgendwas« … Letztlich ging es darum, so erkläre ich mir das heute, einen Schuldigen zu finden … einen Blitzableiter für den allgemeinen Stress. Meine Eltern haben sehr viel und sehr hart gearbeitet. Das Geld reichte trotzdem nie. Es gab viel Streit um das Geld.

I. M.-L.: Das ist ja häufig ein Thema in jungen Familien, und deine Familie stand noch dazu vor ganz besonderen Herausforderungen, wie du schon erzählt hast. Hatten sie denn jemanden, den sie um Unterstützung bitten konnten? Deine Großeltern zum Beispiel oder Nachbarn?

Vera: Meine Eltern standen ganz allein da. Meine Großeltern väterlicherseits mochten meine Mutter nicht, weil sie ein Flüchtling war. Aus ihrer Sicht war meine Mutter schuld daran, dass zu wenig oder gar kein Geld da war. Sie könne nicht haushalten, hieß es. Und ihre eigenen Eltern – ihr Vater und ihre Stiefmutter – hatten auch Schwierigkeiten mit ihr. Ihre Mutter ist an einer Krankheit gestorben, als meine Mutter vier Jahre alt war. Sie war das Kind aus erster Ehe ihres Vaters. Der hat dann schnell wieder geheiratet, und damit kam eine ganz böse Stiefmutter ins Haus. Wir hatten wenig Kontakt zu denen. Wir lebten in gewisser Weise wie auf einem anderen Planeten, abgeschnitten und nicht richtig verbunden mit den Leuten aus dem Dorf.

I. M.-L.: Erzähl ruhig ein bisschen ausführlicher. Wie darf ich mir das vorstellen?

Vera: Mein Vater kam zwar aus der Gegend, in der wir wohnten, aber er war eben auch keiner von denen. Er kam aus einem anderen Dorf vom Bauernhof und war ein Arbeiter und kein Bauer. Er war Arbeiter in einem Dorf, wo es nur Bauern gab. Und er hatte diese Flüchtlingsfrau, meine Mutter, die dazu auch noch etwas Städtisches an sich hatte. Ich erinnere mich, dass sie einmal in der Dorfkneipe geraucht hat. Da waren ihre Freunde aus der Stadt zu Besuch. All das hat ihn auch zu einem Außenseiter gemacht.

I. M.-L.: Das hört sich nach einer sehr herausfordernden Phase im Leben deiner Eltern an. Sie schienen auf der Suche nach ihrem Platz zu sein. Deine Mutter als Geflüchtete, wie du erzählt hast, die mit 14 Jahren aus Pommern geflohen ist. Und dein Vater, der in anderer Weise entwurzelt war: Er, vom Bauernhof kommend, musste sich als Arbeiter einen neuen Stand verschaffen. Dazu noch auf dem Dorf. Beide haben offenbar Neuland betreten, unbekanntes Terrain, das sie beide gestalten mussten oder eben auch durften – wie man will.

Vera: Ja, das ist interessant. Das sehe ich zum ersten Mal so. Bislang habe ich immer nur meine Mutter als heimatlos und ohne Wurzeln wahrgenommen, weil sie geflüchtet war. Das stimmt ja. Mein Vater kam ursprünglich von einem Bauernhof. Seine Familie war so arm, dass sie ihn schon mit neun Jahren tagsüber zu einem anderen Bauern gegeben hat, wo er arbeiten musste. Mit neun Jahren, das muss man sich mal vorstellen! Er wäre gern Bauer geworden. Meine Mutter hat nach der Schule auch bei Bauern gearbeitet. Notgedrungen. Vor der Flucht sollte sie Abitur machen. Nach der Flucht hat sie nur noch die Volksschule besucht. Ihre Eltern hatten kein Geld, sie weiterhin auf eine höhere Schule zu schicken. So hat sie sich bei Bauern durchgeschlagen. Dort haben meine Eltern sich kennengelernt.

I. M.-L.: Es scheint für dich neu zu sein, deinen Vater auch als einen Entwurzelten zu sehen. Was bewirkt denn diese neue Perspektive auf deinen Vater bei dir?

Vera: Irgendwie rührt es mich an, und meine Hochachtung für ihn wächst richtig. Ich habe seinen Hintergrund noch nie so betrachten können ... dass auch er sich einen neuen Platz suchen musste, zusätzlich zu seiner eigentlichen Aufgabe, für die Familie zu sorgen. Er musste sich auch einen neuen Platz suchen. Das musste er ja auch bewältigen ... genauso wie meine Mutter. Da hatten sie etwas Gemeinsames. Das wird mir erst jetzt klar ... dass sich da zwei Entwurzelte begegnet sind. Mein Vater hat darüber hinaus noch seine Position in der eigenen Familie verspielt, allein dadurch, dass er eine Geflüchtete geheiratet hat. Das wird mir erst jetzt klar.

I. M.-L.: Und was verändert sich für dich durch diese neue Perspektive?

Vera: Ich bekomme einen Einblick, wie schwer es beide hatten. In meiner Familie stand ansonsten meine Mutter immer im Mittelpunkt. Sie war die Dominante. Sowohl im Positiven als auch im Negativen. Sie hat dafür gesorgt, dass wir die höhere Schule besuchten, und sie wollte, dass wir etwas lernten. Das war meinem Vater nicht so wichtig, oder besser gesagt, er hatte keine rechte Vorstellung davon, was seine Mädels einmal machen sollten. Meine Mutter war es auch, die uns als Jugendliche große Freiheiten gegeben hat. Sie wollte es anders machen, als sie es von ihren Eltern kannte. Sie wurde ja wegen jeder Kleinigkeit sehr viel geschlagen. Das war die eine Seite. Da könnte ich aber noch mehr erzählen. Sie hat uns auch eher so »laissez-faire« erzogen. Meine

Mutter hat eben selbst schon einmal etwas anderes erlebt. Wie schon gesagt ... sie war vor ihrer Flucht auf dem Gymnasium. Deshalb kann ich auch sagen, dass sie etwas anderes in unsere Familie gebracht hat, andere Ideen zu erziehen und so weiter. Das haben wir in unserem Umfeld – also auf dem Dorf – nicht erlebt. Sie hatte auch etwas Unerschrockenes und Unangepasstes. Was für die Dorfbewohner galt, war für meine Mutter, und damit auch für uns, gar kein Maßstab. Davon habe ich, glaube ich, auch etwas abbekommen ... von diesem widerständigen oder widerspenstigen Verhalten. Meine Mutter war in dem Sinne, wie ich es in der Zwischenzeit oft gehört habe, kein typischer Flüchtling. Viele haben ja nach dem Motto gelebt, bloß nicht aufzufallen! Wir eher nicht.

I. M.-L.: Das ist wirklich etwas Besonderes, was du von deiner Mutter erzählst! Sehr beeindruckend finde ich das! Ich kenne eher andere Geschichten von geflüchteten Familien. Es wäre sehr interessant für mich zu erfahren, woher deine Mutter diese Kraft, diese Ressourcen hatte. Das ist ja schon beachtlich, so selbstbewusst und auch so experimentierfreudig zu agieren, also ... eine andere Erziehung auszuprobieren und so ...

Vera: Ja, aber das war eben nur die eine Seite meiner Mutter.

I. M.-L.: Immerhin ... würde ich sagen.

Vera: Andererseits hatten wir auch immer wieder Angst vor ihr, wegen ihrer Unberechenbarkeit und Strenge. Wir wurden zwar nicht geschlagen, aber wenn wir bei ihr in Ungnade gefallen waren ... das war schlimm. Sie hat uns dann nicht mehr beachtet. Sie war zum Beispiel in Bezug auf die schulischen Leistungen von uns hypernervös. Sicherlich verständlich und nachvollziehbar, in Anbetracht ihres eigenen Schicksals, dass sie mit 13 Jahren ihr Leben nicht nur selbst in die Hand nehmen musste, sondern jegliche

Möglichkeit einer höheren Bildung zunichtegemacht worden war. Und dennoch ... ein Vergnügen war es für uns nicht. Meine älteste Schwester ist beim ersten Sitzenbleiben sofort von der Schule genommen worden. Sie musste dann eine Lehre machen. Überhaupt war der Leistungsdruck enorm. Ich habe den Eindruck gehabt oder, anders gesagt ... manchmal kam es mir so vor, dass wir alle nur danach bemessen wurden, wer von uns gut war in der Schule. Das war weniger schön.

I. M.-L.: Da hat sich deine Mutter wie viele Geflüchtete verhalten. Es ist ja ein bekanntes Phänomen bei Geflüchteten, ganz auf Bildung zu setzen. Nach dem Motto: Das, was man gelernt hat, kann einem keiner mehr nehmen. Wie war das für dich, nur gesehen zu werden, wenn du gute Leistungen nach Hause gebracht hast?

Vera: Das war sehr kränkend, nur dann geliebt und beachtet zu werden, wenn ich funktioniert und die richtige Leistung erbracht habe.

I. M.-L.: Es macht dich offenbar bis heute noch traurig und wütend. Du erzählst es auf jeden Fall so, als wäre es gestern gewesen. Wie bist du denn damals damit umgegangen?

Vera: Es hat mich sehr einsam gemacht. Ich hatte das Gefühl, permanent auf sie zu warten und letztlich alles allein regeln zu müssen. Es hieß immer: »Du schaffst das schon ...« oder »du machst das schon!« Ich hörte vor allem: »Du musst es schaffen!« Oder auch: »Belaste du mich nicht auch noch ... ich hab's ohnehin schwer genug.« Es war ja so, wenn ich gute Zensuren nach Hause gebracht habe, war es gut, aber mehr auch nicht. Es folgte nicht wirklich etwas daraus. Ich wurde deshalb nicht mehr beachtet, bei mir lief ja alles glatt. Das hat meine Mutter einfach nur entlastet. Ich habe funktioniert. Nur wer nicht funktioniert hat, bekam Beachtung, zwar negative Beachtung, aber immerhin. Der wurde gesehen ... Aber du hast recht. Von Zeit zu Zeit bekomme ich immer noch eine Heidenwut, weil sie immer im Mittelpunkt stand und nicht wir Kinder. *Sie* hatte es vor allem schwer, und nicht wir. So hat sich das uns allen vermittelt. Wir mussten *ihr* helfen und uns selbst zurücknehmen. Wir haben alle auf sie Rücksicht genommen und sie möglichst nicht belastet. Auch mein Vater hat eher eingesteckt, als dass er ihr Vorwürfe gemacht hätte. Er war ja auch ihr Blitzableiter ... Sie selbst war in gewisser Weise unberechenbar und dann ungerecht und gemein, wie ich schon gesagt habe. Wenn irgendwer ins Kreuzfeuer ihrer Kritik geraten war, dann ging es los! Da konnte man eigentlich nur abhauen ... so wie ich es auch gezeichnet habe.

I. M.-L.: Wovon musstet ihr sie eigentlich entlasten? War dir das damals klar oder war das nur so ein diffuses Gefühl? Hat sie über die Erlebnisse auf der Flucht oder später bei den Bauern gesprochen? Hat sich darüber bei euch dieses Gefühl eingestellt, ihr müsst Rücksicht auf sie nehmen, weil sie etwas Schweres erlebt hat?

Vera: Nein, das haben wir ganz und gar nicht gewusst, womit ihr Verhalten zusammenhängt. Für uns war es tatsächlich nur so ein diffuses Gefühl, wie du sagst. Wir haben sie so wahrgenommen, dass sie ständig erschöpft war und viel schlafen musste. Sie hatte so etwas Depressives an sich. Sie hat sich auch viel lieber zurückgezogen, als mit uns zu spielen ... So hat sich das damals für mich dargestellt. Ich habe nur gesehen, dass ich gute Noten in der Schule bekomme. Das half, nicht ins Visier meiner Mutter zu kommen. Das war meine Strategie, mich selbst zu retten. Wir haben damals nicht gewusst, warum das so ist oder warum sie sich so verhält, wie ich es hier im Storyboard festgehalten habe. Heute weiß ich einfach, dass sie durch die Flucht und alles, was darauf folgte, traumatisiert gewesen sein muss.

I. M.-L.: Als Kind aus seinem Umfeld gerissen zu werden und dann die Erlebnisse auf der Flucht, das kann schon zu einer Traumatisierung führen. Für sie ging es ja dann auch noch weiter …

Vera: Ja, das stimmt. Sie hatte auch in ihrer Familie einen sehr schlechten Stand, insbesondere bei ihrer Stiefmutter. Außerdem konnte sie nicht weiter auf die höhere Schule gehen. Mit 15 oder 16 hat sie angefangen, bei Bauern zu arbeiten. Und die haben sie sehr schlecht behandelt …

I. M.-L.: Wenn auch nach so einer traumatisierenden Flucht niemand für sie da war, kann es gut sein, dass deine Mutter traumatisiert war und dass sie deswegen so agiert hat … dass sie ihr Trauma ausagiert hat … Das ist sehr typisch für Kriegs- und Flüchtlingskinder.

Vera: Das trifft auf meine Mutter auf jeden Fall zu. Denn auch in ihrer Familie hatte sie eine gewisse Außenseiterposition inne … Ihre Mutter ist schon früh gestorben … als sie selbst noch ein kleines Kind war. Ihr Vater stand danach mit einem unehelichen Sohn und einer gemeinsamen Tochter, meiner Mutter, von seiner ersten Frau da. Er hat dann relativ schnell geheiratet. Leider eine Frau, die meine Mutter gehasst hat. Von beiden hatte sie nichts Gutes zu erwarten, sie hat viele Schläge bekommen und so … Nach der Flucht musste sie zusehen, dass sie schnell aus dem Haus kam. Sie ist dann zu Bauern gegangen, um zu arbeiten.

I. M.-L.: Da hat sie in jungen Jahren schon sehr viel Leid erlebt. Umso erstaunlicher, dass sie auch die Kraft hatte, dich ganz anders zu erziehen und dich auf die höhere Schule zu schicken. Die Kehrseite war wohl die, dass sie mit ihrer Kraft im Alltag an ihre Grenzen gestoßen ist und dich auch viel alleingelassen oder dir viel überlassen hat, wofür sie eigentlich hätte zuständig sein müssen. Du sagst, dass du dich um sie gekümmert hast und nicht umgekehrt.

Und dennoch kann ich mir vorstellen, dass hinter ihrem Verhalten auch ein fürsorglicher Gedanke stand. Vor dem Hintergrund ihres Schicksals ergibt es ja Sinn, dass sie den Fokus auf die schulischen Leistungen gelegt hat. Sie wollte sicherlich dafür sorgen, dass ihr ein anderes Leben führen könnt als das, was ihr selbst möglich war. Wer mit 14 Jahren flüchten und die Schule aufgeben musste, der hat ja seine gesamte Lebensperspektive verloren. Wiederum ist es für ein Kind, das du damals warst, schwer, mit so einer hypernervösen Mutter klarzukommen. Dein Leid mit deiner Mutter sehe ich auch. Vielleicht ist jetzt ein guter Moment, ein kleines Resümee zu ziehen?

Vera: Ja, das können wir machen.

I. M.-L.: Ich möchte dich gern fragen, was du in dieser Zeit oder in dieser Phase deines Lebens trotz allen Leids gelernt hast.

Vera: Ich habe einfach viel allein geregelt, schon ganz früh. Das habe ich gelernt ... für mich aufzukommen. Und natürlich wusste ich immer, welche Stimmung gerade im Haus war. Ich habe gelernt, Stimmungen zu erfassen.

I.M.L.: Du hast also schon sehr früh gelernt, vieles allein zu regeln. Das ist ja etwas ganz Wertvolles. Wir werden es mal in unserem Gespräch weiter beobachten, wie du heute mit dieser Fähigkeit umgehst ... wie du sie nutzt. Und außerdem hast du diese besondere Fähigkeit entwickelt, die Atmosphäre einer Situation zu erspüren. Kannst du sie auch heute noch nutzen? In Bezug auf dein Team vielleicht?

Vera: Ja, das ist interessant. Das mache ich wohl intuitiv. Dass ich die Stimmung meines Teams ganz gut einschätzen kann. Das stimmt.

I. M.-L.: Gut, mal schauen, wozu du diese besonderen Fähigkeiten noch in Bezug auf deine aktuelle Frage nutzen kannst. Wir sammeln jetzt erst einmal deine schon so früh entwickelten Kompetenzen. Ich würde jetzt gern erst einmal weitergehen, wenn das für dich okay ist?

Vera: Das können wir gern machen.

I. M.-L.: Ich habe mir eine Notiz gemacht ... Du sagtest am Anfang unseres Gesprächs, ihr hättet im Dorf wie auf einem anderen Planeten gelebt. Deine Eltern waren aus ihrem eigentlichen sozialen Umfeld herausgefallen, und beide waren im Dorf sozial wenig oder gar nicht eingebunden ...

Vera: Ja. Das habe ich schon als Kind so wahrgenommen ... meine Eltern waren irgendwie anders als die im Dorf. Das hat sich manchmal an so Kleinigkeiten gezeigt. Meine Eltern sind zum Beispiel spazieren gegangen, nur die beiden ... Das war für Ehepaare unter den Bauern nicht denkbar. Darüber wurde dann gewitzelt: »Na, was die da wohl im Wald machen ...«

I. M.-L.: Das ist ja lustig! Und wie ist es euch Kindern in dem Dorf ergangen?

Vera: Es war so: Es gab uns, also wir drei Schwestern, und die Dorfkinder. Wir hatten zwar auch Freundinnen, aber letztlich waren wir nicht auf sie angewiesen. Von dieser Haltung war unser Verhältnis zu den Dorfkindern zum Teil geprägt. Ich fühlte mich mit meiner kleinen Schwester sehr verbunden. Wir wollten auch Freundinnen haben und hatten auch welche ... Aber meine kleine Schwester und ich brauchten nicht so recht jemanden, auch unsere älteste Schwester nicht. Die war immer außen vor. Und dann haben wir ja schon gemerkt, dass wir anders waren als die im Dorf. Wir waren besser gekleidet. Wir haben hochdeutsch gesprochen. Und später sind wir ja auch in die Stadt zur Schule gegangen. Das hat die Kluft zwischen uns und denen im Dorf erheblich verbreitert.

I. M.-L.: Es ist interessant, dass du dich im Zusammenhang mit deiner aktuellen Frage an genau diese Szenen erinnerst. Einerseits hast du dich als »nicht dazugehörig« gefühlt, andererseits hast du eine große Autonomie besessen ... durch deine Familie und den Zusammenschluss mit deiner Schwester. Mir scheint, dass alle aus eurer Familie in gewisser Weise auf der Suche nach ihrem Platz waren, und zugleich hat die Familie dir auch einen großen Halt gegeben.

Vera: Ja, das stimmt.

I. M.-L.: In Bezug auf dein Anliegen thematisierst du das ja ähnlich. Du siehst dich in deiner beruflichen Situation zwischen allen Stühlen, sagtest du. Eine Position, die du gut zu kennen scheinst. Hat das nicht viel Ähnlichkeit mit der Situation, die du aus deiner Kindheit schilderst? Kann es sein, dass du den Umgang mit solchen Situationen schon früh kennengelernt hast? Dass du dieses »Dazwischensein« schon früh eingeübt hast? Ich frage mich, ob du vor diesem Hintergrund vielleicht sogar eine echte Expertin bist, solche Situationen zu meistern. Was meinst du?

Vera: Spannend, das Ganze einmal unter dem Gesichtspunkt zu sehen, dass mich meine schwierige Lage zu einer Expertin gemacht haben könnte ...

I. M.-L.: Ich will es mal so sagen ... du hast offenbar schon früh gelernt, mit solchen Situationen umzugehen. Das war sicherlich auch schmerzhaft und oft traurig für dich ...

Vera: Ja, so glatt, wie ich es jetzt erzähle, war es nicht.

I. M.-L.: Ja, das glaube ich dir. Das ist ganz und gar nicht einfach, mit solchen Situationen umzugehen. Im Gegenteil. Es kann sehr schmerzhaft sein. Und dennoch glaube ich, dass du in solchen Situationen etwas ganz Spezifisches »eingeübt« hast ... Ich meine, ein Verhalten, das dir in deiner damaligen Situation geholfen hat.

Vera: Wie ich schon gesagt habe, auf jeden Fall habe ich gelernt, allein für mich zu stehen. Und, das muss ich dazu sagen, ich hatte keine Angst, allein dazustehen – egal, wie schwierig so manche Situation war. Obwohl ... so ganz stimmt das natürlich nicht. Manchmal habe ich mir schon gewünscht, dass meine Mutter ihren Part übernimmt. Da gab es zum Beispiel so eine Situation beim Schulwechsel, wo ich plötzlich mit meinen beiden Schwestern auf dem Schulhof zurückgeblieben bin ... irgendwas muss bei der Anmeldung beziehungsweise Ummeldung – wir sind damals umgezogen – schiefgelaufen sein. Auf jeden Fall wurden wir drei nicht von dem betreffenden Lehrer aufgerufen und einer Klasse zugeordnet. Wir mussten dann ganz allein zum Rektor gehen und das klären. Da ist mir schon schwarz vor Augen geworden ... denn ich hatte das zu klären ... meine Schwestern haben sich nicht getraut, den Mund aufzumachen. Aber gut ... unter Gleichaltrigen habe ich mich immer behauptet. Und ich kann schon sagen, dass mein Rückhalt doch meine Familie war, auch wenn wir untereinander häufig gestritten haben ... und letztlich war meine Schwester immer da. Häufig habe ich mit Schulfreunden einen Streit riskiert, weil ich zu Hause ja jemanden zum Spielen hatte. Ich war nicht auf die anderen angewiesen. Das hat mich unglaublich mutig und stark gemacht. Da bin ich oft sehr weit gegangen, auch später noch ... in meiner Studentenzeit. Häufig war ich aber nach kurzer Zeit wieder allein ...

Und die andere Seite von diesem »Nie-Dazugehören« war die, dass ich mich schon früh für Außenseiter interessiert habe, für andere Außenseiter müsste ich sagen, ich war ja selbst eine ... Damals habe ich das nur so diffus wahrgenommen. Es gab zum

Beispiel so einen etwas zurückgebliebenen Jungen, mit dem keiner spielen wollte. Ich schon.

I. M.-L.: Ich finde es sehr bemerkenswert, dass dich deine besondere Situation so stark gemacht hat, weil viele in solchen Situationen, wie du sie geschildert hast, also nicht dazuzugehören, einknicken und still und schüchtern werden und darunter sehr leiden. Dir standen ganz besondere Ressourcen zur Verfügung: deine Familie. Und eine ganz besondere Kraftquelle schien deine kleine Schwester zu sein. Mit denen im Hintergrund hast du dich ganz weit herausgewagt?

Vera: Ja, das stimmt.

I. M.-L.: Was hast du damals, in dieser herausfordernden Situation, gelernt, das du heute gut gebrauchen könntest, etwas, das du dir vielleicht nur noch einmal in Erinnerung zu rufen brauchst, damit die Kraft wieder da ist, die dich damals beflügelt hat?

Vera: Dass ich für mich stehen kann, das habe ich dort gelernt. Und das habe ich bis heute. Ich habe etwas ganz Autonomes in mir ... das lässt mich immer wieder große Risiken eingehen.

I. M.-L.: Und in deiner Familie hattest du so etwas wie Verbündete, ganz besonders eben deine Schwester ... Das hat dich stark gemacht, sagst du, und dieses Autonome, das hast du bis heute. Das habe ich auch schon bemerkt ... im Laufe dieses Workshops. Dir fällt es offenbar leicht, auch unbequeme Positionen einzunehmen. Wer sind denn heute deine Verbündeten?

Vera: Das ist eine gute Frage. Verbündete in der Arbeit zu haben, das weiß ich nicht, wie das überhaupt geht. Das ist meine große Schwierigkeit. Das versuche ich ja immer wieder. Manchmal glaube ich, dass es in der Arbeit gar nicht geht. Ich habe manchmal den Eindruck, dieses Autonome von mir schreckt viele ab. Vielleicht komme ich zu rücksichtslos rüber? Das hat mich früher schon viele Freunde gekostet, wie schon gesagt ... Ich habe mich lange Zeit über Kritik in Gruppen eingebracht und bin dann mit großer Regelmäßigkeit auch wieder rausgeflogen ... über kurz oder lang haben sie mich wieder rausgeschmissen. Zuerst fanden mich alle immer interessant, aber irgendwann war dann Ende. Mir Freunde zu machen und Verbündete zu schaffen, das ist für mich nicht so einfach.

I. M.-L.: Dein Verhalten war in deinem damaligen Kontext ja äußerst sinnvoll und hilfreich. Das möchte ich gern mal festhalten. Du warst auf der Suche nach deinem Platz ... du hast nicht so selbstverständlich wie die anderen dazugehört. Und wie ich schon vorhin gesagt habe, viele lernen in solchen Situationen, sich erst einmal anzupassen, still zu sein und sich leise zu verhalten. Du hast eine andere Möglichkeit gesehen und genutzt. Mit der Familie im Rücken hast du dich offensiv eingebracht und durchgesetzt. Damals war dein Verhaltensmodell sehr hilfreich für dich und sinnvoll. Und es hat dich ja auch weit gebracht. Schließlich bist du heute in einer leitenden Position. Und dennoch scheint an deinem Verhalten, das dir damals geholfen hat und dich wirklich sehr weit gebracht hat, ein Preisschild zu hängen ... eben das, nur schwer Verbündete zu finden. Kann das sein?

Vera: Ich beginne langsam, das mehr und mehr zu sehen oder immer öfter zu sehen. Vielleicht ist es gerade dieses Autonome, das ich manchmal an den Tag lege, womit ich diejenigen in der Arbeit vor den Kopf stoße? Vielleicht wird das von außen so gesehen, dass ich nicht auf sie angewiesen bin?

I. M.-L.: Wie könnte es dir gelingen, das dir einst sehr hilfreiche Modell, das du mithilfe deiner Familie und in deiner damaligen Umgebung eingeübt hast, so zu modifizieren, dass es dir auch heute noch einen guten Dienst erweist? Denn es ganz zu verwerfen, das gelingt erstens fast nie, und zweitens würdest du deine Autonomie eben auch wegwerfen ... Vielleicht müsstest du dein Verhalten nur ein klein wenig modifizieren, um das Positive daran mitnehmen zu können, sodass du nach wie vor darauf zurückgreifen kannst?

Vera: Das wäre schön, wenn mir das gelänge. An meinem Auftreten, also meiner Autonomie, meine ich, erst mal nichts ändern zu müssen. Ich muss vielleicht mehr vermitteln, also vermittelnder auftreten. In der Arbeit hieße das vielleicht einfach, meine Mitarbeiterinnen früher einzubinden, mehr Transparenz schaffen. Das wünschen sie sich ja auch ...

I. M.-L.: ... also mehr Transparenz und die Einzelnen mehr in Entscheidungsprozesse einbinden ... nicht alles im Alleingang machen?
War es das schon? Oder gibt es noch etwas anderes?

Vera: Im Moment könnte ich mir vorstellen, dass es das schon war. Ich müsste meine Mitarbeiterinnen einfach mehr mitnehmen, sie mehr fragen und mehr über die Entwicklung unserer Einrichtung informieren. Da gibt es zurzeit tatsächlich große Baustellen. An allen Ecken und Kanten wird etwas Neues eingeführt. Und wir sind es, die davon zuletzt hören ... Meine Mitarbeiterinnen manchmal eben gar nicht, weil ich es für nicht so notwendig gehalten habe, sie darüber zu informieren. Es erschien mir bislang nicht so wichtig.

I. M.-L.: Also ... die Mitarbeiterinnen mehr informieren ... Das hört sich gut an. Es scheint mir, als ob du gar nicht so viel verändern müsstest. Was hat dich bislang daran gehindert, in dieser Weise mit deinen Mitarbeiterinnen umzugehen?

Vera: Ich wusste nicht, was mir das bringen sollte. Schließlich war beziehungsweise bin ich diejenige, die Entscheidungen von oben entweder mittragen oder selbst verantworten muss. Mir kam es bislang gar nicht in den Sinn, dass es leichter sein könnte, alle zunächst mal darüber zu informieren, was anliegt. Ich habe immer gefürchtet, dass dann eine unnötige Diskussion schon lange im Voraus stattfinden würde, eine Diskussion, die ich nicht mehr steuern könnte.

I. M.-L.: Das fürchten viele, die in einer Position arbeiten wie du. Es könnte aber hilfreich sein, andere in deine Entscheidungen früh einzubeziehen und ihnen zunächst einmal Einblick zu geben in bestimmte Sachverhalte, die sie betreffen ... Dein Verhalten, wie du es jetzt gegenüber deinen Mitarbeiterinnen beschreibst, hat viel Ähnlichkeit mit dem, das du in der Familie gelernt hast ... ganz autonom zu handeln, alles mit dir allein auszumachen und auch niemanden einbeziehen zu können. Das war und ist bis heute deine Stärke, aber in gewisser Weise auch dein Leid ... Ich meine, dass du damals alles mit dir allein ausmachen musstest, um beispielsweise deine Mutter nicht zu belasten. Befürchtest du heute, auch jemanden zur Last zu fallen? Wie könntest du es dir heute ein wenig leichter machen?

Vera: Ich müsste denen auch zutrauen, sich selbst eine Meinung zu bilden, und darauf vertrauen, dass sie mit meiner Meinung kompatibel ist. Es ist auch die Angst damit verbunden, dass ich die Situation nicht mehr kontrollieren kann, wie ich gerade schon sagte.

I. M.-L.: Aber kann man eine Situation überhaupt hundertprozentig steuern?

Vera: Na ja ... ich weiß nicht. Es ist interessant, hier einen Zusammenhang zu früher herzustellen. In bestimmten Situationen ...

nein, nicht nur in bestimmten Situationen ... Ich habe das Gefühl, dass ich sehr häufig alleingelassen worden bin und alles selbst entscheiden musste. Das hat sich vielleicht verselbstständigt. Ich habe sehr viel von mir, von meinen Sorgen, zurückgehalten und habe geguckt, ob das in die jeweilige Situation der Familie hineinpasst. Ich wollte meine Mutter nicht mit meinen Sorgen belasten.

I. M.-L.: Hier hast du gelernt, Entscheidungen allein zu treffen, ganz für dich, damit du nicht deine Mutter belastest. Das scheint für dich damals sehr großen Sinn ergeben zu haben. Damit hast du ein sehr fürsorgliches Verhalten gezeigt ... Wie kannst du das auf heute übertragen? Was könntest du ein klein wenig anders machen, ohne deine wertvolle Autonomie, dein wertvolles autonomes ... selbstständiges Verhalten aufgeben zu müssen, damit deine Mitarbeiterinnen das Gefühl haben, sie werden beachtet, rechtzeitig informiert und fürsorglich behandelt?

Vera: Es ist ein bisschen schwer für mich, hier umzudenken. Bislang habe ich so autonom gehandelt, um die Situation im Griff zu haben, aber auch ... und das wird mir jetzt klar ... um niemanden zu belasten. Ich habe ja gelernt, Entscheidungen für mich zu treffen, um meine Mutter nicht zu belasten. Wie du sagst, es hatte ja etwas Fürsorgliches ... dass ich mich nicht mitgeteilt habe. Darüber muss ich etwas nachdenken.

I. M.-L.: Okay, dann lass uns noch einmal auf die Zeichnung schauen. Dort gibt es ja noch mehr zu entdecken. Also ... Du hast einen Tisch gezeichnet, an dem du, deine Eltern und deine beiden Schwestern sitzen. Und »dich als gute Fee«, die über allem schwebt.

Vera: Das finde ich wirklich interessant. Als gute Fee habe ich mich noch nie bezeichnet, und ich kann es auch jetzt nicht so sehen. Ich hatte zwar eine besondere Position in der Familie – ich war das Lieblingskind meiner Mutter –, später dann der »Kummerkasten« von ihr. Ich als »gute Fee«, das ist schon seltsam. Ich meine, immer versucht zu haben, die Familie zusammenzuhalten, hier zu trösten und dort zu vermitteln oder meine Schwestern in der Schule zu beschützen … Ich habe mich für sie auch tatsächlich ganz handgreiflich eingesetzt, also andere, die ihnen an den Kragen wollten, richtig verhauen. Das war meine Rolle. Eine gute Fee war ich aber nie. Dazu war ich zu frech. Ich war eher diejenige, die etwas riskiert hat, vielleicht auch die, die sich genommen hat, was sie brauchte. In der Schule habe ich mich mit den stärksten Jungs geprügelt … Abends kamen dann die Väter dieser Jungs und haben sich bei meiner Mutter über mich beschwert … Ihre Söhne würden sich nicht mehr zur Schule trauen und so … Von einem Vater wurde ich dann einmal als »Zigeuner« beschimpft. Viele im Dorf hatten dieses Bild von mir … ich wurde eher als wild, ungezogen und böse angesehen. Die böse Hexe. Meine Mutter und ich haben uns darüber lustig gemacht, dass die Väter sich über mich beschwert haben. Kaum war die Tür hinter denen ins Schloss gefallen, haben wir uns über die kaputtgelacht.

I. M.-L.: Das ist ja interessant. Das höre ich zum ersten Mal, dass eine Mutter ihr Kind in solchen Situationen nicht tadelt, sondern in Schutz nimmt. Ich finde es umso erstaunlicher, weil du ja noch dazu ein Mädchen warst. Gerade in der Zeit war das doch noch viel rigider, wie ein Mädchen zu sein hatte: brav, still, zurückhaltend, ohne Meinung etc. Da hast du Glück gehabt mit deiner Mutter …

Vera: Ja, du hast recht. Für mich ist das so selbstverständlich, dass ich das gar nicht so richtig wahrgenommen habe, geschweige denn es würdigen konnte. Aber das stimmt, sie hätte mich ja auch richtig ausschimpfen können …

I. M.-L.: Das Verhalten deiner Mutter gegenüber den Vätern finde ich wirklich sehr beeindruckend. Sie hätte dich richtig tadeln können, auch weil du ihr in solchen Momenten ja wirklich zur Last gefallen bist.

Vera: ... aber sie hatte eben auch dieses Unerschrockene. Dass sie sich so verhalten hat, hing sicherlich auch mit meiner Sonderstellung in der Familie zusammen. Ich konnte mir fast alles erlauben. Für jedwedes Verhalten – eben auch für dieses rüpelhafte Verhalten gegenüber den Jungs aus der Schule – hatte ich mehr oder weniger die Erlaubnis meiner Mutter.

I. M.-L.: Aber die gute Fee warst du deiner Meinung nach nur bedingt. Du hast deine Schwestern zwar beschützt, aber du hast dir auch genommen, was du wolltest ... Wenn wir trotzdem einmal diesem Bild von einer guten Fee folgen, hast du dir vielleicht eine gute Fee gewünscht? Mit anderen Worten, jemanden zu haben, der die Hand über euch hält und euch anders, friedvoller miteinander umgehen lässt? Vielleicht ist es ein Wunsch, nicht selbst dafür zuständig sein zu müssen, die Familie zu beruhigen etc., sondern dass es jemand von außen tut? Oder wie erklärst du dir diese Figur, die da über euch schwebt?

Vera: Ja, vielleicht. Diese Vorstellung ist entlastend ... nicht selbst dafür verantwortlich zu sein, dass Ruhe einkehrt, es nicht selbst machen zu müssen. Jemanden zu haben, der es regelt, der da ist und für eine gute Ordnung sorgt. Denn dafür fühlte ich mich in gewisser Weise schon zuständig. Eine Sonderstellung hatte ich in der Familie auf jeden Fall. Zumindest meinte ich, immer alles regeln zu müssen. Ich hatte den Eindruck, alle retten zu müssen. Deswegen habe ich mich vielleicht so über der Familie schwebend dargestellt.

I. M.-L.: Wie erklärst du dir, dass du dir alles erlauben konntest?

Vera: Ich war die Verbündete meiner Mutter gegen meinen Vater und auch gegen meine Schwestern. Und ich war auch ihr Kummerkasten. Ja, ich konnte mir alles erlauben. Ich habe zum Beispiel unerbittlich gegen meine große Schwester gekämpft und habe ihr den Platz als Erste streitig gemacht. Das bedauere ich heute natürlich sehr. Es tut mir unendlich leid. Wenn mich doch damals jemand in die Schranken gewiesen hätte ... und mir meinen Platz gezeigt hätte. Das Leben wäre für alle leichter gewesen.

I. M.-L.: Das hast du oben im Bild angedeutet: Fighting. Geht ihr dort mit Boxhandschuhen aufeinander los? Wie die Profis? Nach allen Regeln der Kunst? Es hat etwas von einem Schaukampf, könnte man meinen. Aber wer könnte das Publikum sein oder wer war es?

Vera: Alle anderen aus der Familie. Das ist eine interessante Frage ... weil ich bislang nicht das Gefühl hatte, dass da jemand zuguckt.

I. M.-L.: Was mir noch auffällt an der Zeichnung, ist, dass zwar ein Abstand zwischen euch da ist, aber die Boxhandschuhe kleben ja fast aneinander. Ist es ein Versuch, sich zu berühren, weil es auf eine andere Weise nicht möglich war?

Vera: Ja, so habe ich es gezeichnet. Das ist interessant. Vielleicht habe ich da wieder etwas für meine Mutter getan ... stellvertretend? Denn meine älteste Schwester ist nicht so geworden, wie es sich meine Mutter vorgestellt hat. Sie war nicht so gut in der Schule. Nachdem sie einmal sitzen geblieben ist, ist sie sofort vom Gymnasium genommen worden.

I. M.-L.: Könnte es sein, dass das Ringen miteinander die einzige Möglichkeit der Begegnung zwischen dir und deiner Schwester war? Was wäre passiert, wenn du dich auf ihre Seite gestellt hättest? Was wäre gewesen, wenn du dich auf die Seite deines Vaters geschlagen hättest? Hättest du dich damit um deine Zugehörigkeit in der Familie gebracht? Wärst du raus gewesen?

Vera: Ja, ich wäre draußen gewesen. Meine Mutter hat ja definiert, wer dazugehörte und wer nicht. So stellte es sich damals für mich dar. Ich durfte nicht so sein wie meine große Schwester und mich auch nicht mit ihr verbünden. Interessant, dass du eben gefragt hast, ob uns jemand beim Ringen zugeschaut hat … meine Mutter wird uns zugeguckt haben, denke ich jetzt. Denn für mich war das, was meine Schwester erlebt hat, eine große Warnung, zum Beispiel bloß besser in der Schule zu sein als sie. Ich durfte doch meiner Mutter nicht auch Sorgen machen. Auf einer ähnlichen Ebene hat sich mein Verhältnis zu meinem Vater abgespielt. Er und seine gesamte Familie galten ja als dumm. Wer ein gutes Verhältnis zu unserem Vater hatte, der drohte ausgeschlossen zu werden. So fühlte es sich zumindest an. Ich war in einem großen Zwiespalt und immer froh, wenn er sich mir gegenüber schlecht verhalten hat. Dann hatte ich wenigstens einen echten Grund, auf ihn sauer zu sein, und ich konnte mich ruhigen Gewissens auf die Seite meiner Mutter stellen. Manchmal war ich in einem großen Zwiespalt und hätte mich gern auf seine Seite gestellt. Ich hatte Mitleid mit ihm. Er war auch ein guter Vater.

Mit meinen Geschwistern hatte ich auch immer großes Mitleid, wenn sie wieder den Attacken meiner Mutter ausgesetzt waren. Sie hatte manchmal eine unglaubliche Wut … das machte sie so unberechenbar. Ich habe versucht, meine Schwestern vor ihr zu schützen. Das war die eine Seite. Es gab aber noch eine andere … Ich habe auch versucht, meine Mutter zu entschuldigen … vor mir selbst und vor meinen Geschwistern. Ich habe versucht, Erklärungen zu finden für ihr Verhalten. Ich wollte, dass gut über sie gesprochen wurde. Letztlich wollte ich immer nur eines, dass alle zu ihrem Recht kommen und nicht ungerecht behandelt werden und dass auch meine Mutter, obwohl sie sich manchmal verhalten hat wie ein kleines Kind, nicht ihr Gesicht verliert. Ich war die Große an ihrer Seite, die Ältere, die Überlegene. Ich habe versucht, alles wieder ins Lot zu bringen, was dort jeden Tag aus dem Ruder zu laufen drohte ... das Familiengefüge, die Spannungen unter uns Schwestern, aber auch die Ehe meiner Eltern. Die haben sich ja auch immerzu gestritten.

I. M.-L.: Da hattest du ja einen ganz schön herausfordernden Stand in der Familie. Vielleicht warst du doch die gute Fee für die anderen? Was würden denn deine Schwestern sagen, wenn du sie fragen würdest? Haben sie dich als gute Fee wahrgenommen?

Vera: Na ja ... als gute Fee konnte mich meine große Schwester auf keinen Fall wahrnehmen. Für mich war sie die totale Konkurrenz, und ich habe ihr nichts gegönnt. Aber meine kleine Schwester hat schon mal gesagt, dass ich für sie so etwas wie eine Ersatzmutter war.

I. M.-L.: Du hast also auch ein sehr fürsorgliches Verhalten gezeigt, du warst in Sorge und hast versucht, auf allen Ebenen zu vermitteln.

Und zugleich scheinst du zwischenzeitlich immer wieder zwischen alle Stühle gerutscht zu sein. In solchen Situationen warst du offensichtlich nicht das Kind, sondern die Verbündete deiner Mutter. Und in solchen Situationen warst du wohl auch nicht die Schwester deiner Schwestern, sondern auch hier die Verbündete deiner Mutter gegen die Schwestern und auch gegen deinen Vater? Und zugleich auch noch die Ersatzmutter der einen Schwester? Bei so vielen Rollen, die du da eingenommen hast, kann einem ja richtig schwindlig werden. In der Zeichnung hast du dich ganz links außen am Tisch sitzend gemalt, als ob du gleich wegrutschst ... so kommt es mir vor. Man sieht dich oben rechts in der Ecke des Storyboards. Lonesome hast du dazugeschrieben. Da bist du ja in eine sehr herausfordernde Situation geraten, und ich frage mich, wo du selbst warst. Wo warst du mit deinen eigenen Bedürfnissen und Wünschen? Du scheinst die ganze Zeit alles Mögliche für die anderen in der Familie geregelt zu haben. Das hört sich sehr anstrengend an, was du erlebt hast.

Vera: Ich bin in eine Situation oder Rolle hineingeraten, die mir ein paar Nummern zu groß war. Die Rolle als Kind war für mich nicht einfach. Und letztlich hat mich das ins Off katapultiert. Ich war im Zweifel allein. So geht es mir bis heute.

I. M.-L.: Ich höre auch eine große Erschöpfung heraus.

Vera: Ja, das stimmt. Das habe ich erst im Nachhinein gemerkt. Damals nicht. Manchmal holt mich die Erschöpfung heute ein ... Dann habe ich so ein Gefühl, dass ich mich schon immer angestrengt habe, dass ich schon immer »geackert« habe. Ich war immer für andere da, habe zugehört, beraten, getröstet und so weiter. Das mache ich heute noch, auch in meinem Job.

I. M.-L.: Das ist in der Tat anstrengend. Immer nur für andere da zu sein, das laugt aus. Da kommt man selbst ziemlich aus der Balance. Ich würde dich gern fragen, was du aus diesen Erfahrungen gelernt hast. Gibt es etwas, das du vielleicht sogar für deine aktuelle Situation nutzen könntest?

Vera: Was ich hier gelernt habe in Bezug auf meine jetzige Situation? Das frage ich mich auch. Ich frage mich ja, wie ich meine Rolle als Chefin in dieser Sandwich-Position – über mir meine Chefs und »unter« mir meine Mitarbeiterinnen – besser handhaben kann.

I. M.-L.: Aus solchen Situationen, wie du sie in der Familie erlebt hast, in denen du kein Kind sein konntest, in gewisser Weise auch nicht unbefangen Schwester, entwickelt sich häufig langfristig schlicht und einfach eine Rollenunklarheit. Man weiß gar nicht mehr, wer man ist. Bin ich jetzt Kind? Oder die Mutter? Oder wer eigentlich? Das sind meine Beobachtungen in meiner Arbeit mit Kriegsenkeln. Hilfreich kann hier sein, sich einmal vorzustellen, was es heißt, Tochter zu sein und sich den Eltern gegenüber entsprechend zu verhalten. Das ist gar nicht so einfach, weil viele Kriegsenkel diese Rolle nicht besonders gut kennen. Frag dich einmal, in welcher Rolle du dich heute gegenüber deinen Eltern befindest. Siehst du dich in der Rolle einer Tochter? Oder immer noch in der Rolle einer Beraterin, der Mediatorin oder der besten Freundin deiner Mutter?

Und frag dich auch einmal, in welcher Rolle du dich heute gegenüber deinen Schwestern befindest. Bist du nach wie vor die Ersatzmutter für die kleine Schwester oder stehst du in Konkurrenz zu deiner älteren Schwester? Oder kommst du mittlerweile auch mit deinen Wünschen in deiner Beziehung zu deinen Schwestern vor?

Und so können wir deine derzeitige Rolle in deinem Job auch befragen: In welcher Rolle befindest du dich da? Was bedeutet es für dich, eine gute Chefin gegenüber den Mitarbeiterinnen zu sein? Welchen Unterschied macht es für dich, selbstständige Mitarbeiterinnen zu haben, denen du viel anvertrauen kannst und auch viel zumuten darfst, und Mitarbeiterinnen zu haben, die du retten oder denen du eine gute Fee sein musst, die meint, alles für sie statt mit ihnen regeln zu müssen.

Vera: Ganz klar, das würde für mich sehr viel leichter werden. Ich müsste nicht mehr alles gut finden oder ihnen alles erlauben. Ich wäre dann klarer und könnte Grenzen setzen. Ich könnte auch etwas einfordern und nicht allein dasitzen und Überstunden machen.

I. M.-L.: Die Frage danach, »in welcher Rolle bin ich hier eigentlich?«, könnte dir vieles erleichtern. Was muss ich in der Rolle als

Chefin meinen Mitarbeiterinnen gegenüber tun und was darf ich fortan lassen? Wo fängt ihre Zuständigkeit an? Deine Rolle und deine Aufgaben von denen deiner Mitarbeiterinnen abgrenzen, das wäre ein weiteres Thema. Wie gelingt es dir, dich abzugrenzen und deinen Platz einzunehmen? Das Thema Abgrenzung war in deiner Familie ja schwierig oder so gut wie gar nicht erlaubt. Alle standen offenbar unter dem Diktat deiner Mutter ... und sich von ihr abzugrenzen und beispielsweise zeitweise auch auf die Seite deines Vaters zu gehen war ja eher bedrohlich. Abgrenzung war offenbar mit einem eventuellen Ausschluss verknüpft.

Vera: Das stimmt. Mich abzugrenzen fällt mir in gewisser Weise schwer.

I. M.-L.: Hilfreich könnte sein, wenn wir uns deinen Arbeits- und derzeitigen Aufgabenbereich in einem weiteren Gespräch einmal sehr genau anschauen würden. Wenn wir klären können, in welcher Rolle du auf deiner Arbeit bist, das heißt, mit welchen Aufgaben du betraut bist, dann können wir Schritt für Schritt auch Möglichkeiten der Abgrenzung ausfindig machen. Und so definierst du mehr und mehr, was dein Platz ist.

Wir gehen jetzt weiter zum nächsten Storyboard: Schule.

Veras Storyboard zur Schule

I. M.-L.: Erzähl mal, was du auf das Storyboard Schule gezeichnet hast.

Vera: Ich erinnere mich an eine Situation in der Grundschule, damals hieß es noch Volksschule. Ich bin in einer kleinen Dorfschule eingeschult worden, in der sich noch mehrere Klassen in einem Raum befanden. Gemalt habe ich eine Szene, in der ich aus irgendeinem Grund eines Tages neben meiner älteren Schwester sitze.

I. M.-L.: Neben der Schwester, gegen die du so gekämpft hast?

Vera: Ja, genau die … Ich weiß gar nicht mehr, wie das kam, dass ich neben ihr saß, denn sie war damals schon zwei Klassen weiter als ich. Wir saßen aber in dieser kleinen Dorfschule in einem Raum und an dem Tag sogar nebeneinander. Ich habe folgende Situation gemalt: Die Schulklasse meiner Schwester schreibt eine Mathearbeit. Meine Schwester kann eine Aufgabe nicht. Ich springe ein und rechne die Aufgabe für sie. Mich überkommt eine unglaubliche Scham, weil ich es kann und sie nicht.

I. M.-L.: Wie erklärst du dir, dass du Scham empfunden hast? Du hättest doch auch stolz sein können, dass du diese Aufgaben bereits lösen und damit deiner Schwester helfen konntest. Du hast etwas ganz Tolles gemacht, indem du deiner älteren Schwester geholfen hast, und du schämst dich? Welche Gründe hattest du, dich zu schämen?

Vera: Das ist mir auch nicht so klar. Ich dachte: Wieso kann ich etwas, was sie nicht kann? Sie ist doch zwei Jahre älter als ich. Sie hätte es doch können müssen und nicht ich. Das erfüllte mich mit großer Scham, und ich wusste gar nicht, wohin damit und was ich tun sollte. Vielleicht war es das, dass ich besser war als sie. Ich habe es damals überhaupt nicht begreifen können, wie das überhaupt sein kann. Schließlich war sie schon länger in der Schule als ich … und sie konnte die einfachsten Sachen nicht rechnen? Vielleicht hat es mich beschämt, sie so hilflos zu sehen?

I. M.-L.: Du siehst ziemlich konsterniert aus auf dem Storyboard, während deine Schwester einen sehr entschlossenen Eindruck macht, fast ein bisschen wütend, und sogar die Ellenbogen ausfährt.

Vera: Ja, das stimmt. Das sehe ich auch. Sie sieht fast ein bisschen aggressiv aus, wenn ich mir das genau betrachte. Das ist interessant. Sie sieht gar nicht hilflos aus oder wie eine, der man helfen müsste. Das ist etwas ganz Neues und gibt meinem damaligen Gefühl von Scham noch nachträglich eine neue Information. Das irritiert mich noch mehr.

I. M.-L.: Hier wird für dich etwas sichtbar, was du immer gefühlt hast?

Vera: Ja, in gewisser Weise schon …

I. M.-L.: Was ist es? Ich versuche noch einmal, meinen Eindruck von dem Storyboard zu beschreiben: Du siehst auf dem Storyboard ganz verdattert aus, so als hätte dich deine Schwester zurückgewiesen. Und deine Schwester wirkt auf dem Bild keineswegs traurig oder bedrückt, wie man es nach deiner Schilderung vielleicht auch hätte annehmen können. Sie sieht eher abweisend aus … oder schlicht auf sich selbst bezogen. Sie hat die Ellenbogen ausgebreitet und schafft sich sichtlich Platz. Könnte es etwas mit eurer schwierigen Positionen zu Hause beziehungsweise in der Familie zu tun haben? Könnte sie es so aufgefasst haben, dass du nun auch hier – in der Schule – ihr gegenüber auftrumpfst?

Vera: Ja, da könnte was dran sein. Das erklärt zumindest ihre Haltung, wie sie auf der Zeichnung sichtbar ist. Ich hatte das Gefühl, dass mir dieser Vorsprung nicht zustand, etwas zu können, was sie nicht konnte. Sie war doch meine große Schwester.

I. M.-L.: Vielleicht schwingt hier tatsächlich mit, dass ihr euch zu Hause bekriegt habt und dass du deiner Schwester schon dort überlegen warst. Und jetzt solltest du es womöglich auch noch in der Schule sein?

Vera: Ja, das mag sein. Das weiß ich nicht so richtig. Dabei fällt mir noch eine andere Situation ein, die mich jahrelang umgetrieben hat. Da hat mich meine ältere Schwester regelrecht verraten. Ich war zu dem Zeitpunkt gerade mal sechs Jahre alt. Es war so, dass die Freundinnen von ihr eine offene Rechnung mit mir hatten. Auf diese Gruppe von drei, vier Mädchen traf ich überraschend auf dem Nachhauseweg. Die Freundinnen von ihr hatten mich noch gar nicht wahrgenommen, und ich hoffte, dass ich noch einmal davonkommen würde. Aber meine eigene Schwester hat sie auf mich aufmerksam gemacht: »Da ist sie«, sagte sie wie Judas ... Ich muss lachen, weil ich es so pathetisch beschreibe. Auf jeden Fall wurde ich daraufhin von ihnen verdroschen. Das habe ich als einen unglaublichen Verrat empfunden. Meine eigene Schwester verrät mich. Dürfen Schwestern das machen? Nein! Ich habe jahrelang unter beiden Situationen gelitten.

I. M.-L.: Da hat deine Schwester ja an einem ganz großen Tabu gerührt. Die große Schwester verrät die kleine. Eine Schwester verrät die eigene Schwester.

Vera: Ja, und das krasse Gegenteil von dem, was ich mir gewünscht habe: eine große Schwester, an der ich mich orientieren kann, die mich beschützt und die für mich da ist. Und nicht umgekehrt ... wie in der Schulsituation.

I. M.-L.: ... als kleinere Schwester von der großen Schwester beschützt werden, das war es, was du wolltest?

Vera: Ja, und stattdessen musste ich immer die Große sein, auch unter den Geschwistern.

I. M.-L.: Da scheinen ja eure Rollen richtig durcheinandergeraten zu sein. Du hast deiner großen Schwester zu Hause den Platz streitig gemacht, aber das hat sie dir draußen heimgezahlt. Kann das sein? Außerhalb der Familie – in der Schule und unter den Freundinnen – hattest du ein ganz klares Gefühl davon, wer die große und wer die kleine Schwester war und welche Aufgabe oder welches Verhalten damit verbunden war. Deine große Schwester schien das offenbar immer vor Augen zu haben, dass du ihr zu Hause den Platz streitig gemacht hast, weswegen sie dich draußen zurückgewiesen hat, selbst als du ihr in der Schule geholfen hast … oder dich verprügeln ließ. War das ihre Rache, was meinst du?

Vera: Das kann sein, deswegen hat sie vielleicht diese Situationen genutzt und es mir zurückgezahlt. Ja, das wäre eine Erklärung.

I. M.-L.: Was hast du denn aus dieser besonderen Geschwisterkonstellation gelernt? Das ist ja schon ganz besonders, was du erlebt hast.

Vera: Gelernt habe ich, dass ich mich auf niemanden verlassen kann … dass ich letztlich allein war. Nein, mir kommt gerade eine ganz andere Assoziation. Ich habe mein schlechtes Verhalten gegenüber meiner Schwester überhaupt nicht damit in Verbindung gebracht, dass sie eine Wut auf mich haben könnte. Da gibt es auf einer anderen Ebene eine Parallele. Ich erinnere mich jetzt nämlich daran, dass ich später immer wieder aus Gruppen herausgeworfen worden bin, in denen ich mich ähnlich verhalten habe. Mein Eintritt war immer so gestaltet, dass ich die Gruppe erst mal kritisiert habe. Ich habe denen doch tatsächlich zuerst gesagt, was ich alles schlecht finde und was ich ändern möchte … Ja, das muss man sich mal vorstellen. Diese Parallele erkenne ich jetzt. Später habe ich mühsam gelernt, mich sozial in einer Gruppe zu verhalten, damit ich nicht ganz schnell wieder rausfliege. Ich habe mich häufig in Gruppen so verhalten wie in meiner Familie, also mit der Idee, genauso wenig, wie ich aus meiner Familie rausgeschmissen werden konnte, aus der Gruppe fliegen zu können. Tja, das war leider ein Irrtum.

I. M.-L.: Das ist interessant, dass du hier eine Parallele siehst. Da hast du ja einiges einstecken müssen … Ich frage mich gerade, ob das die Auswirkungen gewesen sein mögen, zu Hause kein Feedback oder kein Korrektiv auf dein Verhalten bekommen zu haben? Mir scheint, dass du durch mühsames »Try and Error« herausgefunden hast, wie du dich sozial kompatibel verhalten kannst. Deine Mutter oder dein Vater hätte für ein Korrektiv sorgen müssen. Das konnten sie offenbar nicht. Damit haben viele Kriegsenkel zu tun. Zu Hause hatten sie oftmals eine sehr exponierte Rolle, so ähnlich, wie du es auch beschrieben hast, die Vertraute der Mutter sein und so weiter … Das bringt dann auch die Geschwisterkonstellation durcheinander. Die gesamte Beziehungsgestaltung steht häufig unter dem Eindruck der besonderen Rolle. Ich möchte hier nur das Stichwort Parentifizierung nennen. Darüber sprachen wir ja bereits, also die Eltern für die Eltern zu sein. Andererseits … und auch hier scheint mir, dass es mindestens noch eine andere Seite gibt: Es spricht schon auch ein großes Selbstbewusstsein und eine enorme Autonomie aus deinem Auftreten deinen Gruppen gegenüber. Das ist auch mutig, sich in Gruppen so zu exponieren.

Vera: … und am Anfang hatte ich auch immer den Eindruck, genau deswegen, weil ich eine andere Idee eingebracht habe, gemocht und in der Gruppe gebraucht zu werden. Aber einfach war das Ganze nicht. Ich hatte auch viel Angst und brauchte sehr viel Zeit, ehe ich das Selbstbewusstsein hatte, in einer Gruppe mitzuarbeiten. Ich war häufig sehr einsam und allein. Andererseits meinte ich, doch immer sehr viel für andere getan zu haben und für andere da gewesen zu sein …

I. M.-L.: Ja, das scheint sich so durchzuziehen … dieses Motiv, für andere da zu sein und selbst allein gewesen zu sein. Da kommt eine große Traurigkeit bei dir auf … habe ich den Eindruck. Das war nicht so einfach für dich, nicht wahr?

Vera: Ich glaube, davon bis heute richtig ausgepowert zu sein.

I. M.-L.: Das ist wirklich eine enorme Leistung … sich so früh für alle in der Familie verantwortlich gefühlt zu haben und das Gefühl gehabt zu haben, sich immer um die anderen kümmern zu müssen, während du selbst leer ausgegangen zu sein scheinst. Da hast du wirklich etwas ganz Spezifisches gelernt: Deine unmittelbaren Beziehungen standen für dich offenbar oft in Verbindung mit Leistung und auch damit, von dir selbst, von deinen Bedürfnissen abzusehen. Lass uns später einmal schauen, inwieweit diese Erfahrung dein späteres Handeln beeinflusst, ich meine, inwieweit diese Erfahrung in deiner aktuellen Situation eine Rolle spielt. Wir haben schon an den vorherigen biografischen Stationen mit ähnlichen Fragen zu tun gehabt. Ich würde mir jetzt gern das Storyboard über deine Generation anschauen.

Veras Storyboard zur Generation

Vera: Mit meiner Generation verbinde ich in erster Linie, dass sich mein Leben so verändert hat, dass ich auf die Universität gehen konnte. Das verbinde ich ganz stark mit meiner Generation. Die Möglichkeit, auf die Universität zu gehen, »abzuhängen«, sich Zeit für sich und die eigenen Interessen zu nehmen. Ich als Arbeiterkind bin noch einmal davongekommen ... das habe ich damals gedacht.

I. M.-L.: Was meinst du damit, du bist davongekommen?

Vera: Ich bin diesem Büromief entkommen. Ich habe damals ganz stark empfunden, dass ich noch einmal eine richtig große Chance bekommen habe ... Es war wie ein richtiger Frühling für mich. Das habe ich ganz stark gefühlt. Ich habe ja den zweiten Bildungsweg gemacht. Ich war seit meinem 16. Lebensjahr in einer grauenhaften Lehre als Rechtsanwalts- und Notargehilfin. Furchtbar. Als ich nach drei Jahren Lehre dort aufgehört habe, hat für mich das Leben wieder begonnen. Endlich! Dazu noch ein sehr privilegiertes Leben! Schließlich bin ich ja auf der Uni angekommen. Vor diesem Hintergrund verbinde ich mit meiner Generation eine große Befreiung aus sehr engen Verhältnissen. Die 68er waren zwar schon vorbei, aber um bei diesem Projekt mitzumachen, war ich eh zu jung. Die 68er traf ich an der Uni wieder, das waren meine Profs. Und dort stießen wir überall auf offene Türen. Vonseiten der Profs hieß es immer: »Ja, macht mal! Das ist interessant!« Das war auf der einen Seite toll, auf der anderen Seite haben die uns auch ganz schön hängen lassen.

I. M.-L.: Das hört sich nach einem großen Aufbruch an. Raus aus engen Verhältnissen ... Auf deinem Storyboard sieht man eine Menge Parolen und Symbole ... Mir fällt eine Zeile eines Songs von Nina Hagen ein: »Ich kann mich gar nicht entscheiden. Ist *alles so schön bunt hier!*«

Vera: So war's ja auch. Es gab plötzlich unglaublich viele Möglichkeiten! Allein der Aufbruch aus der Kleinstadt nach Hamburg war sehr aufregend und hat viel bei mir in Gang gesetzt. All diese neuen Themen damals: Wohngemeinschaften, sexuelle Revolution, Toleranz gegenüber Andersdenkenden, Offenheit gegenüber Ausländern und so weiter. Ich war eine Zeit lang mit einem Franzosen liiert. Das war très chic! Selbstverständlich bin ich in der Zeit auch in eine Wohngemeinschaft gezogen. Und wir hatten alle einen sehr hohen politischen Anspruch und haben zum Beispiel Heimzöglinge, Jugendliche, die im Heim lebten, bei uns aufgenommen und uns um sie gekümmert. Zugehörigkeit zu meiner Generation bedeutete genau das: eine politische Meinung zu haben und sich sozial zu engagieren. Das ging gar nicht anders. Und man musste sich auch innerhalb des K-Gruppen-Reigens positionieren. Das waren kommunistische Splittergruppen, die sich nach dem Ende der 68er-Bewegung gebildet und sich aber schon Mitte der 1970er-Jahre wieder aufgelöst haben. Wir haben uns als Schüler und Schülerinnen vor die Fabriktore gestellt und Flugblätter an die Arbeiter verteilt. Heute klingt das natürlich komisch, und ich kann darüber nur lachen. Aber damals ... Ich weiß noch, dass ich auch mit meinem Vater über meine neuen politischen Ansichten gesprochen habe, in denen die Arbeiter ja eine besondere Stellung hatten. Der fand das irgendwie seltsam, seine Tochter so von der Arbeiterschaft sprechen zu hören. Auf diese Weise wollten wir die Gesellschaft verändern. Rückblickend betrachtet ist das natürlich naiv, aber wir hatten das Gefühl, etwas bewegen zu können. Diese K-Gruppen-Phase hatte dann aber relativ schnell ein Ende ... Drei bis vier Jahre hat es gedauert, dann wurde sie von ganz anderen Aktivitäten abgelöst. Plötzlich standen wir selbst im Mittelpunkt. Die eigene Veränderung war der Schlüssel für alles, und die Reflexion darüber war das Nonplusultra meiner Generation. So würde ich das definieren. Ich musste mich selbst ziemlich umstellen ... Ich hatte ja vorher für die Arbeiterklasse gesprochen ... witzigerweise ... und nicht für mich.

In der Zeit schossen dann auch die kleinen Initiativen nur so aus dem Boden, unglaublich viele Projekte auf dem Land und in der Stadt ... alternative Buchläden, Autorenkinos, Frauenzentren und so weiter ... Ich habe zwar in der Zeit selbst nichts gegründet oder so. Aber ich habe viele Projekte unterstützt. Und viel herumexperimentiert.

I. M.-L.: Das hört sich nach einer sehr bewegten und sehr ausgefüllten Zeit an, so wie dein Storyboard: von oben bis unten mit Themen der Zeit vollgeschrieben. Was hat dich in dieser Zeit am meisten geprägt? Oder anders gefragt: Was hast du in dieser Zeit gelernt? Was hast du aus dieser Zeit mitgenommen?

Vera: Wenn man etwas will, dann kann man es einfach machen. Wir haben es einfach ausprobiert! Und noch eins war sehr stark, was ich mir vielleicht einmal vergegenwärtigen sollte für meine aktuelle Frage: Es gab immer einen großen Unterstützerkreis, wenn jemand etwas in die Welt setzen wollte. Heute würde man sagen: ein großes Netzwerk. Das war damals der große Vorteil. Man war nie allein. Man führte quasi ein öffentliches Leben, in der Caféteria der Uni, im Frauenzentrum und abends in der Kneipe. Ich habe zum Beispiel jahrelang einen Frauenbuchladen unterstützt, einfach deshalb, weil ich die Idee gut fand ... Geld gab es dafür nicht. Und so war es oftmals. Jemand hatte eine Idee, und dafür fand sich dann ein Unterstützerkreis ... Man hat auch, ohne viel Geld zu haben, einfach angefangen mit dem, was man wollte. Das hat mich doch sehr geprägt. Ich will etwas, also gehe ich dafür einfach los ... mal schauen, wie weit ich komme. Wir haben ja vieles das erste Mal gemacht, etwas, das vorher noch keine Generation gemacht hat. In Wohngemeinschaften leben, in sogenannten Mehrfachbeziehungen, in wilder Ehe und so weiter. In der Zeit, einfach nur einer Berufstätigkeit nachgegangen zu sein, das wäre die Niederlage gewesen.

I. M.-L.: ... das hört sich sehr mutig und unerschrocken an. So ähnlich hast du dich selbst ja schon in einer ganz anderen Phase beschrieben, nämlich als du in der Grundschule warst ... risikofreudig und autonom ... Hier schienst du ein Umfeld gefunden zu haben, das zu deinen Stärken passte. Haben alle so gehandelt, wie du es für dich beschreibst?

Vera: Viele haben so gehandelt in der Szene, in der ich war. Aber zum Beispiel längst nicht alle von meinen Freundinnen, die mit mir zusammen studiert haben. Viele sind auch den ganz normalen

Weg in irgendeinen Beruf gegangen, obwohl, wie schon gesagt, sie damit eher zu den Spießern gehörten …

I. M.-L.: Wie würdest du das denn jetzt zusammenfassen? Was hat dich deine Generation gelehrt?

Vera: Ja, das kann ich gern noch einmal sagen. Das Credo meiner Generation bestand in dem Motto: Wenn man etwas will, dann kann man es einfach machen.

I. M.-L.: Das hört sich richtig gut an … nach Aufbruch, nach einem bunten Leben. Der Zeitgeist scheint dir extremen Rückenwind gegeben zu haben. Und du konntest viel von deinen Kompetenzen ausleben, die du im Laufe deines Lebens entwickelt hast, und vermutlich auch noch weiter ausbauen, oder? Aber lass uns das einmal an deinem nächsten Storyboard weiterverfolgen. Großartig.

Veras Storyboard zu Ausbildung/Studium

I. M.-L.: Du hast nach der Realschule zuerst eine Ausbildung gemacht?

Vera: Ja, in einer Rechtsanwaltskanzlei. Das war ganz furchtbar! Ich habe dort nur meine Zeit abgesessen.

I. M.-L.: So eine Arbeit im Rechtsanwaltsbüro kann doch ganz interessant sein ... viele Kriegsenkel haben ja sehr stark das Bedürfnis, für Gerechtigkeit zu sorgen. Da hätte doch so eine Arbeit im Rechtsanwaltsbüro auch gut sein können, oder? Weshalb war das für dich so schlimm? Wie bist du dazu gekommen, in dem Bereich eine Lehre zu machen?

Vera: Nach der Schule wusste ich nicht so recht, wie ich das, was ich eigentlich machen wollte – ich wollte Erzieherin werden –, erreichen kann. Das hört sich im Nachhinein irgendwie blöd an, aber ich habe mich damals vom Arbeitsamt beraten lassen und trotzdem nicht begriffen, was ich zuerst machen sollte. Gut, ich war gerade 16 Jahre alt geworden. Meine Eltern haben auch nicht durchgeblickt. Auf jeden Fall erschien ihnen die Ausbildung zur Erzieherin zu lang ... von fünf Jahren war damals die Rede. Meine Eltern haben mir auch immer im Nacken gesessen und mich angetrieben, mir eine Lehrstelle zu suchen. Bei der nächstbesten Gelegenheit habe ich dann zugegriffen: Der Vater einer Schulkollegin hat für seine Anwaltskanzlei einen Lehrling gesucht. Bei dem habe ich dann angefangen. Da war ich erst einmal gut untergebracht. Die Ausbildung war aber gar nichts für mich. Ich wurde mit irgendwelchen niederen Büroarbeiten beschäftigt. Gelernt habe ich nichts. Am Ende der Ausbildung bin ich dann auch noch durch die Prüfung gefallen, weil ich einfach nicht gelernt habe ... sehr zum Ärger meiner Mutter. Da habe ich zum ersten Mal versagt und sie massiv enttäuscht. Bis dahin war ich ja eine Vorzeigeschülerin oder eine Vorzeigetochter.

I. M.-L.: Man kann dieses Versagen auch als »sich einer Aufgabe versagen« begreifen. Als einen mehr oder weniger bewussten Akt der Verweigerung. Hast du dich vielleicht den Ansprüchen oder den Aufträgen deiner Mutter versagt?

Vera: Du meinst, ich habe zu dem Zeitpunkt schon gewusst, dass das nichts für mich ist? Das stimmt auf jeden Fall. Ich wusste nur nicht, wie ich aus der Nummer wieder herauskommen sollte. Ich hatte keine Ahnung, was ich machen sollte. Erst als ein Freund mich auf die Fachoberschule aufmerksam gemacht hat, also auf den zweiten Bildungsweg, hat sich etwas Neues für mich entwickelt. Das konnte ich dann auch meinen Eltern vermitteln. Auf jeden Fall ... Die Folge davon war, dass ich die Prüfung nicht bestanden habe und dieser Zweig für mich abgestorben war ... In diese Richtung bin ich nicht weitergegangen. Ich bin dann zur Uni gegangen. Wenn ich das im Nachhinein so betrachte, dass ich mich den Aufträgen meiner Mutter versagt haben könnte, dann macht mich das stolz, das heißt ja, dass ich irgendwie gewusst habe, dass es für mich woanders weitergeht.

I. M.-L.: Ja, vielleicht war es so ein intuitives Wissen, dass der Weg nicht der richtige für dich war. Aber lass uns noch einmal zurück zur Zeichnung gehen. Auf der Zeichnung sieht die Figur in der Bürosituation wie eine alte, verhärmte Frau aus, richtig ein bisschen böse und traurig. Es sieht fast so aus, als würde diese Person im Rollstuhl sitzen oder auf irgendeinem medizinischen Stuhl, der mit einem Monitor ausgestattet ist.

Vera: Ich fühlte mich drei Jahre lang wie in einem Gefängnis. Ich werde heute noch wütend, wenn ich an die hier verschwendete Lebenszeit denke.

I. M.-L.: Ja, das sieht man auf der Zeichnung, wie schwer es dir gefallen sein muss, dort zu arbeiten. Deswegen komme ich auf Rollstuhl oder sehe darin so etwas wie einen medizinischen Stuhl, also eine Situation, in der du dich nur schwer oder gar nicht eigenständig bewegen konntest. Kannst du im Nachhinein dieser Situation etwas abgewinnen? Manchmal kann man ja trotz großen Leids feststellen, dass man dennoch etwas gelernt oder etwas daraus mitgenommen hat. Dass es irgendeinen Sinn ergibt.

Vera: Es fällt mir sehr, sehr schwer, überhaupt auf diese Situation zu schauen. Ich habe dort schon arg gelitten. Und auch im Nachhinein kann ich in diesem dreijährigen Martyrium keinen großen Sinn erkennen. Ich habe eine Einsamkeit erlebt, die abgründiger nicht sein konnte.

I. M.-L.: … und du bist dieser schweren Situation einigermaßen heil entkommen. Du hattest immerhin das Selbstbewusstsein, dich erneut auf einer weiterführenden Schule anzumelden, wie du erzählt hast.

Vera: Dass ich das durchgehalten habe, darin besteht mein Verdienst. Aber selbst das ist ein zweifelhaftes Verdienst. Warum habe ich nicht vorher aufgehört? Ich bin bis heute nicht bereit, darüber nachzudenken, was mir die Zeit in dem Büro gebracht haben könnte. Ich bin in keinster Weise mit dieser Zeit versöhnt. Es war eine Tätigkeit, die einfach stupide war, und es wurde ein Umgang mit mir gepflegt, der eine Zumutung für mich bedeutete. Ich war ja Mitte der 60er-Jahre in dem Büro. In der Zeit durften Frauen im Büro keine Hosen tragen, wir wurden noch mit Fräulein angesprochen und so weiter … Nein, das war eine sinnlose, vergeudete Zeit! Ich bin bis heute wütend darüber. Das war eine Zumutung!

I. M.-L.: Ja, die 60er-Jahre waren eine Zumutung. Das kann ich bestätigen … gerade für uns Frauen! Meine Hochachtung, dass du diese Zeit in diesem Büro so heil über die Runden gebracht hast. Wie hast du dich gerettet? Oder was hat dich gerettet?

Vera: Das war gar nicht so einfach auf der einen Seite, denn meine Eltern waren ja froh, dass ich eine Lehrstelle hatte. Und dort sollte ich auch bleiben. In dem Büro wähnten sie mich in Sicherheit. Aber schließlich hat mir ein Freund den entscheidenden Tipp gegeben, mich aus dem Knast zu befreien. Er hatte selbst den zweiten Bildungsweg beschritten. Der wusste, wie es ging.

I. M.-L.: In entscheidenden Momenten deines Lebens triffst du immer wieder auf die richtigen Leute. Auf Menschen, die dir weiterhelfen. So scheint es mir. Siehst du das auch so?

Vera: Das weiß ich gar nicht so recht ...

I. M.-L.: Lass uns nochmals auf das Storyboard schauen. Dieses Storyboard hat ja zwei Teile. Wenden wir uns jetzt einmal dem anderen Teil zu. Ich finde die zweite Zeichnung irgendwie lustig: Das Bild, das du von deiner Unizeit angefertigt hast, wirkt auf mich wie eine Zeichnung im Stil des sozialistischen Realismus: zufriedene Menschen im Vordergrund und eine aufgehende Sonne im Hintergrund, dazwischen ein kleiner Schriftzug *Universität* ... Beim ersten Lesen habe ich Universum gelesen. Der sozialistische Realismus war ja bekanntermaßen sehr plakativ und hat häufig etwas behauptet, das so nicht der Realität entsprach ... oder erst noch Realität werden sollte. Auch auf deiner Zeichnung stehen die Menschen da wie ausgestellt und schauen auf uns.

Vera: Ja, da ist insofern etwas dran, als dass die Universität für mich lange Zeit tatsächlich ein Paralleluniversum war. Ich habe so gern studiert und immer gedacht, alle sollten in den Genuss dieses Vergnügens kommen. Vielleicht ist die Zeichnung eine nachträgliche Werbung für die Uni oder für dieses Paralleluniversum, das sie lange für mich war. Eine Propaganda für die Uni, für das Lernen und Studieren.

I. M.-L.: Was meinst du mit Paralleluniversum?

Vera: Ich habe – wie viele in den 70ern und 80ern – sehr lange studiert, so circa zehn bis zwölf Jahre.

I. M.-L.: Viele schämen sich im Nachhinein, so lange studiert zu haben. Wie geht es dir damit?

Vera: Das kenne ich durchaus. Aber in der Zeit war es so, wer etwas auf sich hielt, hat sich möglichst lange im universitären Kontext aufgehalten. Darüber war man einerseits sozialversichert, und andererseits konnte man sich allen möglichen eigenen Projekten widmen.

I. M.-L.: Was hat dir diese Zeit an der Uni gebracht?

Vera: Ich habe in der Zeit meine ersten Schritte in Richtung berufliche Selbstständigkeit unternommen und wollte etwas Künstlerisches machen, aber dann auch schnell erkannt, dass das nichts für mich ist. Und außerdem war es bei mir so, dass ich zwei Abschlüsse gemacht habe, aber in keinem der Berufe wollte ich arbeiten.

I. M.-L.: Du hast zwei Abschlüsse gemacht, also zwei Studiengänge abgeschlossen, und wolltest in keinem der Bereiche arbeiten? Das ist interessant und auch wieder sehr mutig. Es irritiert mich aber auch.

Vera: Ja, ich wollte einfach weiterhin an der Uni bleiben, weiter studieren, lesen und lernen. Mit dem Unibetrieb selbst hatte ich aber gar nicht so viel zu tun.

I. M.-L.: Wie gesagt, das habe ich schon häufiger gehört. Es war durchaus typisch für die Zeit – Mitte, Ende der 1970er, Anfang der 1980er –, sozusagen ewig zu studieren, ohne ein festes berufliches Ziel zu haben und es so zu machen, wie du es gemacht hast … einfach den Kontext nutzen, um andere Ziele zu verfolgen. Dieser Lebensabschnitt scheint für dich sehr produktiv gewesen zu sein. Du hast gesehen, wie es ist, sich selbstständig zu machen, und erkannt, dass es nichts für dich ist. Das sind wertvolle Erfahrungen. Und, was ich wirklich erstaunlich finde, du hattest den Mut, sozusagen das dritte Mal »Nein« zu einem Lebensweg zu sagen, den du einerseits lange verfolgt hast, den du schließlich aber gar nicht wolltest. Das erste Mal war es dein Nein zu einer Bürotätigkeit, das zweite Mal zu deinem ersten Studium als Lehrerin und das dritte Mal zu einem künstlerischen Beruf.

Vera: Ja, das stimmt. So war es, aber meine »glückliche Studienzeit« hat leider noch eine Wendung genommen. Interessant, dass ich das auf dem Storyboard gar nicht abgebildet habe. Es scheint, dass die Uni für mich immer noch per se das Glück darstellt ... bis heute.

I. M.-L.: Vielleicht aber auch nur im Gegensatz zum Bürojob, der ja im unteren Bild eingezeichnet ist?

Vera: Ja, klar. Dass ich aus diesem Büro herauskommen und an die Universität gehen konnte, das war der Glücksfall schlechthin. Man muss bedenken, dass ich aus einer Arbeiterfamilie stamme.

I. M.-L.: Von wem kam denn überhaupt diese Idee?

Vera: Die habe ich einerseits einem Freund zu verdanken, aber eben auch meiner Mutter. Sie war ja selbst schon auf dem Weg zur Uni, mit ihrem Besuch auf dem Gymnasium.

I. M.-L.: Der Einfluss der Geflüchteten ...

Vera: Ja ... Ich wollte gerade erzählen, dass ich dann ohne jegliche universitäre Anbindung mein Promotionsprojekt gestartet habe. Ohne Netz und doppelten Boden sozusagen. Ich hatte zu Anfang auch keine Aussicht auf ein Stipendium.

I. M.-L.: Was hat dich angetrieben, dort trotz erschwerter Bedingungen zu bleiben? Du musstest dein Geld selbst verdienen?

Vera: Ja. Ich habe gejobbt und so lange herumgeforscht, bis ich mein Thema auf den Punkt bringen und ein Exposé einreichen konnte. Das hat ein Jahr gedauert.

I. M.-L.: Das finde ich beachtlich. Umso mehr frage ich mich, was dich angetrieben hat.

Vera: Dieses »Wissenwollen« hat mich angetrieben. Selbst denken. Viel lesen. Das war es, was ich wollte. Autonomie, selbst entscheiden!

I. M.-L.: Was haben deine Eltern dazu gesagt, dass du eine Doktorarbeit schreiben wolltest?

Vera: Meine Mutter hat das natürlich sehr stolz gemacht. Sie hat glänzende Augen bekommen ... Ihre Tochter macht einen Doktor, so ungefähr. Mein Vater hat nichts damit verbinden können. Er hat es immer wieder bedauert, dass ich nicht in diesem Rechtsanwaltsbüro geblieben bin. Ich glaube, bis dahin konnte er mir folgen. Und meine Mutter hat es einfach nur glücklich gemacht, obwohl sie ja auch keine Ahnung hatte, wie es an einer Uni zugeht und was es heißt, eine solche Arbeit zu schreiben. Aber, sagen zu können, dass ihre Tochter ...

I. M.-L.: Meintest du, du solltest so etwas wie einen Auftrag erfüllen? Nach dem Motto: Mach du es für mich, ich selbst konnte es aufgrund der Flucht nicht?

Vera: Na ja ... ein Auftrag? Ich weiß nicht recht. Aber natürlich habe ich es auch mit Blick auf meine Mutter gemacht. Ja, schon.

I. M.-L.: Aber eines ist sicher: Es ist schon sehr stark, was du in der Zeit versucht hast hinzubekommen. Du hast dich wieder einmal allein auf den Weg gemacht. Zuerst raus aus dem Büro, dann zwei Studienabschlüsse und dann bist du nicht in die Praxis gegangen, wie es deine Kommilitonen gemacht haben. Nein, du wolltest eine Doktorarbeit schreiben. Das finde ich stark.

Vera: Im Nachhinein sehe ich auch, was ich da geleistet habe. Stimmt. Ich habe mich wahnsinnig weit aus dem Fenster gehängt … und habe mich ohne Netz und doppelten Boden in dieses Abenteuer geworfen. Ich habe in der Zeit gejobbt, und erst nach einem Jahr Recherche habe ich mich an eine Professorin gewendet, die ich übrigens im letzten Semester kennen- und schätzen gelernt habe. Sie konnte ich schließlich und zum Glück als Doktormutter gewinnen. Sie war es auch, die mir ein dreijähriges Stipendium besorgt hat. Das war für mich etwas wirklich Außergewöhnliches. Ich konnte es lange nicht glauben, dass jemand meine Arbeit – mich! – für förderungswürdig hielt.

I. M.-L.: Interessant, dass auch hier wieder, nachdem du lange allein unterwegs warst, ein hilfreicher Mensch auftritt – deine Doktormutter. Das ist ja äußerst bewundernswert. Wie hast du es geschafft, immer wieder hilfreiche Menschen um dich zu scharen?

Vera: Ja, das stimmt. Das scheint sich wie ein roter Faden durch mein Leben zu ziehen. Das war mir gar nicht so bewusst. Ich hatte immer irgendwie Glück.

I. M.-L.: Meinst du nicht, dass du selbst auch etwas dafür getan hast? Klar, es kann auch Glück sein, aber in diesem Fall hast du auch ganz viel dafür getan, dass du gefördert wurdest.

Vera: Da hast du recht. Ich habe sehr viel dafür getan. Aber ich habe immer gedacht, dass es nichts wert ist und dass »die« mir schon noch auf die Schliche kommen. Irgendwann werden »sie« es bemerken, dass ich eine Hochstaplerin bin. Ich schwankte immer dazwischen, ein Riesenselbstbewusstsein zu haben … Ich habe mir sehr viel zugetraut, aber dann wiederum meinte ich, gar nichts zu können. Zwischen diesen Polen bin ich hin- und hergependelt.

I. M.-L.: Da hast du auch etwas sehr Typisches erfahren. Es ist etwas sehr Typisches für die Kriegsenkel-Generation. Wie solltest du auch zu einem stabilen Selbstbewusstsein gekommen sein, wenn du schon früh in zu große Schuhe gestellt worden bist, also Leistungen erbringen musstest, die deinem Alter nicht angemessen waren? Allein das Gefühl gehabt zu haben, die Mutter retten zu wollen, aber es schließlich doch nicht hinbekommen zu haben, kann das Selbstbewusstsein beschädigen ... Das hat dann genau die Auswirkungen, die du schilderst: Du erbringst eine große Leistung und wirst dafür mit einem Stipendium belohnt, und du denkst, dass du nichts kannst, und mehr noch, dass du alle anderen betrogen haben könntest ... Das erklärt ein wenig dein Hin- und Herschwanken zwischen diesen Polen, dich einerseits ganz groß und in bestimmten Situationen unerklärlich klein zu fühlen.

Vera: Ja, ich habe mich einerseits grandios gefühlt und häufig dann aber auch klein und wertlos ...

I. M.-L.: Und in dieser Situation oder Phase kam beides zusammen. Vielleicht zum Glück! Denn hättest du dich nicht ganz groß gefühlt, hättest du mit deiner Dissertation nicht nach den Sternen greifen können. Und zugleich musstest du erst in diese neue Situation hineinwachsen und dir klarmachen, dass du etwas ganz Besonderes kannst oder sehr gute Ideen hast, die gefördert werden müssen!

Vera: Ja, das ist schön. Damit kann ich mich anfreunden ... Auf jeden Fall ... ja, diese Hürde habe ich noch genommen. Erst dann wurde es schwierig. Woher den langen Atem nehmen, um die Arbeit tatsächlich zu schreiben ... über Monate und Jahre?

I. M.-L.: Diese Frage stellen sich häufig Menschen, die nicht in einem Bildungsbürgerhaushalt groß geworden sind. In einem Arbeitshaushalt tickt die Zeit einfach anders. Da geht alles »schnell schnell«, sozusagen von der Hand in den Mund. Das ist etwas, das ich auch schon bei anderen bemerkt habe, die aus einer Arbeiterfamilie kommen und auf die Uni gehen. Wie lange ein Studium, eine Arbeit dauern darf, ist immer wieder ein Thema. Und auch, ob das Studieren – also das Lesen! – von der Herkunftsfamilie überhaupt als eine Tätigkeit angesehen wird, ist immer wieder eine Frage. Nicht nur in Arbeiterfamilien, aber gerade hier wird »Arbeit« mit harter, körperlicher Arbeit verbunden.

Vera: Das trifft auch auf meine Familie zu ... wir haben immer von der Hand in den Mund gelebt, weil immer zu wenig Geld da war.

I. M.-L.: Außerdem warst du ja ganz allein. Es war niemand an deiner Seite.

Vera: Ja, meine einstigen Studienkolleginnen waren in ihren Jobs. Und ich hockte nicht nur über meiner Arbeit allein ... ich hatte niemanden in der Zeit. Ich bin in den drei Jahren sehr weit gekommen, aber diese Zeit wurde immer wieder von starken Depressionen unterbrochen. Ich war völlig isoliert und fühlte mich irgendwann sehr einsam. Das war ganz schlimm. Ich bin an den Wochenenden immer zu meiner Mutter geflüchtet, die in der Nähe wohnte. Sie hat mich gern aufgenommen, auch wenn ich sie mit meinem Leid überschüttet habe. Irgendwann habe ich mich von der Arbeit an meiner Dissertation schweren Herzens verabschiedet. Die drei Jahre Stipendium waren abgelaufen, und ich musste Geld verdienen. Das war's dann. Ich habe lange um diese Arbeit getrauert. Aber gut ... Ich habe mich, glaube ich, auch von den Erwartungen meiner Mutter verabschiedet. In der Zeit war ich viel mit ihr zusammen. Das habe ich gebraucht, weil ich mich so in die Isolation begeben habe, aber sie brauchte mich auch.

I. M.-L.: Da hattest du also eine recht intensive Phase mit deiner Mutter. Eine Übergangs- und Abschiedsphase?

Vera: Ja, im Nachhinein betrachtet, war das vielleicht so. Danach war tatsächlich alles anders zwischen uns. Ich bin nämlich erst einmal in eine andere Stadt gezogen, weit weg von meiner Mutter, und habe begonnen, auf der jetzigen Arbeitsstelle zu arbeiten. Aber nicht gleich als Referentin ... ich habe mich da »hochgearbeitet«.

I. M.-L.: Bevor du weitergehst, lass mich noch etwas zu dieser Lebensphase sagen. Ich finde, dass du wieder sehr viel geleistet und ein enormes Durchhaltevermögen gezeigt hast. Das beeindruckt mich wirklich wieder zutiefst. So eine Situation drei Jahre durchzuhalten, das schafft nicht jeder. Das ist enorm. Woraus speiste sich dieses Durchhaltevermögen? Welche Motive gab es denn noch, weshalb du dir diese Schwerstarbeit über drei Jahre zugemutet hast? Was hat denn deine Mutter dazu gesagt?

Vera: Sie hat irgendwann gesagt, wenn es mir so schlecht dabei geht, solle ich doch einfach damit aufhören und etwas anderes machen. Andererseits, wie schon gesagt, war sie unglaublich stolz, dass ihre Tochter eine Doktorarbeit schreibt ... Das hat sie zwar nie so gesagt, aber ich wusste es. Sie konnte es selbst nicht. Ihr wurde durch den Krieg und durch die Flucht der Weg zur Uni schon sehr früh durchkreuzt.

I. M.-L.: Als loyale Tochter hast du es vielleicht ja auch ein Stück weit für sie gemacht. Das darf ja auch sein. Man darf durchaus die Aufträge aus der Familie aufnehmen. Darüber stellt man auch Zugehörigkeit her. Damit sagt man, ich stelle mich in eine Reihe mit euch oder ich stelle mich in eure Tradition ... ich führe etwas weiter, was ihr nicht konntet und was euch wichtig war und ist. Das gibt einem auch Stärke. Vorausgesetzt, man erfüllt die Aufträge auf seine eigene Weise. Nach dem Motto: Ich nehme den Auftrag an, aber ich mache es ein wenig anders als ihr. In diesem Sowohl-als-auch besteht die hohe Kunst ... sowohl den Auftrag der Eltern nach kritischer Prüfung anzunehmen als auch den eigenen Weg gehen zu können ... Nachdem du die Arbeit beiseitegelegt und den neuen Job begonnen hast, was kam dann?

Vera: Nach vielen Jahren stellte sich so ein Gefühl von Erleichterung ein, endlich das gefunden zu haben, was ich wollte ... eben meine jetzige Arbeit. Die macht mir echt Spaß, darin gehe ich auf. Ich habe mit Menschen zu tun, organisiere ein bisschen und kann auch noch das ein oder andere schreiben. Erst seitdem ich diese Arbeitsstelle gefunden habe, kann ich wirklich von der Dissertation loslassen.

I. M.-L.: Wo bist du mit deinem Wunsch geblieben, etwas für deine Mutter zu tun ... beziehungsweise Loyalität zu zeigen? Oder ist der vollständig verschwunden?

Vera: Ich will mal so sagen ... In dem, was ich mache, führe ich mir ihre Geschichte tagtäglich vor Augen ... also, nicht so bewusst, aber ... Ich arbeite ja mit Geflüchteten. Insofern befasse ich mich auf eine Art permanent mit ihrem Schicksal. Und insofern stimmt es auch, dass ich einen Auftrag von ihr in der Tasche habe.

I. M.-L.: Du zeigst dich damit wieder als ganz loyale Tochter ... und zugleich gehst du jetzt offenbar deinen eigenen Weg. Hat dir diese Kombination – etwas für deine Mutter zu tun, dich also nach wie vor mit ihr verbunden zu fühlen, und diese Arbeit zu tun, die du dir aus »freien Stücken« gesucht hast ... hat diese Kombination auch dazu geführt, ein anderes Verhältnis zu deiner Mutter zu entwickeln?

Vera: Ja, da ist etwas dran. Seitdem das so ist, seitdem ich diese Arbeit habe, habe ich mich mehr von meiner Mutter lösen können. Ich muss nicht mehr für sie eine Dissertation schreiben oder dergleichen. Ich habe sie ein bisschen in meine derzeitige Tätigkeit einbezogen.

I. M.-L.: Ein übergeordnetes Thema – die Situation der Geflüchteten – scheint euch zu verbinden.

Vera: Ja, das ist es genau.

I. M.-L.: Da hast du ja einen sehr herausfordernden und auch einen sehr interessanten Weg hinter dir. Lass uns doch einmal zusammenfassen, was du gerade auf dieser Etappe deines Lebensweges gelernt hast ... Wo ist der rote Faden?

Vera: Der rote Faden besteht für mich eindeutig darin, dass ich immer weiter wollte ... nicht stehen bleiben. Das sehe ich jetzt. Denn, was habe ich in meiner Studienzeit alles ausprobiert! Und mit meinem etwas schrägen Selbstbewusstsein, das ja immer ganz eng mit meinen Minderwertigkeitskomplexen korrespondierte, habe ich immer wieder nach den Sternen gegriffen ... Es ist etwas hochtrabend ausgedrückt, aber so kommt es mir nachträglich vor.

I. M.-L.: Der Inbegriff deiner Geschichte scheint mir zu sein, dass du nach dem Motto gehandelt hast: Wenn ich etwas will, dann hole ich es mir. Dann mache ich es. Das hast du ja auch als Motto deiner Generation bezeichnet. Was mir auch auffällt, ist, dass du aus den dir gegebenen Möglichkeiten sehr viel gemacht hast. Allein, dass du aus einer Arbeiterfamilie kommend auf die Uni gegangen bist. Das waren die Möglichkeiten deiner Zeit, und du hast sie wahrgenommen! Und persönlich hast du sehr viel dafür mitgebracht, genau diesen Weg zu gehen. Ich meine, dadurch, dass du in der Familie so einen besonderen Status hattest, musstest du dir schon früh einen eigenen Platz suchen. Das hast du einerseits als schmerzhaft beschrieben – du schienst mir über Strecken sehr einsam gewesen zu sein, weil du offenbar nicht so richtig dazugehört hast –, andererseits hat es dich offenbar gestärkt, so aufgewachsen zu sein ... mit diesen besonderen Problemen und Herausforderungen. Du kannst allein stehen, das hast du immer wieder bewiesen.

Vera: Ja, das stimmt. Ich habe tatsächlich ein sehr großes Durchhaltevermögen.

I. M.-L.: Das ist mir an dir auch immer wieder aufgefallen, diese Zähigkeit ...

Vera: Meine Mutter ist auch so eine zähe Person!

I. M.-L.: ... und dieses Unerschrockene und Autonome. Und auch deine Fürsorglichkeit, dass du für andere da sein kannst. Das ist eine ideale Mischung für eine leitende Position, in der du jetzt bist.

Vera: Ja, das kann sein. Dennoch habe ich mich immer wieder in eine Position hineinmanövriert, in der ich mich zwischen allen Stühlen befinde. Wie jetzt ja auch wieder in meiner Arbeit.

I. M.-L.: Du kennst diese Art von Konflikt, zwischen allen Stühlen zu sein, schon sehr lange. Zwischen den Stühlen zu sein bedeutet, keinen eigenen Platz zu haben. Oder wie siehst du es?

Vera: Tja, dahin geht auf jeden Fall meine Sehnsucht, endlich einen eigenen Platz zu haben, statt ständig im »Dazwischen« zu sein.

I. M.-L.: Was würde es für dich in deiner Arbeit bedeuten, einen eigenen Platz zu haben?

Vera: Ich wüsste dann, was ich tun müsste und was nicht. So bin ich überall dabei, das heißt, irgendwie mache ich alles. Zugleich mache ich aber nicht alles so gut, wie ich es möchte. Das ist es, was mich auslaugt. Meine Arbeit nicht wirklich gut machen zu können, weil ich überall dabei bin, das ist für mich unglaublich anstrengend.

I. M.-L.: Das ist wirklich anstrengend, wenn immer etwas offenbleibt, weil man meint, es sei alles noch nicht gut genug. Da hast du recht, das ist wirklich schwer auszuhalten. Wäre es eine Idee, zunächst einfach einmal eine klare Beschreibung deiner Rolle vorzunehmen, damit deutlich wird, wofür du eigentlich zuständig bist und wofür die anderen? Einschließlich deines Chefs auf der einen Seite und deiner Mitarbeiterinnen auf der anderen Seite. Könnte das eine Möglichkeit sein, deinen Platz zu finden?

Vera: Ja, das wäre schon gut. Bislang sind eigentlich alle immer mit allem beschäftigt. Und das ist anstrengend.

I. M.-L.: Eine klare Abgrenzung könnte also gut sein. Kannst du dir vorstellen, dass in der Begrenzung deiner Rolle auch Vorteile liegen?

Vera: Ganz klar. Ich müsste mich nicht mehr für alles verantwortlich fühlen. Vieles, was ich zurzeit mache, würde ich sein lassen, denn sehr vieles fällt in den Zuständigkeitsbereich meines Chefs.

I. M.-L.: Und wäre das mit einer Erleichterung verbunden? Du müsstest vielleicht auch etwas aufgeben …

Vera: Nein, darauf kann ich verzichten. Mir war das schon lange zu viel. Und mein Chef empfindet das ja auch als übergriffig, wenn ich etwas aus seinem Aufgabenbereich übernehme. Das heißt, ich bekomme dafür gar keinen Dank.

I. M.-L.: Gewinnst du etwas dabei, wenn du dich in deiner Rolle gegenüber deinem Chef abgrenzt? Chefs sind ja zuständig dafür, bestimmte Verantwortlichkeiten zu übernehmen, damit die Einzelnen in Ruhe ihren Aufgaben nachgehen können.

Vera: Ja, du sagst es. Das wäre ein Traum ... nur meinen Aufgaben nachgehen zu können! Insofern würde ich schon sehr viel gewinnen. Ich müsste es ausprobieren. Ich denke, dass es nicht so einfach ist, weil ich schon seit einiger Zeit bestimmte Aufgaben aus dem Bereich meines Chefs übernommen habe. Mal gucken ...

I. M.-L.: Was müsstest du in Bezug auf deine Mitarbeiterinnen tun? Da bist *du* schließlich in der Rolle einer Chefin.

Vera: Ich könnte mehr von ihnen fordern. Manchmal treiben sie mich vor sich her ... Dann habe ich Schuldgefühle, etwas von ihnen zu fordern.

I. M.-L.: Woran erinnert dich diese Situation? Gibt es Ähnlichkeiten mit deiner familialen Situation, genauer gesagt, mit deinen Schwestern oder mit deiner jüngeren Schwester? Warst du gegenüber der jüngeren Schwester nicht auch häufig in so einer gebenden Haltung, oder wie war das?

Vera: Ja, das stimmt ... ich sehe in gewisser Weise überall meine kleine Schwester. Und da bin ich ziemlich erpressbar, da kann ich gar nichts fordern.

I. M.-L.: Es könnte also auch in dieser Hinsicht für dich eine große Erleichterung sein, deine Rolle genau zu beschreiben und dich abzugrenzen gegenüber deinen Mitarbeiterinnen ... zu sehen, dass es die Mitarbeiterinnen sind und nicht deine kleine Schwester, die du unterstützen musst. Von denen du auch etwas verlangen darfst.

Und zu sehen, dass es sich um erwachsene Menschen handelt, denen du eine bestimmte Arbeit zumuten kannst und für die du nur im Rahmen deiner Rolle als Chefin verantwortlich bist ... also eine Antwort geben musst. Das steckt ja in dem Wort Verantwortung drin ... eine Antwort geben.

Vera: Das wäre eine große Erleichterung, wenn ich mich sowohl nach oben hin – also gegenüber meinem Chef – als auch meinen Mitarbeiterinnen gegenüber besser abgrenzen könnte. Dann hätte ich auch einen Platz ...

I. M.-L.: ... einen angenehm abgegrenzten Platz ... als Referentin, die sich wunderbar zwischen den Stühlen bewegen kann, in einer Position also, in der du dich gut auskennst, worin du nachgerade eine Expertin bist.

Vera: Ja, genau.

An dieser Stelle haben wir unser Gespräch unterbrochen und uns für ein weiteres Gespräch verabredet. In der Folge sollte es vor allem um das Feintuning gehen, das heißt, zu fragen und zu erkunden, was Vera einerseits mit ihrem besonderen Wissen um die verschiedenen Rollen machen kann, und andererseits, welche einzelnen Schritte nötig wären, ihre Rolle zu definieren, sodass sie tatsächlich ihren Platz einnehmen kann.

Zusammenfassung der Reflexion der My Life Storyboards

Im Folgenden fasse ich die Erkenntnisse aus der Reflexion der My Life Storyboards von Vera zusammen.

Veras Anliegen war es, aus einer Position herauszukommen, in der sie sich als zwischen den Stühlen beschrieben hat. Sie wolle den Mitarbeiterinnen eine gute Chefin sein und ihrem Chef gegenüber eine gute Mitarbeiterin.

Um diese Fragen zu erörtern, hat sich der Weg über My Life Storyboards angeboten, weil aus dieser Reflexion der rote Faden hinsichtlich der typischen und gewohnten Verhaltens- und Kommunikationsmuster von Vera erkennbar wurde.

So hat sich ein Muster herauskristallisiert, das darauf hinweist, dass sie sich schon früh auf die Suche nach dem für sie richtigen Platz oder nach der ihr angemessenen Rolle in sozialen Kontexten begeben hat.

Die ausführliche Reflexion ihrer früheren Position in der Familie, also wie sie gegenüber Mutter und Vater und auch gegenüber ihren Schwestern aufgestellt war, war mit der Erkenntnis verbunden, schon damals nicht auf ihrem Platz gewesen zu sein. Denn statt einfach nur sorglos Kind zu sein, ist sie in eine andere Rolle geschlüpft beziehungsweise ist ihr eine andere Rolle zugewiesen worden, in der sie sich einerseits ganz loyal um die Belange der Familie gekümmert hat und andererseits anderen den Platz streitig gemacht hat, wie dem ihrer älteren Schwester.

Ihre Eingebundenheit in die Familie war sehr stark davon bestimmt, dass sie die Rolle als Lieblingstochter oder Freundin der Mutter zugewiesen bekommen hat. Was hatte das zur Folge?

Durch diese problematische Rollenzuweisung hat sie schon sehr früh gelernt, für andere zu sorgen und ebenso sehr früh allein für sich selbst aufzukommen und Entscheidungen zu treffen. Schon in dieser Zeit ihres Lebens scheint sie ihre besondere Autonomie und ihre Unerschrockenheit – wie Vera selbst von sich sagt – auch mehr oder weniger notgedrungen ausgebildet zu haben. Wie wir gesehen haben, wird genau diese Fähigkeit, unerschrocken und autonom zu handeln, ihr später dabei helfen, immer wieder neu anzufangen, ebenso wie »überlebte« Projekte (Bürotätigkeit, Dissertation) hinter sich zu lassen oder auch besondere Positionen (Leitungspositionen) einzunehmen und anspruchsvolle Projekte (Dissertation) zu initiieren.

Diese Fähigkeiten sind es schließlich auch, die sie in den 1970er- und 1980er-Jahren nutzt, um die Möglichkeiten dieser besonderen gesellschaftlichen Situation recht erfolgreich für sich wahrzunehmen. Das dauert bis heute an. Aber immer wieder – und das ist die Kehrseite oder der lange Schatten der Parentifizierung, die sie erfahren hat – gerät sie in Situationen, in denen sie zwischen den Stühlen steht, so auch in ihrer jetzigen beruflichen Tätigkeit. Mit dieser Erfahrung im Hintergrund kann sie sich nur schlecht in eine Rolle hineinfinden. Sich in klar definierten Rollen zu bewegen, hat Vera eher nicht gelernt und kann für viele, die Erfahrungen mit Parentifizierung gemacht haben, als äußerst einschränkend erlebt werden. Es kann auf ganzer Linie hilfreich sein, die verschiedenen Rollen – als Tochter, Schwester, Freundin, Ehefrau etc. auf der einen Seite und als Kollegin, Mitarbeiterin, Chefin – immer wieder genauestens zu befragen: In welcher Rolle befinde ich mich eigentlich gerade? Was verlangt diese Rolle von mir? Wobei unterstützt sie mich und wovor *schützt* sie mich?
Auf diesem Wege haben wir in unserem langen Dialog im Rahmen von My Life Storyboard und den Gesprächen, die darauf folgten, Antworten gefunden, die Vera einen Weg aufgezeigt haben, wie sie aus ihrer vertrackten Sandwich-Position herausfinden und schließlich ihren eigenen Platz einnehmen kann.

In der Auseinandersetzung mit dem Lebenslauf im Kontext von My Life Storyboard werden – wie wir hier sehen konnten – zum einen die ureigenen Intentionen, Werte, Ideale und Lebensziele sichtbar und zugleich der gesellschaftliche Rahmen, in dem diese möglich waren. Die in diesem Auseinandersetzungsprozess entwickelten Erkenntnisse bieten sich zur Reflexion und zum

Nachdenken an. Zumeist erwächst daraus ein großes Selbstbewusstsein, weil gesehen werden kann, wie was zu welcher Zeit bewältigt wurde. Diese Reflexion unterstützt die Einzelnen dabei, sich selbst in den Diskontinuitäten und dem Wandel des Lebenslaufs als etwas Beständiges zu begreifen. Dieses mehrschichtige biografische Bild, wie es hier entwickelt wird, das eben auch die intuitive (Wissens-)Ebene der Betreffenden mit einbezieht, ermöglicht es, Brüche und Wendungen im Lebenslauf produktiv zu verarbeiten und damit auch Perspektiven für die Zukunft zu entwickeln.

Das Erbe der Kriegsenkel – ein gesellschaftliches Potenzial

Schlussbetrachtung

Wie geht es weiter, wenn der Nebel sich mehr und mehr lichtet und die Geschichte der Kriegsenkel, die eng verknüpft ist mit der Geschichte der Kriegs- und Flüchtlingskinder – ihren Eltern – immer mehr Gestalt annimmt?

Mit dem Auffinden der besonderen Geschichte ihrer Eltern als Kriegs- und Flüchtlingskinder hat sich für die Kriegsenkel ein Zusammenhang offenbart, der zugleich sehr viel Leid, schuldhaftes Verhalten als auch ein großes Potenzial, zahlreiche Ressourcen und vielfältige Kompetenzen beinhaltete. All dies haben die Kriegsenkel zur weiteren Gestaltung ihres eigenen Lebens und ihres gesellschaftlichen Umfelds genutzt und werden es weiterhin tun. Viele haben in diesem nunmehr seit etlichen Jahren andauernden Reflexionsprozess die belastenden Situationen aus der Kindheit und Jugend für sich umkehren können und Gewissheit darüber erlangt, dass in ihnen schon sehr früh in ihrem Leben auch eine große Kraft gewachsen ist.

Viele Kriegsenkel sind gestärkt und eigenständiger aus diesem Reflexionsprozess hervorgegangen, mit einem gereiften Verständnis für das, was die vorherigen Generationen ihnen als Bürde einerseits hinterlassen, aber auch welche Ressourcen und Kraftquellen sie ihnen vererbt haben. Ein wesentliches Ergebnis dieses Prozesses ist das gewachsene Bewusstsein, aus Loyalität mit dem Leid der Eltern nicht auf ihr eigenes Leben verzichten zu müssen. Ihre Loyalität kann sich nunmehr darin ausdrücken, dass sie sich im Einklang mit dem Schicksal ihrer Eltern auf ihren eigenen Weg begeben, nach dem Motto: Ich mach es auch ein klein wenig für euch, weil ihr damals nicht die Möglichkeit dazu hattet.

Vielfach zu beobachten ist auch, dass Kriegsenkel sich durch den Reflexionsprozess der letzten Jahre von der stellvertretenden Verantwortung für die Schuld, die ihre Väter oder Mütter als Heranwachsende auf sich geladen hatten, in gewisser Weise befreit haben und sich zugleich verantwortlich zeigen für die Ausgestaltung unserer Gesellschaft hin zu einer mitfühlenden, menschlichen und demokratischen, in der die Unterschiedlichkeit, das Andere oder das Fremde als Bereicherung erfahren werden. So kann die nächste Generation eine befreite Generation sein. Darin besteht das gesellschaftliche Potenzial der Kriegsenkel.

Ich möchte gern noch einen Schritt weitergehen und die Kriegsenkel als eine Art Botschafter verstehen, die dafür sorgen können, dass unsere Gesellschaft auch in Zukunft eine demokratische bleibt. Botschafter, die man fragt, wenn es darum geht, wie aus der Schreckensherrschaft des Nationalsozialismus, die nahezu von der gesamten damaligen erwachsenen (!) Bevölkerung unterstützt wurde, Lehren für eine demokratische Gesellschaft gezogen werden können. Wie man den Nachkommen zugänglich macht, wie es zu diesem Verhalten kommen konnte. Wie es gelingt, nicht nur neue gesellschaftliche Akzente zu setzen, sondern grundsätzlich neu zu beginnen: mit Wertschätzung und Mitgefühl für den anderen, mit Neugier und Offenheit für das »Fremde«. Denn es sind nicht so sehr die großen Gesten, die uns in der Verarbeitung der Aussöhnung mit der deutschen Geschichte und der weiteren Demokratisierung der Gesellschaft weiterbringen. Vielmehr sollte über Möglichkeiten nachgedacht werden, wie die Introspektionsfähigkeit, das heißt die Fähigkeit zur Reflexion der eigenen Person, und wie die Fähigkeit zur Empathie mit dem Nächsten gefördert werden können.

Können wir die Kriegsenkel vor diesem Hintergrund nicht auch als Expertinnen und Experten für die Auswirkungen von (Kriegs-)Traumata auf eine Gesellschaft begreifen? Denn sie sind mit einem besonderen Wissen und spezifischen Fähigkeiten ausgestattet, weil sie mit (kriegs-)traumatisierten Menschen aufgewachsen sind. Diese besondere Expertise der Kriegsenkel zeigt sich bereits in der Willkommenskultur gegenüber den Geflüchteten von heute, die wieder von Krieg, Flucht und Vertreibung schwer gezeichnet in unser Land kommen.

Das gesellschaftliche Potenzial der Kriegsenkel kommt auch im folgenden Beispiel, mit dem ich schließen will, zum Ausdruck:

Kürzlich habe ich eine Frau interviewen können, die in der Friedensarbeit tätig ist. Sie bezeichnet sich als professionelle »Peace-Makerin« und wird zu großen Konflikten zwischen einzelnen Ländern hinzugezogen, um Frieden zu stiften. Sie hat erst vor einiger Zeit erfahren, dass ihr Vater der Sohn eines französischen Zwangsarbeiters ist. Über ihr Motiv, in der Friedensarbeit tätig zu werden, sagte sie, dass es ihr letztlich darum gehe, fähig zu sein, den Feind zu lieben. Die Arbeit als Peace-Makerin begann sie, schon lange bevor sie die Geschichte ihres Vaters gehört hat. Jetzt, mit dieser Geschichte im Rücken, fühlt sie sich zusätzlich gestärkt, weil sie sich ganz in der Tradition ihrer Großmutter sieht, denn ihre Großmutter hat den Feind im wahrsten Sinne des Wortes zu lieben vermocht. Und die Enkelin setzt es fort.

Zitierte und weiterführende Literatur

Alberti, B.: Seelische Trümmer. Geboren in den 50er- und 60er-Jahren: Die Nachkriegsgeneration im Schatten des Kriegstraumas. Kösel, München 2012

Alheit, P.: Biographische Konstruktionen. Beiträge zur Biographieforschung. Universität Bremen, Bremen 1992

Assmann, A.: Geschichte im Gedächtnis. Von der individuellen Erfahrung zur öffentlichen Inszenierung. C.H. Beck, München 2014

Baer, U., Frick-Baer, G.: Wie Traumata in die nächste Generation wirken: Untersuchungen, Erfahrungen, therapeutische Hilfen. Affenkönig-Verlag, Neukirchen-Vluyn 2010

Bar-On, D.: Die Last des Schweigens. Gespräche mit Kindern von NS-Tätern. Körber-Stiftung, Hamburg 2003

Bauer, J.: Warum ich fühle, was du fühlst. Intuitive Kommunikation und das Geheimnis der Spiegelneurone. Hoffmann und Campe, Hamburg 2006

Benz, U., Benz, W.: Sozialisation und Traumatisierung – Kinder in der Zeit des Nationalsozialismus. Fischer, Frankfurt/Main1992

Benz, U.: Verführung und Verführbarkeit, in: Sozialisation und Traumatisierung – Kinder in der Zeit des Nationalsozialismus. Fischer, Frankfurt/Main 1992

Benz, W.: S. 192–216, in: Kaminsky, A.: Heimkehr 1948. Ge-

schichte und Schicksale deutscher Kriegsgefangener. C. H. Beck, München 1998
Bode, S.: Die vergessene Generation. Die Kriegskinder brechen ihr Schweigen. Klett-Cotta, Stuttgart 2008
Bode, S.: Kriegsenkel – Die Erben der vergessenen Generation. Klett-Cotta, Stuttgart 2009
Boszormenyi-Nagy, I., Spark, G.: Unsichtbare Bindungen – Die Dynamik familiärer Systeme. Klett-Cotta, Stuttgart 2001
Brisch, K. H.: Bindungsstörungen – Von der Bindungstheorie zur Therapie. Klett-Cotta, Stuttgart 2015
Brisch, K. H.: in: Der Bindungsforscher Karl Heinz Brisch sieht auch Kinderkrippen kritisch (2015). http://www.badische-zeitung.de/freiburg/der-bindungsforscher-karl-heinz-brisch-sieht-auch-kinderkrippenn-kritisch-100145757.html
Bude, H.: Gesellschaft der Angst. Hamburger Edition, Hamburg 2014
Cyrulnik, B.: Die Kraft, die im Unglück liegt: Von unserer Fähigkeit, am Leid zu wachsen. Goldmann, München 2001
Dobrinksi, M.: Ich wäre so gerne heimgekommen. ARD-Doku über Euthanasie, in: Süddeutsche Zeit, 19.07.2015
Dönhoff, M. Gräfin von: in: Rohwer, J.J.: Die Seismografie des Fragens – Biografische Gespräche, Salis Verlag, Zürich 2014, S. 108 (Interview von J. J. Rohwer mit Marion Gräfin Dönhoff)
Eggert, I.: Im freien Fall … Darstellung eines psychotherapeutischen Prozesses mit einem Folterüberlebenden unter Berücksichtigung systemischer, traumatherapeutischer und interkultureller Aspekte, S. 243– 267, in: Systeme Jg. 22/2/08, Wien
Figley, C.: Mitgefühlserschöpfung. Der Preis des Helfens. In: Stamm, H. (Hrsg.): Sekundäre Traumastörungen, S. 40–41. Junfermann, Paderborn 2002
Finze, S.: Das Trauma der Kriegskinder. Seelische Verwundungen und Spätfolgen im Alter. Eschborn, Frankfurt/Main 2012

Gebhardt, M.: Erziehung vererbt sich. In http://www.nido.de/artikel/interview-miriam-gebhardt/ (2014)
Gruen, A.: Der Fremde in uns. Klett-Cotta, Stuttgart 2000
Haarer, J.: Die deutsche Mutter und ihr erstes Kind. Lehmanns Verlag, München 1941
Habermas, J.: Die Neue Unübersichtlichkeit. Suhrkamp, Frankfurt/Main 1985
Heidemann, B. im Gespräch mit R. Rothmann, https://www.welt.de/kultur/literarischewelt/article142862427/Ich-habe-die-Toten-in-den-Saergen-damals-angesehen.html, 2015
Heinl, P.: Die Technik der visuellen Analyse von Genogrammen (Familienstammbäumen) Familiendynamik, April 1987, 12. Jahrgang, Heft 2, S. 118–138
Heinl, P.: Maikäfer flieg, dein Vater ist im Krieg … Seelische Wunden aus der Kriegskindheit. Thinkaeon, London 2015 (1994)
Heinl, P.: Licht in den Ozeanen des Unbewussten. Vom intuitiven Denken zur Intuitiven Diagnostik. Ein Leitfaden in den Denkraum. Thinkaeon, London 2014
Hensel, Ulrike: »Irgendwie anders« in: Praxis Kommunikation – Angewandte Psychologie in Coaching, Training und Beratung, 1. Jg., Nr. 4/2015
Hensel, Ulrike: Irgendwie anders. Es gibt hochsensible und hochbegabte Menschen. Was eint sie – und was trennt sie? In: Praxis Kommunikation. Angewandte Psychologie in Coaching, Training und Beratung. 4/2015, S. 11
Herwig, M.: Wie aus Hitlers jüngsten Parteimitgliedern Deutschlands führende Demokraten wurden. Deutsche Verlags-Anstalt, München 2013
Holzhaider, Hans: in: SZ 161,16.06.2015, S. 3
Horx, M.: Das Ende der Alternativen. Heyne, München 1985
Huber, M., Plassmann, R. (Hrsg.): Transgenerationale Traumatisierung. Junfermann, Paderborn 2012
Hüther, M.: Die große Erzählung wagen – Deutschland kann von

den USA lernen, sich immer wieder neu auf gemeinsame Werte zu besinnen. In: Handelsblatt vom 23./24./25.1.2009

Kellermann, I., Roedel, B.: XXX

Keupp, H.: Eine Gesellschaft der Ichlinge? München 2001

Kindl-Beilfuss, C.: Einladung ins Wunderland. Systemische Feedback- und Interventionstechniken. Carl Auer Verlag, Heidelberg 2012

Korritko, A., Pleyer, K. H.: Traumatischer Stress in der Familie. Systemtherapeutische Lösungswege. Vandenhoeck & Ruprecht, Göttingen 2013

Kossert, A.: Kalte Heimat, Die Geschichte der deutschen Vertriebenen nach 1945. Pantheon Verlag, München 2008

Leserbrief, Frankfurter Allgemeine Sonntagszeitung, 30.04.2014, Nr. 13

Levold, T.: Aufgewachsen in »eiserner Zeit« in: http://systemagazin.com/aufgewachsen-eiserner-zeit/, 6. Oktober 2014

Mannheim, K.: Das Problem der Generationen. In Kölner Vierteljahreshefte für Soziologie 7 (1928), S. 157–184. Teilweiser Nachdruck in Kohli, M. (Hrsg.): Soziologie des Lebenslaufs, S. 33–35. Luchterhand, Darmstadt/Neuwied 1978

McGoldrick, N., Gerson, R., Petry, S.: Genogramme in der Familienberatung. 3. A. Verlag Hand Huber, Bern, Göttigen, Toronto, Seattle, 2009

Meiss, O.: Hypnosystemische Therapie bei Depression und Burnout. Carl Auer Verlag, Heidelberg 2016

Meyer-Legrand, I. Stop & Grow – eine ganz eigene Strategie der Kriegsenkel, positiv mit ihrem besonderen Erbe in einer in Gewinner und Verlierer gespaltenen Gesellschaft umzugehen, S. 159–171, in: Langendorf, U. et al (Hrsg.): Gespaltene Gesellschaft und die Zukunft von Kindheit, Jahrbuch für psychohistorische Forschung Band 14. Mattes Verlag, Heidelberg, 2013

Meyer-Legrand, I.: Die Aufträge der Kriegsenkel – Einübung der Kompetenzen. In: Schneider, M., Süss, J. (Hrsg.): Nebelkinder. Kriegsenkel treten aus dem Traumaschatten der Geschichte, S. 316-329. Europa Verlag, Berlin – München – Wien 2015 (b)

Meyer-Legrand, I.: Immer noch auf der Flucht? – Die Kinder der Kriegs- und Flüchtlingskinder. Das biografische Erbe erkennen und nutzen! In: Friedrich-Hett, T., Artner, N., Ernst, R. A. (Hrsg): Systemisches Arbeiten mit älteren Menschen. Konzepte und Praxis für Beratung und Psychotherapie, S. 125–143. Carl Auer Verlag, Heidelberg 2014 (a)

Meyer-Legrand, I.: Kriegsenkel in der Therapie. Gabriele Lorenz-Rogler im Gespräch mit Ingrid Meyer-Legrand. Familiendynamik 40 (1): 56-61 (2015a)

Meyer-Legrand, I.: Kriegsenkel in Therapie und Beratung – Vom Leid zur Ressource. Geschichtliche und gesellschaftliche Einflüsse berücksichtigen. Systeme, Interdisziplinäre Zeitschrift f. systemtheoretisch orientierte Forschung und Praxis in den Humanwissenschaften, Nr. 2/2015

Meyer-Legrand, I.: Kriegsenkel und ihre Eltern – (k)eine Liebesbeziehung?! Die ambivalente Beziehung der Kriegsenkel zu ihren Eltern. Vortrag auf der Kriegskinder-Tagung: Dialog der Generationen, Lohmar 2015 (c)

Mitscherlich, A., Mitscherlich, M.: Die Unfähigkeit zu trauern – Grundlagen kollektiven Verhaltens. Piper, München 1977

Moré, A.: Inter/Generationalität. Journal f. Psychologie, 21 (2) 2013

Mücke, K.: Hilf Dir selbst und werde, was Du bist – Anregungen und spielerische Übungen zur Problemlösung und Persönlichkeitsentfaltung. Lehr- und Lernbuch: Systemisches Selbstmanagement. ÖkoSysteme Verlag, Potsdam 2004

Müller-Hohagen, J.: Verleugnet verdrängt verschwiegen – Seelische Nachwirkungen der NS-Zeit und Wege zu ihrer Überwindung. Kösel, München 2005

Munz, C.: Berufsbiografie selbst gestalten: wie sich Kompetenzen für die Berufslaufbahn entwickeln lassen. Bertelsmann Verlag, Bielefeld 2005

Precht, R. D.: Wer ist konservativer? – Rechte Populisten und der Islam sind sich näher, als sie glauben. Der Spiegel 6/2015, Aufsatz, S. 32–33

Preuss-Lausitz, U. (Hrsg.): Kriegskinder, Konsumkinder, Krisenkinder – Zur Sozialisationsgeschichte seit dem Zweiten Weltkrieg. Beltz, Weinheim 1983

Pursuit of Happiness: Songtext »You want something«, 2007

Radebold, H.: Die dunklen Schatten unserer Vergangenheit – Hilfen für Kriegskinder im Alter. Klett-Cotta, Stuttgart 2009

Reichardt, S., Zierenberg M.: Damals nach dem Krieg. Eine Geschichte Deutschlands 1945 bis 1949. Goldmann Verlag, München 2009

Roehler, O.: Herkunft. Ullstein, Berlin 2013

Rothmann, R.: Im Frühling sterben. Suhrkamp, Berlin 2015

Schlippe, A. von: zitiert nach Kossert, A. in: Kalte Heimat, Die Geschichte der deutschen Vertriebenen nach 1945. Pantheon Verlag, München 2008

Schmidt, G.: Herkunftsfamilie – Familienmythen hypnotherapeutisch, systemisch-konstruktiv, lösungsorientiert betrachtet. Auditorium Netzwerk Verlag für audiovisuelle Medien, Mühlheim-Baden 2007 (a)

Schmidt, G.: Hilflosigkeit als Krisen-Katalysator. http://www.european-coaching-association.de/i/61.%20eca%20fachartikel%20%20krisencoaching_news0809.pdf (2009)

Schmidt, G.: Potenziale aus der Herkunftsfamilie und Hinkunftsfamilie. Auditorium Netzwerk Verlag für audiovisuelle Medien, Mühlheim-Baden 2007 (b)

Schmitz, Heike: Von un-glücklichen Kindheiten. »Kriegsund-führerkinder«, ihre Nachkommen und die Grenzen der »Aufarbeitung« seit 1968, in: Knoch, H., Kurth W., Egloff, G. (Hrsg.): Die Kinder der Kriegskinder und die späten Folgen des NS-Terrors. – Jahrbuch für psychohistorische Forschung Band 13. Matthes Verlag, Heidelberg 2012

Schnabel, U.: »Hier kann ich ganz sein, wie ich bin«. Warum wir am glücklichsten sind, wenn wir mit anderen mitschwingen können. Ein Gespräch mit Hartmut Rosa, in: DIE ZEIT Nr. 34/2014

Schneider, F.: Ehen in Beratung, 192–216, in: Kaminsky, A.: Heimkehr 1948. Geschichte und Schicksale deutscher Kriegsgefangener. C. H. Beck, München 1998

Schneider, M., Süß, J.: Nebelkinder: Kriegsenkel treten aus dem Traumaschatten der Geschichte. Europa Verlag, Berlin – München – Wien – Zürich 2015

Schulz, H., Radebold, H., Reulecke, J.: Söhne ohne Väter. Ch. Links Verlag, Berlin 2007

Schygulla, Hanna: Wach auf und träume. Die Autobiographie. Schirmer/Mosel, München 2013

Senfft, A.: Der Lange Schatten der Täter. Nachkommen stellen sich ihrer NS-Familiengeschichte. Piper, München – Berlin – Zürich 2016

Shay, J.: Achill in Vietnam. Kampftrauma und Persönlichkeitsverlust. Hamburger Edition, Hamburg 1998

Siret: Die Studie über die jahrelang vernachlässigten Kinder von Siret, siehe http://www.bucharestearlyinterventionproject.org/

Stambolis, B.: Aufgewachsen in »eiserner Zeit. Kriegskinder zwischen Erstem Weltkrieg und Weltwirtschaftskrise. Psychosozial-Verlag, Gießen 2014

Stambolis, B.: http://www.barbara-stambolis.de/kriegskinder_buch.html

Stierlin, H.: Delegation und Familie. Beiträge zum Heidelberger familiendynamischen Konzept. Suhrkamp, Frankfurt/Main 1982

Stierlin, H.: Individuation und Familie. Studien zur Theorie und therapeutischen Praxis. Suhrkamp, Frankfurt am Main 1994

Teutsch, K.: Rasten statt rasen – Der Sozialtheoretiker Hartmut Rosa sucht nach dem richtigen Tempo in der beschleunigten Welt. In: DIE ZEIT 26/2012; http:://www.zeit.de/2014/34/hartmut-rosa-ich-gefuehl/komplettansicht, Hartmut Rosa:

»Hier kann ich ganz sein, wie ich bin«, abgerufen am 8. März 2016, um 22.41 Uhr.
Ustorf, A. E.: Wir Kinder der Kriegskinder – Die Generation im Schatten des Zweiten Weltkriegs. Herder, Freiburg 2008
Voß, G.: Unternehmer der eigenen Arbeitskraft – Einige Folgerungen für die Bildungssoziologie, in: ZSE: Zeitschrift für Soziologie der Erziehung und Sozialisation 20 (2000) 2, S. 149–166, URN: urn:nbn:de:0111-pedocs-109346
Wachsmuth, I.: NS-Vergangenheit in Ost und West. Tradierung und Sozialisation. Metropol Verlag, Berlin 2008
Wapnewski, Peter: zitiert nach: Germanist Peter Wapnewski gestorben, http://www.fr-online.de/panorama/germanist-peter-wapnewski-gestorben, 27392196,21173556.html (2012)
Wehler, H.-U.: Deutsche Gesellschaftsgeschichte, *Das Leiden der Jungen,* Süddeutsche Zeitung Nr. 160, 15. Juli 2015, S. 11
Welzer , H., Moller, S., Tschuggnall, K.: Opa war kein Nazi – Nationalsozialismus und Holocaust im Familiengedächtnis. Fischer, Frankfurt/Main 2006
Welzer, H.: Das kommunikative Gedächtnis. Eine Theorie der Erinnerung. C. H. Beck, München 2002
Ziehe, T.: Pubertät und Narzißmus, 4. Auflage. Europäische Verlagsanstalt, Frankfurt/Main 1991

Danksagung

Ich danke ganz besonders meinem Mann Jozef Legrand, Belgier und international arbeitender Künstler, mit dem ich nun schon seit vielen Jahren in einem lebhaften Gespräch über die zahlreichen Facetten dieses Themas bin. Er ist Miturheber des künstlerischen Entwurfs der neuen Brücke über den Albert-Kanal bei Maastricht, ein Ort des Gedenkens mit einem Dialog- und Dokumentationszentrum, ein Ort, an dem für Belgien der Zweite Weltkrieg seinen Anfang nahm.

Ein großes Dankeschön an meine Tochter Jozefine, die in dieser Zeit ihr eigenes Projekt verfolgt und das Abitur gemacht hat.

Ich danke Peter Heinl für die vielen, vielen Anregungen, die er mir als Pionier der Kriegskinder-Forschung immer wieder zuteilwerden ließ.

Ein ganz großer und herzlicher Dank an die Kriegsenkel, die mir ihre Briefe zur Veröffentlichung in diesem Buch überlassen haben.

Außerdem danke ich Monika Birkner, mit deren Unterstützung ich das »Kriegsenkel-Projekt« aus der Taufe gehoben habe, besonders für ihre wunderbare Wortschöpfung »Stop&Grow«.

Ebenso danke ich Michael Schneider, der mir ganz früh die Gelegenheit gab, im schönen Sandkrug-Hof Workshops zu diesem Thema zu veranstalten. Einen ganz großen Dank an den Leiter der Urania Berlin, Herrn Bleier, und ein ganz besonders herzliches Danke an Lena Lucander und Nina von Reden, die sich an diesem Ort leidenschaftlich für dieses Thema einsetzen. Ebenso danke ich Sibylle Dreher für die vielen Einladungen zu einem produktiven Dialog auf ihren zahlreichen Tagungen. Mein Dank gilt auch Joachim Süß, der mich – neben Michael Schneider – bat, einen Beitrag für das Buch »Nebelkinder – Kriegsenkel treten aus dem Traumaschatten der Geschichte« zu schreiben.

Der größte Dank gilt den Kriegsenkeln, die ich in meinen Kriegsenkel-Gesprächskreisen, den Workshops oder in Therapie und Beratung kennengelernt habe und die ich begleiten durfte. Von ihnen habe ich alles erfahren, was ich über die Kriegsenkel weiß.

Berlin, im September 2016

Endnotes

1 Heinl 2015 (1994), Bode 2004
2 Kriegskinder-Kongress 2005
3 Ustorf 2008, Bode 2009, Schneider/Süß 2015
4 Songtext von Leonhard Cohen
5 Schygulla 2013
6 Precht 2015
7 Schneider, Süß 2015
8 Schmidt 2007
9 Wehler 2008b, zit. nach Stambolis 2014
10 Wehler 2015
11 ebenda
12 Das Leiden der Jungen, SZ 160,15.7. 2015, S. 11
13 Stambolis 2014
14 Schulz, Radebold, Reulecke 2007
15 Peukert 1988, zit. nach Stambolis 2014
16 Peukert 1988, Wahlen 1984, zit. nach Stambolis 2014
17 vgl. Levold 2014
18 ebenda
19 Radebold 2007
20 Holzhaider 2015 (SZ 161, 16.6.2015, S. 3)
21 ebenda
22 Leserbrief, Frankfurter Allgemeine Sonntagszeitung, 30.4.2014, Nr. 13

23 Haarer 1934
24 zitiert nach: Gebhardt 2016, http://www.nido.de/artikel/interview-miriam-gebhardt/
25 ebenda
26 Siret, http://www.bucharestearlyinterventionproject.org/
27 Gruen 2000
28 vgl. Stambolis, B.: http://www.barbara-stambolis.de/kriegskinder_buch.html
29 vgl. Hensel 2015
30 Brisch, K.H.: in: Der Bindungsforscher Karl Heinz Brisch sieht auch Kinderkrippen kritisch (2015). http://www.badische-zeitung.de/freiburg/der-bindungsforscher-karl-heinz-brisch-sieht-auch-kinderkrippen-kritisch-100145757.html
31 Reichardt, Zierenberg 2009
32 ebenda
33 Benz 1992
34 ebenda
35 Reichhardt, Zierenberg 2009, S. 44
36 ebenda
37 ebenda
38 vgl. Kossert 2008
39 Schneider 1998, S. 193
40 ebenda
41 ebenda, S. 197
42 ebenda, S. 197
43 ebenda, S. 197
44 Reichardt, Zierenberg 2009
45 Drobinski 2015
46 vgl. Benz 1992
47 ebenda, S. 179
48 ebenda, S. 182
49 ebenda, S. 182
50 Reichardt, Zierenberg 2009, S. 171
51 Mitscherlich, A. und M. 1977

52 Meiss 2016
53 Heidemann 2015
54 Dönhoff 2014, S. 108
55 vgl. Shay 1998
56 Schmitz 2012, S. 98ff.
57 ebenda
58 ebenda
59 vgl. Schmitz
60 Wapnewksi 2012
61 Herwig 2013
62 Rothmann 2015, Quelle: http://www.welt.de/kultur/literarische welt/article142862427/Ich-habe-die-Toten-in-den-Saergen-damals-angesehen.html
63 Figley 2002
64 vgl. Meyer-Legrand 2015
65 Hensel 2015, S. 11
66 Boszormenyi-Nagy, Spark 1981
67 Schmidt 2009
68 Hüther 2009
69 vgl. Schlippe 2008
70 Voß 2000
71 Horx 1985
72 vgl. Meyer-Legrand 2015
73 vgl. Mannheim 1928
74 Horx 1985
75 Keupp 2001
76 Ziehe 1991
77 ebenda
78 Baacke 1980, S. 123
79 Herrenknecht 1980, S. 354
80 Giesecke 1981, S. 260
81 Habermas: Die Krise des Wohlfahrtsstaates und die Erschöpfung utopischer Energie, in: Habermas 1985
82 Meyer-Legrand 2014

83 Habermas 1985
84 Meyer-Legrand 2014
85 ebenda
86 Meyer-Legrand 2013
87 Rosa 2012
88 Meyer-Legrand 2013
89 ebenda
90 ebenda
91 ebenda
92 ebenda
93 Schmidt 2009
94 Meyer-Legrand 2013
95 ebenda
96 ebenda
97 Stierlin 1994
98 Meyer-Legrand 2013
99 Teutsch 2012, in http://www.zeit.de/2014/34/hartmut-rosa-ich-gefuehl/komplettansicht
100 ebenda
101 Meyer-Legrand 2015
102 MacGoldrick u.a. 2009
103 Heinl 1987
104 Kellermann, Rödel 2016
105 ebenda
106 Meyer-Legrand 2014
107 ebenda
108 ebenda
109 Mücke 2004
110 Cyrulnik 2001, Schmidt 2007
111 Schmidt 2007
112 Meyer-Legrand 2015
113 Loock, I., Interview 2008, zit. nach Meyer-Legrand 2014
114 Eggert 2008
115 Pursuit of Happyness 2007

116 Schmidt 2007
117 Meyer-Legrand, 2015
118 ebenda
119 Elias 2005
120 Meyer-Legrand 2015
121 Kindl-Beilfuss 2012
122 Meyer-Legrand 2015